国际康养产业发展与健康中国建设丛书

康养旅游：实践探索与理论创新

蒲 波　杨启智　刘 燕 ◎ 编著

西南交通大学出版社
·成 都·

图书在版编目（CIP）数据

康养旅游：实践探索与理论创新 / 蒲波，杨启智，
刘燕编著. —成都：西南交通大学出版社，2019.11（2023.7 重印）
（国际康养产业发展与健康中国建设丛书）
ISBN 978-7-5643-7266-8

Ⅰ. ①康… Ⅱ. ①蒲… ②杨… ③刘… Ⅲ. ①旅游保健–旅游业发展–研究–中国 Ⅳ. ① F592.3

中国版本图书馆 CIP 数据核字（2019）第 273127 号

国际康养产业发展与健康中国建设丛书
Kangyang Lüyou: Shijian Tansuo yu Lilun Chuangxin

康养旅游：实践探索与理论创新

蒲　波　杨启智　刘　燕　编著

责 任 编 辑	罗爱林
封 面 设 计	原谋书装
出 版 发 行	西南交通大学出版社 （四川省成都市金牛区二环路北一段 111 号 西南交通大学创新大厦 21 楼）
发行部电话	028-87600564　028-87600533
邮 政 编 码	610031
网　　　址	http://www.xnjdcbs.com
印　　　刷	成都勤德印务有限公司
成 品 尺 寸	170 mm × 230 mm
印　　　张	17.25
字　　　数	259 千
版　　　次	2019 年 11 月第 1 版
印　　　次	2023 年 7 月第 2 次
书　　　号	ISBN 978-7-5643-7266-8
定　　　价	98.00 元

图书如有印装质量问题　本社负责退换
版权所有　盗版必究　举报电话：028-87600562

前言

养生是人民生活从贫困走向全面小康和文明富裕的必然需求。《"十三五"旅游业发展规划》提出，促进旅游与健康医疗融合发展，鼓励各地利用优势医疗资源和特色资源，建设一批健康医疗旅游示范基地。《关于促进健康旅游发展的指导意见》进一步指出，健康旅游是健康服务和旅游融合发展的新业态，发展康养旅游对扩内需、稳增长、促就业、惠民生、保健康、提升我国国际竞争力具有重要意义。这些政策文件的出台，标志着康养旅游发展进入快车道。因而，全面了解康养旅游发展的趋势、康养旅游的类型、康养旅游发展的热点，对于促进康养产业发展，提升康养旅游质量必要而迫切。

《康养旅游：实践探索与理论创新》正是在这样一个背景下诞生的，是对如火如荼的康养旅游实践的分析与总结。该著作分为"总报告""类型篇""区域篇""热点篇"四个部分。四个部分各有侧重，相辅相成，相互呼应，形成了一个较为系统的康养旅游研究框架。

第一篇是总报告，主要探讨了康养旅游的全球化、现代化、产业化、多元化等发展趋势；在此基础上，结合我国最近几年发布的涉及康养旅游的政策文件，分析了康养旅游政策来源、康养旅游政策类别，并提出了康养旅游发展的政策建议；进一步结合国家乡村振兴战略，从乡村康养旅游的内涵、乡村康养旅游发展优势、乡村康养旅游的深化路径等方面探讨了发展康养旅游的乡村机会。

第二篇是类型篇，主要从康养旅游类型入手，分别探讨了森林康养旅游、温泉康养旅游、美容康养旅游、医疗康养旅游的内涵、发展历程、发展现状、发展困境及其发展对策。

第三篇是区域篇，选择了四个中国优秀康养旅游目的地，涉及海南省、云南省、四川省攀枝花市、四川省雅安市，重点研究了四个康养旅游目的地的发展优势、发展现状、发展局限，进而提出了相应的发展对策。

第四篇是热点篇，涵盖了康养产业发展的最新热点，如康养小镇、康养目的地营销、"互联网+"康养旅游、康养旅游民宿、康养旅游民族节庆、康养旅游空间布局、康养旅游人才等，通过对上述七个热点主题的探究，明确了康养旅游热点话题的发展现状、发展困境，进而提出了相应的发展策略。

需要进一步指出的是，由于笔者能力和水平有限，拙作中有些材料未及时更新，有些问题尚待深入分析，有些论证还不够全面，有些论点还有待商榷，书中也难免存在不妥之处，敬请读者批评指正。

蒲　波
2019 年 5 月

目录

第 1 篇 总报告

1 康养旅游之发展趋势 ·· 2
   1.1 全球化 ··· 2
   1.2 现代化 ··· 6
   1.3 产业化 ··· 9
   1.4 多元化 ·· 11
2 康养旅游之政策分析 ··· 15
   2.1 康养旅游政策概述 ·· 16
   2.2 康养旅游政策类别 ·· 19
   2.3 康养旅游政策建议 ·· 24
3 康养旅游之乡村机会 ··· 27
   3.1 乡村康养旅游的内涵 ·· 27
   3.2 康养旅游和乡村振兴 ·· 29
   3.3 乡村发展康养旅游的优势 ······································ 31
   3.4 乡村康养旅游的发展路径 ······································ 33

第 2 篇 类型篇

4 森林康养旅游 ··· 36
   4.1 森林康养的内涵 ·· 36
   4.2 森林康养的历程 ·· 39

  4.3 森林康养的主题 ································· 41
  4.4 森林康养的模式 ································· 42
  4.5 森林康养的未来 ································· 44
5 温泉康养旅游 ··· 45
  5.1 温泉康养旅游的内涵 ····························· 45
  5.2 国外温泉康养旅游发展历程 ······················· 47
  5.3 国内温泉康养旅游发展历程 ······················· 48
  5.4 中国温泉康养旅游发展现状 ······················· 51
  5.5 中国温泉康养旅游发展困境 ······················· 53
  5.6 中国温泉康养旅游发展对策 ······················· 54
6 美容康养旅游 ··· 57
  6.1 美容康养旅游概述 ······························· 57
  6.2 国外美容康养旅游发展现状 ······················· 61
  6.3 中国美容康养旅游发展现状 ······················· 65
  6.4 中国美容康养旅游发展对策 ······················· 70
7 医疗康养旅游 ··· 73
  7.1 医疗康养旅游概述 ······························· 73
  7.2 中国医疗康养旅游发展优势 ······················· 76
  7.3 中国医疗康养旅游发展困境 ······················· 80
  7.4 中国医疗康养旅游发展建议 ······················· 84

第 3 篇　区域篇

8 海南省之康养旅游 ····································· 88
  8.1 海南省康养旅游现状 ····························· 88
  8.2 海南省康养旅游项目 ····························· 92
  8.3 海南省康养旅游模式 ····························· 97
  8.4 海南省康养旅游突破 ····························· 99
9 云南省之康养旅游 ···································· 102
  9.1 云南省康养旅游发展优势 ························ 102
  9.2 云南省康养旅游发展现状 ························ 107

  9.3 云南省康养旅游发展困境 ················ 110
  9.4 云南省康养旅游发展对策 ················ 112

10 攀枝花市之康养旅游 ························ 115
  10.1 攀枝花市康养旅游发展概述 ············· 115
  10.2 攀枝花市康养旅游发展优势 ············· 117
  10.3 攀枝花市康养旅游发展模式 ············· 121
  10.4 攀枝花市康养旅游发展局限 ············· 124
  10.5 攀枝花市康养旅游优化路径 ············· 125

11 雅安市之康养旅游 ·························· 128
  11.1 雅安市康养旅游发展概况 ··············· 128
  11.2 雅安市康养旅游发展优势 ··············· 130
  11.3 雅安市康养旅游发展劣势 ··············· 132
  11.4 雅安市康养旅游发展机遇 ··············· 133
  11.5 雅安市康养旅游发展威胁 ··············· 134
  11.6 雅安市康养旅游发展策略 ··············· 135

第4篇 热点篇

12 康养旅游之小镇开发 ························ 143
  12.1 康养小镇概述 ························ 143
  12.2 康养小镇发展脉络 ···················· 146
  12.3 康养小镇发展现状 ···················· 151
  12.4 康养小镇现实困境 ···················· 154
  12.5 康养小镇优化路径 ···················· 157

13 康养旅游之目的地营销 ······················ 160
  13.1 康养旅游目的地营销概述 ··············· 160
  13.2 康养旅游目的地营销方式 ··············· 162
  13.3 康养旅游目的地营销困境 ··············· 166
  13.4 康养旅游目的地营销案例 ··············· 167
  13.5 康养旅游目的地营销对策 ··············· 170

14 康养旅游之互联网协作 ·············· 174
14.1 "互联网+"康养旅游类型 ·············· 174
14.2 "互联网+"康养旅游分析 ·············· 178
14.3 "互联网+"康养旅游路径 ·············· 180

15 康养旅游之民宿开发 ·············· 185
15.1 康养旅游民宿的内涵 ·············· 185
15.2 康养旅游民宿的作用 ·············· 187
15.3 康养旅游民宿的现状 ·············· 189
15.4 康养旅游民宿的困境 ·············· 192
15.5 康养旅游民宿的对策 ·············· 193

16 康养旅游之民族节庆 ·············· 199
16.1 康养旅游与民族节庆融合发展的基础 ······ 199
16.2 康养旅游与民族节庆融合发展的误区 ······ 203
16.3 康养旅游与民族节庆融合发展的路径 ······ 205
16.4 康养旅游与民族节庆融合发展的前景 ······ 208

17 康养旅游之空间布局 ·············· 210
17.1 研究区域 ·············· 211
17.2 研究设计 ·············· 212
17.3 空间布局特征 ·············· 214
17.4 空间分布建议 ·············· 221

18 康养旅游之人才培养 ·············· 225
18.1 康养旅游人才需求 ·············· 225
18.2 康养旅游人才供给 ·············· 226
18.3 康养旅游人才现状 ·············· 228
18.4 康养旅游人才培养 ·············· 228

附 录 ·············· 235
参考文献 ·············· 263
后 记 ·············· 266

第1篇 总报告

1　康养旅游之发展趋势

近年来，随着世界经济与贸易的不断发展，全球旅游经济增速明显，旅游业在全球经济中占据越来越重要的位置，已然步入品质化发展的关键阶段。随着人们出游机会的增多，人们对旅游的追求开始从"有没有"转向"好不好"。[①]同时，伴随着居民生活水平、消费水平的提高，人们越来越重视身心健康以及生活质量，以健康、养生为核心主题的相关产业日益增多。在此背景下，康养旅游应运而生，成为一种新兴的旅游方式。它不仅是实现旅游业可持续发展的重要路径，还是促进经济增长、实现以人为本的有效措施，是一次真正意义的产业变革与创新。康养产业及康养旅游的发展呈现出全球化、现代化、产业化、多元化等趋势。

1.1　全球化

全球化是人类社会高速发展的产物，主要表现为世界各国以及各地区之间的相互联系、相互合作、相互依赖，进而形成互联互通、共建共享的全球意识。随着旅游产业的不断发展和壮大，世界旅游业进入新的征程，旅游业可能成为世界上最大的产业。旅游全球化具有发展的渐进性、内部的不均衡性、过程的复杂性、增长的超前性等特点。[②]康养旅游作为融合多种康养技术、医疗产业的新型旅游形式，融合现代健康生活理念与高科技技术，遵循健康和养生的原则，其国际化程度和受重视程度日渐凸显。由于全球人口老龄化趋势及诸多健康问题，加上近年来

---

① 戴斌，张进福，马仪亮，等．中国旅游发展笔谈——品质旅游[J]．旅游学刊，2018，33（12）：1-14．
② 许然．旅游全球化：内涵、特点与发展趋势[J]．经济问题探索，2012（9）：89-92．

全民健身、追求健康的思潮，人们对康养旅游的需求势必成为21世纪的一大新主题。这一切表明，康养与旅游的交叉渗透，融合创新，势必会带来全新的风潮，引领新的产业形态出现。康养旅游不仅满足人们追求物质的、生理的需求，还注重人们精神的、心理的需求，引起了世界各国、各地区的重点关注。

1.1.1 欧美地区

康养旅游最早起源于欧美。在欧美国家，养生一词产生于1961年，由美国医师Halbert Dunn提出，是幸福和健康的结合。健康、生活质量和幸福是与疾病相对的积极、主观的状态。由于欧美地区的发达国家数量较多，人均消费水平较高，因而很快成为康养旅游产业的主要客源市场。欧美国家的康养产业走在世界前列。例如，近年来，以可持续健康为特点的健康旅游在全球得到了蓬勃发展。[①]2010年，美国健康产业支出总额为2.6万亿美元，占GOP（即营业毛利）比例的17.6%。欧美地区的康养旅游相较于世界其他地区更为发达。2016年全球康养旅游综合排名显示，加拿大领跑全球康养旅游市场，其次是英国。德国、法国和西班牙是知名的康养旅游国家。全球健康研究中心（International Healthcare Research Centre）数据显示，在欧洲，英国、德国和法国发展最快，其次是意大利和西班牙。从2013—2017年的医疗旅游游客人数看，德国的游客人数最多，达到127万人次，其次分别是俄罗斯和法国。

欧美地区的特色康养旅游产业举世闻名。比如，庄园养生以农业为依托，逐渐向旅游、文化、商业等多个领域渗透，形成了相关的产业链。其中，较为出名的是法国的庄园养生。其以乡村、庄园为载体，将香草种植业、香料加工业、葡萄种植业、葡萄酒酿造业、文化创意产业、养生美容业与旅游业相结合，是利用植物景观种植、乡村田野空间、户外活动项目和香氛理疗资源，吸引游客前来观赏、游览、品尝、休闲、劳

---

① Csirmaz É, Pető K. International trends in recreational and wellness tourism[J]. Procedia economics and finance, 2015, 32: 755-762.

作、体验、参与、购物、放松精神的一种新型养生旅游形态。[①]例如，"香水之城"格拉斯、普罗旺斯薰衣草庄园、波尔多庄园、拉斐酒庄等都是法国著名庄园。

（1）瑞士抗老养生。抗老养生旅游引进个性化服务，巧妙地运用酒店管理的优点、特点，把度假、保健、医院、疗养等几个部分结合到一起。瑞士推出的健康管理模式以专业的健康维护计划实现"健康保障"和"健康管理"的完美结合。由此，瑞士将健康管理模式引入养生休闲旅游开发之中，[②]形成"互联网+健康+旅游"模式。经营者利用互联网帮助旅游者完成挂号、配药、医师配对等一系列的健康管理活动。

（2）美国养老养生或社区养生。美国的康养旅游发展在整体规划中非常注重各种养老设备设施与相关配套装备的建设。在养老社区中，强调人情味与舒适度的完美结合。同理心、人性化、怀旧等元素是美国社区建设中重点关注的要素。在社区软服务方面，强调尽量满足消费者需求，同时配以专业的服务，提供从自理到持续照顾的一站式服务。

1.1.2 亚洲地区

近几年，亚洲的康养旅游发展较为强劲。在全球排名前 40 的国家中，除了耳熟能详的医疗旅游国家德国和法国，还有日本、韩国等亚洲国家。2016 年还出现了如约旦、菲律宾等国家。德国柏林国际旅游贸易展览会（ITB Berlin）数据显示，从 2013—2017 年的康养旅游市场份额增长率看，土耳其市场份额增长高居世界第二。在东亚，主要代表是日本的温泉养生和韩国的美容养生。在东南亚，主要代表是泰国的美体养生。

（1）日本。

日本的温泉养生有差异化服务、医疗效果、宗教因素、民族特色、注重品牌价值衍生等特点。日本温泉不仅具有洗浴观光的功能，还具有医疗、保健等功能，是一种重要的休闲方式和康养方法。[③]日本不同的温泉保养地由于周围的环境、水分、气候等的差异，衍生出各式各

---

① 谢雯，李雪. 全球养生旅游模式盘点[N]. 中国旅游报，2012-06-01（10）.
② 张亚欣. 养生旅游如此多元[N]. 中国城市报，2016-04-04（22）.
③ 张亚欣. 养生旅游如此多元[N]. 中国城市报，2016-04-04（22）.

样的温泉养生类型。此外，日本温泉的一大亮点是其独特性。日本的温泉几乎没有雷同之处，其独特性主要体现在建筑风貌、温泉布局、园林景观、功能产品、装潢、经营理念、服务模式、文化特色、营销活动等方面。

（2）韩国。

韩国的美容养生旅游有一套完整的以全身健康为中心的服务产品体系，包括整形美容手术、全身肌肤管理、美体营养餐配置以及零售店模式开发、食品搭配和饮料选择等。韩国是一个整容大国，对内，美容养生已然成为一种文化和潮流；对外，不断开拓美容康养方面的国际旅游市场。比如，韩国在其他国家开设了整容美容支援中心，启动了为国外整容游客联系相关美容医院的服务。

（3）泰国。

泰国以泰式药浴为主导，倡导身、心、灵三位一体，以组合式养生为特色，涉及各种疗法以及饮食健身计划，强调以人为主体，由内向外，由心灵静修、生活瑜伽、自然愈合、艺术排毒、体重管理、健身方案定制、物理重建、水疗护理等模块组成。此外，泰国政府大力参与并支持康养产业的发展。泰国政府从2004年起执行了长达五年的发展计划，其目标是使泰国成为亚洲的健康旅游中心，主要集合医疗服务、健康保健服务和传统草药产业三个区块。泰国当地人利用其丰富的草药资源，把草药调配成药方，用以药浴或直接涂抹在身上，进而达成治愈身体疾病的目的。[1]

（4）中国。

养生旅游跃升为人们青睐的旅游新热点。中国对于健康养生旅游方面的研究逐渐深入。[2]中国的养生旅游始于2002年海南省三亚保健康复旅游和南宁中药养生旅游，随后在四川、山东、安徽、黑龙江等省市迅速发展，于2007年演绎成为一种全新的时尚旅游热点。[3]同时，由于我国的休假制度改革，养生度假旅游拥有非常好的发展前景。所以，康养旅游，一方面能够满足人们对身心健康的追求；另一方面能够通过开发

---

[1] 谢雯，李雪. 全球养生旅游模式盘点[N]. 中国旅游报，2012-06-01（10）.
[2] 周波，方微. 国内养生旅游研究述评[J]. 旅游论坛，2012，5（1）：40-45.
[3] 谢雯，李雪. 全球养生旅游模式盘点[N]. 中国旅游报，2012-06-01（10）.

新的旅游项目来产生经济效益。除此之外，康养旅游与民族的关联性大、与文化的联系性强，内涵十分丰富，具有非常大的发展潜力。

随着旅游业的发展，康养产业受到政府的高度重视。我国的文化养生模式是康养的一大特色，但目前还处于探索阶段。这主要表现在需求方面，据《2014—2018 年中国养生旅游产品开发模式与区域投资机会分析研究咨询报告》显示，我国大城市居民，尤其是白领，超过半数处在亚健康状态，且人数呈上升趋势。过去的 10 年间，我国 65 岁以上人口占比逐年上升，老龄化率呈现出明显的上升趋势，到 2011 年达到了 9.1%。① 因此，人们对于自己身心健康程度的关注发生了极大的改变，大部分人已经从想"吃饱"过渡到想"吃好"。在这种形势下，康养旅游必将成为一种热点和潮流。

1.2 现代化

现代化是一个综合的过程，体现为社会、文化、科技等各个方面向现代化的转变。康养旅游作为一个新兴产业，走向现代化是必然趋势。康养旅游在理念、技术、管理等方面都融入了现代潮流。例如，康养旅游与智慧旅游结合。②

1.2.1 经济层面

康养旅游不仅与人们的日常生活相关，对人的身心健康起着不可忽视的作用，还与科学技术高度融合。旅游业作为国民经济的重要支撑，发展前景广阔。康养旅游作为旅游产业中的一个突破点和闪光点，它的现代化在促进经济发展方面意义重大，其经济作用直接反映了自身的现代化程度。

首先，康养旅游能带来直接经济收入。发展康养旅游，不仅能够增加货币流通，还可以拓宽货币回笼渠道，增加国民收入。康养旅游所

---

① 何峰. 焦作市养生地建设 SWOT 分析[J]. 现代经济信息，2017(15):486-487.
② 郑耀星，叶颖. 智慧旅游：未来旅游业发展新趋势——基于 4G 技术支撑下的景区转型升级[J]. 资源开发与市场，2014，30（5）:607-610.

吸引的消费者能为旅游目的地带来极大的消费收益，包括销售产品、吸引新客户和留住忠诚客户等。其次，康养旅游能优化产业结构。不同国家、地区应有适合其经济发展的产业结构。在我国，产业的发展遵循经济结构调整的总体部署和思路，康养旅游能够带动其他产业的发展，均衡产业结构，提高配置效率。比如，通过其庞大的人流量能直接给交通业、餐饮业等带来显著的经济收益和发展机遇。最后，康养旅游能吸引投资，加快全球化进程。发展旅游业可以带来大量的科学技术、资金、物资、人才等资源。各类人才如企业家、专家和学者，通过旅游又能带来新技术、新模式和新信息，这有利于促进当地经济发展的新陈代谢，拓宽和吸引投资的渠道。除此之外，康养旅游在促进区域经济发展，提高就业岗位等方面也起着重要的作用。值得强调的是，康养旅游符合国家可持续发展战略的要求，能为国家可持续发展做出重要贡献。

1.2.2　社会层面

康养旅游能促进社会和谐。首先，康养旅游有利于推进城镇化建设，维系乡村的振兴与发展。乡村旅游是以农村、农业、农民为基础的面向全民的旅游产业。健康产业则是一个逐渐呈现蓬勃发展之势的新兴产业。有数据预测，2020年大健康产业总规模将超过8万亿元。康养产业是大健康产业和旅游产业结合而产生的复合型产业，其发展必将给乡村带来重大的发展机遇。乡村康养是以田园为生活空间，以农作、农事、农活为生活内容，以农业生产和农村经济发展为生活目标，是回归自然、享受生命、修身养性、度假休闲、治疗疾病、颐养天年的一种生活方式，[①]是发展乡村旅游的重要突破口之一。例如，一些乡村发展康养旅游，可以大幅提高农民收入、转变农耕方式、改变思想观念和生活方式，充分利用当地的各种遗产资源和物质资源，在促进农民收入水平、工作方式和生活方式向城镇化转变的同时又使乡村进一步发展。其次，发展康养旅游是建设可持续发展和环境友好型社会的重要路径，康养旅游能改善

---

① 刘彦. 敲响绿色田园的康养鼓点[N]. 学习时报，2019-05-01（7）.

和加强社会各种资源的整合，如对民风民俗和文化遗产等资源的利用。最后，康养旅游能凝聚民族向心力，减少社会摩擦。一些少数民族的传统民俗文化内容日益减少，如民族饮食、民族服饰等方面。然而，在对地区进行康养旅游开发中，旅游民俗和旅游文化可以成为一种可供利用的市场资源和旅游产品。例如，由旅游目的地居民参与的各种民族风俗活动表演，在很大程度上可以强化参与者对民族群体身份及其传统文化的认同，进而促进民族团结。由此，康养旅游的发展不仅可以为各民族提供一种对内相互凝聚、对外扩大影响的途径，还能够帮助少数民族人士确立其民族认同感。[1]

1.2.3 文化层面

康养旅游需求在马斯洛层次需求理论中处于较高层级，康养旅游者倾向于在陌生的康养地寻找熟悉感，在康养及社交活动中寻找群体归属感及自我实现的成就感。[2]文化作为引领现代化的灵魂，在康养旅游现代化进程中起着先导和依托作用。2017年，全球过夜旅游者达到12亿人次；同期国内旅游达到50亿人次，旅游总收入达到5.4万亿元。[3]其中，以文化交流为目的的旅游占了很大比例。可以说，在市场经济条件下，旅游业已经成为文化交流的重要渠道，而康养旅游与文化的联系则更为紧密。一方面，康养旅游能推动文化的交流和建设。例如，游客在参加康养旅游后，会对当地的历史有更深入的了解，促使其与当地的文化有更为亲密的接触，从而可以客观看待并尊重他国文化。另一方面，康养旅游能够促进公共文化服务体系的建设。发展康养旅游免不了要对当地康养设施进行建设，进而促进公共文化设施的建设，如建设名人故居展览室、历史博物馆、科技馆、图书馆、美术馆、青少年宫等公共文化服务设施。此外，康养旅游还能对传统文化进行保护和弘扬。传统文

---

[1] 周霄. 人类学视野——论旅游的本质及其社会文化影响[J]. 湖北大学学报（哲学社会科学版），2003（5）：114-116.

[2] 何莽. 基于需求导向的康养旅游特色小镇建设研究[J]. 北京联合大学学报（人文社会科学版），2017，15（2）：41-47.

[3] 何谨. 2017年中国旅游经济持续火热[J]. 科技智囊，2018（4）：28-43.

化不仅是旅游业发展必不可少的核心，还是康养旅游发展的基础和载体，破坏传统文化等同于破坏康养产业自身，因此发展康养产业必须注重传统文化的保护和传承。另外，康养旅游能刺激各式各样的文化产品的生产，形成康养旅游产品的差异化，旅游目的地只有尽可能地保留传统的多样性、差异性，才能使康养旅游更好地发展。在这个意义上，康养旅游是保持传统文化多样性的内在动力。

1.3 产业化

产业化是指某种产业在市场经济条件下，以行业需求为导向，以实现效益为目标，依靠专业服务和质量管理，形成的系列化、品牌化的经营方式和组织形式。[①]康养旅游的产业化主要表现为从组织形式或者企业形式发展到被社会所认可的规模大小，是从"量"到"质"的改变。这需要优化康养旅游的资源配置，遵循一定的市场规律，通过对人力、财力、物力的充分利用，进而提高生产效率，并实现康养旅游经济效益最大化。

1.3.1 规模经济

康养市场规模在不断扩大。一方面，康养旅游国内外的市场巨大，主要是由于康养旅游潜在的巨大需求与实际的供给、开发不足。例如，欧美大多数发达国家以及日本、韩国、中国、印度等国需求的日益增长，但目前的康养产品仍然存在开发不足、需求刺激不够、重视不够等问题，市场有较大的空缺。另一方面，康养旅游资源丰富，地域优势明显。世界各地的风景特色独具一格，不同的地方拥有不同的康养旅游资源，单从种类上说，就包括山水、桥路等物质资源以及人文氛围等非物质资源。此外，康养旅游与科技的充分结合及现代化的管理方式，使康养旅游专业化分工得以发展。同时，政府可以利用各种市场信息对产业结构进行

---

① 万金店，包家官．"两聚一高"视野下非遗产业化发展研究——以江苏省级非遗项目连云港贝雕为例[J]．江南论坛，2018（12）：41-43．

适当的调控，进而提出相应的措施，为康养产业发展提供导向和借鉴。以上三个方面都说明康养旅游业将形成一定的发展规模，进而形成规模经济。

1.3.2　行业联动

康养旅游与康养产业涉及与其他各个产业的横向、纵向的合作。康养产业在发展中，需要相关产品、人力资源、技术资源、消费市场等各个因素提供的支持。同时，又能与众多的行业进行合作，包括健康养生产业、体育健美产业、休闲农业、展览贸易、器械设施、教育科研等。一方面，康养旅游有助于探讨农业、工业、手工业、服务业、文化旅游产业互动的区域旅游特色活动的发展，为地区产业转型提供必要的支持条件。另一方面，康养旅游的巨大发展潜力将文化创意与技术创新相结合，融合农业、工业、商贸业等传统行业，激发美学、设计学、会议、展览、节事活动、奖励旅游、金融、贸易等的活力，助力新兴产业业态的创新变革与发展。总之，康养旅游行业联动表现在多个方面，在生产要素方面则主要强调技术、人才、资金、管理等的互通互利。康养旅游与其他产业的联动还表现在把各行业的资源优势，如人力、各种能源、有形与无形的资源等通过不同的方式高效地利用起来，以取长补短，互通互补。另外，康养旅游行业联动效应有利于保护环境，能维护生态系统的平衡与稳定，减少各类物质对环境的破坏，能节约成本和提高资源的利用率，进而提高可持续发展的能力。

1.3.3　市场运作

健康养生产业在世界各地迅速发展，成为充满活力的旅游产业。[1]康养产业需要通过市场化运作，提高社会效率，推进康养旅游的产业化。康养产业经营的重要目的是盈利，因此，要实现资源和要素优化配置，必须以国内外市场为导向，利用市场机制优化配置资源，最大限度地发

---

[1] Kamenidou I C, Mamalis S A, Priporas C V, et al. Segmenting Customers based on Perceived Importance of Wellness Facilities[J]. Procedia Economics and Finance, 2014, 9: 417-424.

挥康养资源的效力。经济效益作为康养产业发展的一个硬指标，康养产业的发展必然伴随效益问题，没有效益就没有动力，但这并不表明康养产业只追求经济利益，坚持可持续发展的原则是基础，进而明确不同市场的不同需求。康养旅游产业不仅需要结合自身的实际情况，综合考虑自身的资源特点、产品功能特色、市场定位，还需要适当添加生活情趣、休闲养生、自然景观等要素，打造具有地方特色的环境和有利于身心健康的人文景观。同时，要注重康养服务体系的打造，包括基础设施的建设与管理、特色增值服务平台的打造和智慧康养旅游的管理等。此外，要精心设计生活用水、生活用电、生活用气、网络连接、停车场、汽车管理、安保组织、引导系统、环保设备等配套设施，不仅需要提供高质量的服务品质，还需要注意康养项目的独特性和唯一性。再者，康养旅游增值服务要多样化，包括后勤管理、人情关怀、医疗保健、衣鞋清洗、康养旅游工艺品、纪念品等，要认识到增值服务的巨大发展潜力和增值空间。市场运作特色离不开康养旅游与科技的结合，康养旅游需要进行差异化定位，需要充分利用科技来实现康养旅游的现代化管理。

1.4 多元化

多元化是特性不同的对象的组合。随着世界经济的不断发展和国际化程度的不断深入，原有的旅游产业持续发展，与现代生活方式紧密相关的康养旅游以一种新的形态蓬勃发展，城乡居民出游的选择将会有更多形式，康养旅游产品类型将更加丰富、多样。

1.4.1 产业类型

康养旅游可与医疗产业、体育产业、农业产业、科技产业、文化产业等相结合，多样化发展。在医疗方面，有生物医疗、远程医疗、移动医疗、互联网医疗、康复医疗、智慧医疗、健康医疗、美容整形、健康体检、精准医疗等。其中，生物医疗是一个发展潜力巨大的康养市场。据统计，整个行业的全球市场规模预计将会从 2016 年的 2 020 亿美元，上升到 2022 年的 3 260 亿美元左右，年复合增速 8.3%；国内的增长率预期会达到 20%左右。①从全世界范围看，近年来世界医疗美容行业已成为世界的第三大产业，仅次于汽车业和航空业。2015 年全球美容整形市场规模达到 392 亿美元，2010 年以来，其年均复合增速为 18.33%。②据前瞻产业研究院发布的《美容机构行业市场前瞻与投资战略规划分析报告》，2015 年我国医疗美容行业规模为 510.6 亿元，2011 年以来行业始终保持增速 20%以上的高速增长；2011—2015 年行业复合增速高达 22.68%。在农业方面，有果蔬种植、农业观光、乡村休闲等类型，主要以农业生产为主，满足消费者有关生态康养产品和体验的需要。在文化产业方面，文化养生型康养小镇依托富有当地特色的宗教文化、健康文化、地方民俗、地方历史等，将文化体验服务与康养服务融合，发挥文化的康养功能，从而提供文化型康养服务。这一类型的康养小镇具有独特的文化特色。③

1.4.2　资源种类

康养旅游是由三个层次构成的一个逻辑整体，即康养物候基础、康养需要和诗意地栖居。④这表明康养产业是资源依赖性很强的产业。根据自然资源的不同可将康养产业分为不同类型，包括森林康养、气候康养、海洋康养、温泉康养、中医药康养等。其中，森林康养是近年来国际上非常流行的一种健康体验模式，集林业、医疗、卫生、养老、旅游、教育、文化等于一体。⑤森林康养主要以森林资源为基础和依托，开展包括森林游憩、度假、疗养、运动、教育、养生、养老以及食疗（补）等多种业态。气候康养以地区或季节性宜人的自然气候（如阳光、温度等）条件为康养资源，在满足康养消费者对特殊环境气候的需求下，配套各种健康、养老、养生、度假等相关产品和服务，形成综合性的气候

---

① 火石创造. 中国生物医药产业发展蓝皮书（2017）[R]. 杭州：杭州费尔斯通科技有限公司（火石创造），2018.
② 崔一凡. 中国整容大步向前[J]. 东西南北，2018（21）：20.
③ 何莽. 中国康养产业发展报告（2017）[M]. 北京：社会科学文献出版社，2017.
④ 任宣羽. 康养旅游：内涵解析与发展路径[J]. 旅游学刊，2016，31（11）：1-4.
⑤ 丛丽，张玉钧. 对森林康养旅游科学性研究的思考[J]. 旅游学刊，2016，31（11）：6-8.

康养产业。海洋康养主要以海水、沙滩、海洋食物等海洋资源为依托，建设形成海水和沙滩理疗、海上运动、海底科普旅游、海边度假、海洋美食等产业。大多数温泉本身具有保健和疗养功能，是传统康养旅游中最重要的资源。现代温泉康养已经从传统的温泉汤浴拓展到温泉度假、温泉养生，以及结合中医药、健康疗法等其他资源形成的温泉理疗等。中医药康养以传统中医、中草药和中医疗法为核心资源形成一系列业态集合，主要有中医养生馆、针灸推拿体验馆、中医药调理产品，以及结合太极文化和道家文化形成的修学、养生、体验旅游等。①

1.4.3 消费群体

对康养旅游的市场供给主体来说，进行康养旅游产业的客户群体分类有助于进行市场细分，从而为不同人群提供合适的康养旅游产品。在众多国家面临人口老龄化的今天，旅游相关产业已经开始重视健康旅游市场。②康养的内涵众说纷纭，主要涉及健康、养老和养生，相应的，有这三种需求的人群都可能是康养旅游的目标客户群体。按照目标客户群体的年龄、性别和健康状况可以将其分为四类，包括老年群体、中年群体、青少年群体、妇孕婴幼群体四类。基于消费人群的健康状况，可以将客户群体分为健康、亚健康和疾病三个群体。该分类重在强调对健康状态的保养、亚健康状态的疗养、临床状态的医养。

具体而言，人口老龄化加速催生了养老旅游市场。预计到 2050 年，我国老年人口将超过 4 亿人，老龄化水平将超过 30%。③老年人口数量越来越多，养老需求增长，进而助推养老旅游消费的增加，老年人旅游市场将快速地发展起来。相对其他年龄段的客户群体，老年客户群体有相对多的空间和时间，老年客户群体的康养旅游消费能力更强，单次的康养旅游持续时间更长。面对快节奏、高压力的生活工作，一些中年人存在一定的健康问题。因此，这类中年客户群体需要进行保健养生，以

---

① 何莽. 中国康养产业发展报告（2017）[M]. 社会科学文献出版社，2017.
② Chen K H, Liu H H, Chang F H. Essential customer service factors and the segmentation of older visitors within wellness tourism based on hot springs hotels[J]. International Journal of Hospitality Management, 2013, 35: 122-132.
③ 任宣羽. 康养旅游：内涵解析与发展路径[J]. 旅游学刊，2016，31（11）：1-4.

达到恢复健康的目的，而且中年人客户群体具有较高的消费能力。青少年客户群体的消费能力不一，取决于其父母的经济能力。在可用于康养旅游的时间上，该群体表现出高度集中性：寒暑假、其他法定节假日等。此外，妇孕婴幼群体的消费逐渐转向多元化，他们的健康需求不仅仅表现在医疗健康、身体保健方面，还表现在母婴健康、养生产品及服务方面，如怀孕之前的身体检测、怀孕期间的监测以及孕后的恢复和保养，还涉及孩子的胎教、后天引导、饮食卫生和健康等围绕妇孕婴幼群体的康养产品、服务。健康人群不需要医疗治疗，其选择康养旅游活动重在追求高品质休闲服务、养生保健以及身心调整。亚健康人群不需要特别的医疗服务，其选择康养旅游活动重在改善和调理身体状态。患病人群需要进行必要的医疗服务，该类人群可能患有严重程度不一的各种疾病，主要以慢性病为主，如风湿关节炎等，这部分人群对康养旅游的需求不仅仅体现在对休闲度假和理疗康复的需求上，还体现在对专业医疗健康服务的需求上。

2　康养旅游之政策分析

随着人们物质生活水平的提高，人类人均寿命有所增加，进而使人口老龄化日趋严重。任宣羽在《康养旅游：内涵解析与发展路径》中指出："人口老龄化的加速扩大了养老旅游市场空间。预计到2050年，我国老年人口将超过4亿人，老龄化水平将超过30%。我国老年人口数量庞大，养老形势严峻，需求层次多样，全社会'健康老龄化'产生的巨大刚性需求亟待满足。"[①]21世纪，人们对"健康、愉快、长寿"的欲望愈发强烈，对养生需求有着越来越高的品质追求。结合迅猛发展的休闲旅游，休闲与养生有机结合，康养旅游迎来了重大的发展机遇。

国外，康养旅游的发展源自健康旅游（Health Tourism or Health Travel）。早期的健康旅游实践始于14世纪初的温泉疗养地Spau，其依托于自然的温泉资源，这是健康旅游形成的标志。与其他形式的旅游活动相比，早期的健康旅游主要依托于自然资源，与普通旅游没有太大的区别；到了19世纪中期，"电气革命"使自然资源被人们开发和利用，产生了许多服务于生活的健康服务，如温馨的酒店住宿、多样的水上运动、康健的高尔夫运动等，这为发展康养旅游提供了基础。20世纪90年代中期，健康旅游得以飞速发展，养生、按摩、心理疗养等方式进一步丰富了健康旅游。美国、墨西哥等国家掀起了养生旅游热潮，在健康旅游的基础上增加了医疗护理，更加注重对游客感情及心理的疏导。在亚洲，泰国因其独特的自然资源和泰式按摩，其养生旅游起步较早，发展明显强于其他国家。

改革开放后，尤其是加入WTO后，我国旅游业得到了极大的发展。我国的康养旅游起步相对较晚，现在处于初级发展阶段，康养旅游的实

---

① 任宣羽. 康养旅游：内涵解析与发展路径[J]. 旅游学刊，2016，31（11）：1-4.

践探索先于康养旅游的理论研究。正是这一特点导致我国康养旅游发展缓慢、发展不规范。为发展康养旅游，制定相应的规划和政策迫在眉睫。2012年，攀枝花市率先提出了要重点打造"中国阳光康养旅游城"，编制了《中国阳光康养旅游城市发展规划（2012—2020年）》[①]，旨在实现创新、绿色、协同、符合自身实际和时代要求的现代康养旅游之路。随后，我国其他地方政府按照国务院文件要求，结合自身特点针对康养旅游的发展制定了相应的政策。由此，我国康养旅游正式迈入现代化和制度化的新进程。

作为一种新兴的旅游产业，康养旅游尚未有行业领导者制定的行业标准，大多数企业按照国家旅游业的标准执行。国内业界对康养旅游实践的探索明显早于学界对康养旅游理论的研究。国内康养旅游政策的相关理论研究甚是薄弱，制度的不完善致使游客在康养旅游时体验较差，客商纠纷时有发生，从而导致康养旅游的发展较为缓慢。随着旅游问题的频发和旅游业经济比重的增加，国家越来越注重政策制度的建设。我国正逐渐形成对健康产业及康养旅游的顶层设计，以此促进健康产业和康养产业的更好发展。

2.1 康养旅游政策概述

2015年，继提出建设"美丽中国"之后，"健康中国"战略呼之欲出，被首次写入政府工作报告，并上升为国家战略，与"美丽中国""平安中国"一起成为"十三五"规划的三大关键词，开启了"大健康"时代的新蓝海。[②]康养旅游政策上升到国家层面以来，中央提出了一系列建设性的发展意见，出台了《国家康养旅游示范基地标准》。其中，在康养旅游基地建设标准方面，将康养旅游划入专项旅游规划中，按照不低于3A级标准进行建设，结合自然资源、人文资源打造优美旅游环境，重点突出健康服务，确保在服务上给予有力保障。2016年1月，国家旅

---

① 攀枝花市人民政府. 中国阳光康养旅游城市发展规划（2012—2020年）[EB/OL]. （2014-01-02）[2019-06-24]. http://www.panzhihua.gov.cn/zwgk/jhgh/csgh/580376.shtml.

② 中国共产党中央委员会，中华人民共和国国务院. "健康中国2030"规划纲要[J]. 中国实用乡村医生杂志，2017（7）：1-12.

游局对康养旅游给出了明确定义，康养旅游是指通过养颜健体、营养膳食、修心养性、关爱环境等各种手段，使人在身体、心智和精神上都达到自然和谐的优良状态的各种旅游活动的总和。①

《国家康养旅游示范基地标准》出台后，"康养旅游"一词开始在云南和海南等地方政府文件中出现。受顶层设计的推动、消费市场的刺激，各地方政府积极思考发展健康旅游产业，并结合自身发展条件计划建设特色康养旅游示范基地。如：四川省攀枝花市于2012年编制了《中国阳光康养旅游城市发展规划（2012—2020）年》；云南省于2016年发布了《云南养老旅游发展专项规划（2016—2030年）》。一系列康养旅游政策及规划的实施，大大助推了康养旅游产业的发展。

2.1.1 国家级政策

从2016年1月出台《国家康养旅游示范基地标准》至2018年12月，国家各部委共出台了康养旅游建设专项政策16个，与康养旅游有关的政策13个，其中明确提及康养旅游发展要求的政策11个。国家层面涉及康养旅游的政策重在发展健康服务新业态、打造健康的服务环境、解决关系人民健康的重大问题。通过积极促进健康与养老、旅游、健身休闲、食品产业的融合，催生出健康相关新产业。"健康中国"上升到国家战略后，培育健康文化产业和体育医疗康复产业成为重点。这就要求制定健康医疗旅游行业标准、规范，促进全民健康体系制度完善，为打造具有国际竞争力的健康医疗旅游目的地提供基础。除了大力发展健康医疗康养外，国家各部委重视发展乡村休闲旅游产业，明确提出乡村休闲旅游将是发展康养旅游的重点。《中共中央　国务院关于深入推进农业供给侧结构性改革　加快培育农业农村发展新动能的若干意见》指出，充分发挥乡村各类物质与非物质资源富集的独特优势，利用"旅游+""生态+"等模式，推进农业、林业与旅游、教育、文化、康养等产业深度融合。②2018年，《关于实施乡村振兴战略的意见》进一步要求积极开发

---

① 国家旅游局. 国家康养旅游示范基地标准[S]. 国家旅游局, 2016-01-05.
② 新华社. 中共中央　国务院关于深入推进农业供给侧结构性改革　加快培育农业农村发展新动能的若干意见[J]. 中国农民合作社, 2017（3）: 7-13.

观光农业、游憩休闲、健康养生、生态教育等服务。①国家发布的康养旅游相关政策文件如表 2-1 所示。

表 2-1　国家发布的康养旅游相关政策统计表（截至 2018 年 12 月）

政策文件	发布时间
《"健康中国 2030"规划纲要》	2016 年 10 月
《关于深入推进农业供给侧结构性改革 加快培育农业农村发展新动能的若干意见》	2017 年 2 月
《关于实施乡村振兴战略的意见》	2018 年 2 月
《关于促进健康服务业发展的若干意见》	2013 年 9 月
《国家康养旅游示范基地标准》	2016 年 1 月
《关于开展健康旅游示范基地建设的通知》	2017 年 8 月
《生态扶贫方案》	2018 年 1 月
《关于推动落实休闲农业和乡村旅游发展政策的通知》	2017 年 6 月
《关于美丽特色小（城）镇建设的指导意见》	2016 年 10 月
《关于促进健康旅游发展的指导意见》	2017 年 5 月
《关于建立特色小镇和特色小城镇高质量发展机制的通知》	2018 年 9 月
《关于启动全国森林体验基地和全国森林养生基地建设试点的通知》	2016 年 2 月
《林业发展"十三五"规划》	2016 年 5 月
《中国生态文化发展纲要（2016—2020 年）》	2016 年 4 月
《关于大力推进森林体验和森林养生发展的通知》	2017 年 8 月
《关于促进中医药健康旅游发展的指导意见》	2015 年 11 月

---

① 中共中央 国务院关于实施乡村振兴战略的意见[J]. 中华人民共和国国务院公报，2018（5）：4-16.

2.1.2 省市级政策

自 2016 年 1 月出台《国家康养旅游示范基地标准》以来，各省、直辖市层面都出台了多个康养旅游专项政策。其中，浙江发布了 12 个专项政策。其他省份如海南、河北、云南、四川等，虽然发布的专项政策数量逊于浙江，但在政府工作报告及专项规划中多有涉及康养旅游的相关要求。除山西、黑龙江、台湾，其余各省（市）均结合自身情况从旅游产业、规划与建设、财政与金融、土地配套、产业等方面对康养旅游政策进行了进一步的细化。例如，河北省政府大力支持康养旅游的发展，于 2016 年发布了《"大健康新医疗"产业发展规划（2016—2020 年）》。① 未来 15 年，河北省将重点建设一批健康旅游基地，结合地方特色重点打造一批功能齐全的健康医疗旅游示范基地，形成河北的康养旅游文化名片。2017 年，河北省加大力度、多措并举促进旅游业改革发展，形成了"1+2+8"推进旅游建设的政策体系，即《河北省旅游业"十三五"发展规划》《关于全省旅游业发展体制机制改革的若干意见》《关于实施旅游产业化战略建设旅游强省的意见》，同时还配套实施了包括《河北省旅游基础设施提升行动计划》《河北省全域旅游示范区创建行动计划》《旅游新业态新产品建设行动计划》等在内的"八个专项行动计划"，② 专项政策中涉及的休闲旅游共计 21 个。在浙江、河北等 14 个省份的专项政策中涉及的休闲旅游要求，主要针对康养旅游建设并兼顾景区建设需求。除此之外，多数省份推出的康养旅游专项政策虽然不多，但在多份政府文件中对休闲旅游康养旅游的建设要求进行了约定，并支持发展其他类型旅游产业。总体来说，康养旅游相关政策不管是从国家层面，还是从省级层面，乃至地级市层面，有针对性的专项政策依然较少。

2.2 康养旅游政策类别

康养旅游作为一个新兴的旅游业态，发展尚不成熟，依赖于国家的

---

① 王振岭. 河北印发健康医疗产业发展规划重视中医药[J]. 中医药管理杂志，2016（11）：15.
② 河北省人民政府. 河北省旅游业"十三五"发展规划[Z]. 2017-01-03.

政策规划和调控；国家和省级层面基于康养旅游的政策体系涵盖规划建设、财政金融、资源管控、发展管控等四个方面。

2.2.1 规划建设政策

在国家层面康养旅游政策推出之时，提出的规划建设政策以原则性指导为主，并未落实到具体的规划指标中。2016年1月，国家旅游局发布的《国家康养旅游示范基地标准》对康养旅游示范基地的发展依据做出了要求。标准明确要求，康养旅游示范基地应包括康养旅游核心区和康养旅游依托区两个区域，康养旅游核心区具备独特的康养旅游资源优势，而康养旅游依托区能为核心区提供产业联动平台，并在公共休闲、信息咨询、旅游安全、休闲教育等公共服务体系上给予有力保障。[①] 通过制定康养旅游的核心要件和丰富康养旅游的核心内容，力求打造一批特色产业要素齐全、康养产业链条完备、公共服务完善的康养旅游目的地，大力推动康养示范基地建设。再如，《国家林业局关于印发〈中国生态文化发展纲要（2016—2020年）〉的通知》指出，我国4 300多个森林公园、湿地公园、沙漠公园和2 189处林业自然保护区，森林旅游和林业休闲服务业年产值5 965亿元；森林文化、竹文化、草文化、花文化、生态旅游、休闲养生等生态文化产业，正在成为最具发展潜力的就业空间和普惠民生的新兴产业。[②] 利用国家拥有的庞大及稀缺的森林资源，在全国建设多处生态文明教育示范基地、森林康养基地和自然课堂；推进类型各异、各具特色的森林、温泉、中医药、美丽乡村和民族生态文化原生地等养生旅游业，打造森林康养、温泉疗养、美容休闲等服务；推动与乡村休闲、健康养生、自然教育、乡村振兴、民族民俗等生态文化相融合的生态文化产业开发；发展具有历史印象、文化底蕴、地域风貌、民族风情的生态文化村；建设走生态文明之路的美丽乡村，践行具有特色的发展模式。

---

① 国家旅游局. 国家康养旅游示范基地标准[S]. 国家旅游局, 2016-01-05.
② 国家林业局. 关于印发《中国生态文化发展纲要（2016—2020年）》的通知[OL]. 中国林业网, 2016-04-11.

2.2.2 财政金融政策

"健康中国"战略实施以来,健康产业的资本市场越来越大,超过了10万亿元的市场份额,而且将会随着时间的推进而不断增长。康养旅游作为其中的一部分,不仅有巨大的市场潜力,还有国家的大力帮扶,体现为四大政府资金支持。

(1)中国政企投资基金加大对旅游等服务业资金投入。

2015年12月,国务院设立了唯一的国家级投资引导基金——中国政企投资基金。该基金由财政部牵头发起,投资领域包括交通运输、市政工程、生态建设、文化旅游、环境保护,设计项目总投资8 000亿元。2016年11月,财政部发布了《关于加强中国政企合作投资基金管理的通知》,要求中国政企投资基金积极探索与民营资本合作的模式与路径,对民营企业参与的政府和社会资本合作(PPP)项目给予政策优惠,同时要求加大对健康、文化、养老、教育、体育、旅游等公共服务行业的投入。

(2)国家开发银行重金支持新兴产业发展。

2017年6月,国家发展改革委与国家开发银行签署的《关于支持战略性新兴产业发展的战略合作协议》表示,"十三五"期间,国家开发银行将大力扶持新兴产业,对《"十三五"国家战略性新兴产业发展规划》中的21项重大工程予以重点建设支持,将安排至少1.5万亿元融资总量支持创新平台,并通过投贷联动和微贷等创新模式,加大对创新型中小企业的支持力度。同时,国家发展改革委将加强统筹协调,积极推动银行与企业贷款对接,确保金融支持举措落到实处。

(3)国家发展改革委与财政部践行乡村振兴。

2018年9月,国家发展改革委、财政部与亚洲开发银行共同签署了《乡村振兴的谅解备忘录》,预计在2018—2022年,亚洲开发银行将会同其他发展伙伴共同筹资,预计总额达60亿美元,用于支持全国各地实施乡村振兴战略。国家将充分利用亚洲开发银行等多方的资金和智力支持,推动中国城乡融合发展等乡村振兴重点领域的发展。

（4）地方政府专项资金支持健康养生产业。

2017年9月，上海市政府印发的《关于推进上海美丽健康产业发展的若干意见》表示，充分利用本市现有专项资金，支持市级特色美丽健康产业。美丽健康产业作为上海市健康产业的重要组成部分，有必要将美丽健康产业作为大健康产业发展的重要支柱，建设产业链完备的美丽健康全产业链。2017年，杭州市现代服务业引导资金重点支持健康养老产业项目建设，按健康产业增加值、健康产业项目数、健康产业项目本年度投资额、健康产业载体数等四个指标，切块下达给各区、县(市)。2018年11月，山西省农业农村厅印发的《山西省2018年农村农林文旅康产业融合发展建设项目实施方案》指出，山西省从2018年开始开展农村农、林、文、旅、康养产业融合发展试点工作，2018年省财政安排补助资金6 000万元，晋城市作为试点市收到补助1 000万元。2017年12月，广西财政累计筹资10亿元用于支持健康养老产业发展和服务体系建设。

2.2.3 资源管控政策

旅游业的发展建立在资源优势的基础上，康养旅游主打养生、休闲、健康为主题的旅游活动。《中共中央 国务院关于深入推进农业供给侧结构性改革 加快培育农业农村发展新动能的若干意见》指出，充分发挥乡村各类物质与非物质资源富集的独特优势，利用"旅游+""生态+"等模式，推进农业、林业与旅游、教育、文化、康养等产业深度融合。[①]2018年，国务院印发的《关于实施乡村振兴战略的意见》进一步指出，实施休闲农业和乡村旅游精品工程，建设一批设施完备、功能多样的休闲观光园区、森林人家、康养基地、乡村民宿、特色小镇。加快发展森林草原旅游、河湖湿地观光、冰雪海上运动、野生动物驯养观赏等产业，积极开发观光农业、游憩休闲、健康养生、生态教育等服务。[②]

[①] 新华社. 中共中央 国务院关于深入推进农业供给侧结构性改革 加快培育农业农村发展新动能的若干意见[J]. 中国农民合作社，2017（3）：7-13.

[②] 中共中央 国务院关于实施乡村振兴战略的意见[J]. 中华人民共和国国务院公报，2018（5）：4-16.

2.2.4 发展管控政策

(1) 国家旅游局发布景区、温泉等四个行业标准。

2017年11月,国家旅游局发布《景区游客高峰时段应对规范》《旅行社在线经营与服务规范》《温泉旅游企业星级划分与评定》《温泉旅游泉质等级划分》等四项行业标准于2018年5月1日正式实施。四项标准分别对景区高峰时段应对要求、旅行社经营与服务、温泉旅游企业的星级划分条件及服务质量、温泉旅游企业泉质等级划分的技术条件及泉质等级标准志的使用等方面进行了规范,以促进景区和温泉旅游企业规范经营。

(2) 国家旅游局发布《国家工业旅游示范基地规范与评价》行业标准。

2017年12月,国家旅游局发布《国家工业旅游示范基地规范与评价》行业标准,明确了工业旅游示范基地的术语和定义、基本条件、基础设施及服务、配套设施及服务、旅游安全、旅游信息化、综合管理等内容。[1]由于工业旅游规模及配套设施齐整程度不一,该标准重在对工业旅游的配套设施进行规范,强化对工业遗产的保护及展示。该标准不是强制性规范,突出的是指导意义,国家出台相应标准的目的是辅助行业走向规范。该标准有助于工业旅游规范发展,达到相应的标准后,可以享受国家统一的认证、评级,享受政策扶持。

(3) 关于特色小镇建设的意见。

2016年7月,住房城乡建设部、国家发展改革委、财政部等三部委联合发布通知,决定在全国范围内开展特色城镇的培育,到2020年培育大约1000个特色城镇。随着第一批、第二批特色城镇的公布,特色城镇建设如火如荼。2017年12月,国家发展改革委、国土资源部、环境保护部、住房城乡建设部联合发布的《关于规范推进特色小镇和特色小城镇建设的若干意见》提出,各地要把特色小镇和小城镇建设作为供给侧结构性改革的重要平台,促进新型城镇化建设和紧急转型升级。[2]同

---

[1] 国家旅游局. 国家工业旅游示范基地规范与评价[Z]. 2017-12-01.
[2] 国家发展改革委、国土资源部、环境保护部、住房城乡建设部. 关于规范推进特色小镇和特色小城镇建设的若干意见[Z]. 2017-12-04.

时，要从实际出发，遵循客观规律，防止盲目发展、一哄而上，更要严控房地产化倾向。意见强调建设特色小镇，必须结合产业发展、融合特色文化、体现创意。同时，就建设特色小镇在投资、土地、建设、运营方面提出了专业性和持续性的要求，指出：不能为了追求旅游业发展而盲目跟风，最好以点带面、科学规划、全局统筹。

（4）乡村旅游用地政策。

国土资源部、国家发展改革委为鼓励盘活存量建设用地，两部委联合下发的《关于深入推进农业供给侧结构性改革做好农村产业融合发展用地保障的通知》明确了农产品加工、农产品冷链、物流仓储、批发市场建设、用于建设用地、小型和微型起居公园休闲农业、乡村旅游、农村电商等农村第二、第三产业的市、县地区，并点明对新增建设用地计划指标给予奖励。[①]该政策对调节土地供给、促进农村产业升级、推动乡村康养旅游发展具有重要的指导意义。第一，通过土地供给改革，推进美丽乡村建设，促进农村产业升级，打造新兴的康养产业，从客观上满足了康养旅游发展的用地需求。第二，盘活农村存量建设用地，利用农村存量建设用地进行康养旅游项目可以缓解城市用地压力，带动康养产业由城市向农村转移。

2.3 康养旅游政策建议

2.3.1 政府加强行业标准化管理

完备的行业标准规范是促进康养产业健康发展的前提。康养产业有着潜力巨大的市场，需要完善的行业规范制度加以规范与引导。康养旅游作为一个新兴的产业，有必要系统地制定行业标准管理制度，涵盖康养旅游行业进入制度、康养旅游标准体系、康养旅游发展管理条例等，形成规范康养旅游自律发展的完善机制。同时，确保强化康养旅游高素质、专业化的人力资源的储备；确立康养旅游行业规则，包括行业公平竞争、产品信息公开、企业诚信经营、产品质量要求、产品维权等，以

---

① 国土资源部、国家发展改革委. 关于深入推进农业供给侧结构性改革做好农村产业融合发展用地保障的通知[Z]. 2017-12-25.

便规范康养旅游产业的竞争与发展。政府应积极制定相关标准，解决政策缺位和规范缺位问题，使康养旅游发展有理可循，有据可依。

2.3.2 政府宏观调控与市场化发展相结合

作为一个新兴产业，没有政府的扶持，康养旅游想要发展是不可能的，同时作为一个新兴产业也要充分发挥市场的积极作用。对于一些有资源的二线、三线城市，有资本发展康养旅游产业，一方面，应当尊重市场的基本规律，充分发挥市场在资源优化配置方面的作用；另一方面，也应加大对康养旅游产业的大力扶持，同时更应做好规范与引导工作，促使其更健康高效地发展。相反，若政府过多干预某一企业或某一行业，行业便会逐渐僵化、丧失活力，进而故步自封，抵制外来者，使地区发展落后。唯有将政府的宏观调控和市场化发展相结合，才能促进康养旅游业健康有序地发展。

2.3.3 行业促进相关产业链完善

在宏观层面，行业通过引导技术、资金、人员、信息等元素到康养旅游产业中，发挥产业链的规划和导向作用。在微观层面，充分发挥区域财税政策改革和区域财税政策的优惠作用，鼓励和支持康养旅游企业的发展，鼓励外商和各类所有制企业参与康养旅游项目的投资。通过引援外商，增加资金投入，从人力、设施等多方面共同促进康养旅游业的发展。

2.3.4 政策助力乡村振兴战略

2017年10月，党的十九大报告明确提出乡村振兴战略。2018年1月发布的《中共中央 国务院关于实施乡村振兴战略的意见》要求，2020年乡村振兴制度框架和政策体系要基本形成，进一步提高城乡基本公共服务一体化水平，进一步细化为农村搭建的一二三产业融合发展平台。[1]

---

[1] 中共中央 国务院关于实施乡村振兴战略的意见[J]. 中华人民共和国国务院公报，2018（5）：4-16.

随着乡村振兴战略的实施，康养小镇能带动乡村区域的发展。康养小镇作为康养产业与乡村地区的有机结合，将极大地提高开发区域的基础设施建设，丰富农村的产业链。康养小镇作为农村与城市的连接枢纽，在吸引人才、加强周边相关产业建设方面也会有重要的作用。未来，休闲旅游康养小镇会更多地承担带动周边乡村致富的工作，推进乡村振兴战略稳步实施。

康养旅游不仅是旅游领域的朝阳产业，还是健康产业中的新兴产业。未来，康养旅游将成为世界旅游业的一支新秀，不仅能为所在区域创造经济效应，还将引导世界旅游业向可持续的方向发展。同时，它又将在人类提高自身素质方面起到不可估量的作用。目前，康养旅游建设政策大框架已基本建立。未来，随着各地建设的推进，相关政策体系、标准体系以及评估体系将更加完善。

3 康养旅游之乡村机会

"三农"问题一直是党和国家工作的重要议题。习近平同志在党的十九大报告中提出乡村振兴战略,强调"坚持农业农村优先发展,按照产业兴旺、生态宜居、乡风文明、治理有效、生活富裕的总要求,建立健全城乡融合发展体制机制和政策体系,加快推进农业农村现代化"。

康养是人民生活从贫困走向全面小康和文明富裕的必然需求。《"十三五"旅游业发展规划》提出,要"促进旅游与健康医疗融合发展。鼓励各地利用优势医疗资源和特色资源,建设一批健康医疗旅游示范基地"①。根据地域特色资源,开发养生康养产品,发展康养旅游是实现乡村振兴的可行举措。中国有数以百万计的乡村,乡村地区相较于城市拥有更为舒适的环境、更为丰富的康养旅游资源,在新时代背景下,理应抓住乡村振兴战略的机会,在有条件的地区大力发展乡村康养旅游。

3.1 乡村康养旅游的内涵

顾名思义,康养就是健康、养老和养生,是通过一定的养生和医疗手段,满足人们对健康幸福生活的追求,使人们的身体、心理都处于一种健康良好的状态。②康养旅游是以健康、养生等为目的的暂时性跨地域旅游活动,相较于传统的旅游活动具有特殊的功能性,以改善身心健康为目的。乡村康养旅游即发生在乡村地区的康养旅游活动。

目前,中国已然进入老龄化社会,60%以上的40~60岁中老年人在生理或者心理上处于亚健康状态。同时,城市年轻的白领阶层由于长时间的工作压力与高负荷的工作量使其身体长期处于亚健康状态。此外,

---

① "十三五"旅游业发展规划[N]. 中国旅游报, 2016-12-27(2).
② 康承业,李惠莹. 中国中冶康养产业技术发展报告[M]. 南京大学出版社, 2017.

不良生活习惯导致的青少年肥胖、近视等问题呈现出低龄化趋势。与上述问题相对应的有助于满足人民美好生活需求的康养活动越来越受到人们的重视，康养旅游的发展迎来了重大的发展机遇。

纵观国内外康养旅游产业的发展，世界各国都进行了一系列的探索。就康养产业政策而言，美国于1969年将健康管理纳入国家医疗保健计划，①日本在2002年发布了《健康促进法》，中国自2013年先后出台了《关于加快养老服务业的若干意见》《关于促进健康服务业发展的若干意见》《国家康养旅游示范基地标准》《关于启动国家森林体验基地和全国森林养生基地建设试点通知》等产业政策及文件。就康养旅游模式而言，各国根据本国特点发展不同的康养模式，如土耳其的坎加尔鱼温泉旅游模式，德国、日本不同类型的森林康养模式。我国形成了具有地域特色的康养旅游模式，如海南候鸟式康养模式、四川攀枝花阳光之旅康养模式。

旅游是康养活动的一种，康养是旅游活动的重要内容。②康养旅游是一种以康养为目的伴随地域转移的短期休闲活动。与欧洲、加拿大和澳大利亚等区域（国家）成熟的康养旅游目的地相比，中国的康养旅游仍处于起步阶段。③④⑤"在旅游中养生，为养生而旅游"已然成为现代人的时尚康养理念。⑥⑦⑧乡村地区拥有优越的康养环境和资源，乡村康养旅游的发展具有很大的潜力。现阶段，抓住乡村振兴战略契机，将健康养生元素融入乡村地区旅游业发展之中，把休闲、养生、健康贯穿于乡村旅游的"吃、住、行、游、购、娱"各环节，是促进乡村康养旅游发展的首要措施。

---

① 何莽. 中国康养产业发展报告（2017）[M]. 社会科学文献出版社，2017.
② 宫洁丽，王志红，瞿俊霞，等. 国内外健康产业发展现状及趋势[J]. 河北医药，2011，33（14）：2210-2212.
③ 丛丽，张玉钧. 为森林康养找到一条科学路径[J]. 山东绿化，2017（3）：44-46.
④ 任宣羽. 康养旅游：内涵解析与发展路径[J]. 旅游学刊，2016，31（11）：1-4.
⑤ 叶宇，陈思宇，何夏芸. 国内康养旅游研究综述[J]. 旅游纵览（下半月），2018（2）：29.
⑥ 刘庆余，郓宁. 全域旅游视野下健康养生旅游发展对策[J]. 旅游学刊，2016，31（11）：4-6.
⑦ 张志亮. 老年人养生旅游的公共性分析[J]. 旅游学刊，2016，31（11）：10-11.
⑧ 王赛兰，马拉松. 景区健康养生旅游的新助力[J]. 旅游学刊，2016，31（11）：11-13.

3.2 康养旅游和乡村振兴

乡村振兴战略旨在振兴乡村，乡村康养旅游可作为有力抓手。乡村振兴战略和乡村康养旅游的发展并不是简单的乡村振兴战略促进乡村康养旅游的发展或者乡村康养旅游的发展助推乡村振兴战略的实现，而是两者在乡村发展过程中的相互促进。

3.2.1 乡村振兴促进乡村康养旅游

产业兴旺形成乡村康养旅游的基础。乡村振兴战略明确提出，要保证农业农村优先发展，就要保障农产品的供给，确保国家粮食安全。如果仅将第一产业作为乡村的主要产业，那么乡村经济对国民经济增长的贡献就会很小，①故而在保证农业发展的基础上实现第一、第二、第三产业的融合发展，②促进乡村产业链的延伸，实现三大产业兴旺。因此，需要全面发掘农业的多功能性，③开发农业除经济层面以外的文化功能、生态功能（见表3-1）。具体而言，一方面，注重农业的休闲、文化教育、生态保护功能，为乡村康养旅游提供资源要素；另一方面，结合绿色农产品加工、康养设备制造等第二产业，为乡村康养旅游发展提供支持。

表 3-1 农产品多功能性分类

功能性分类	具体功能	作用
经济层面	食品生产、经济产业发展	稳定供给农产品，保障国民生产需求，形成农业收入
政治层面	国家安全	保障粮食安全、食品安全
文化层面	医疗、休闲和旅游文化教育	提供休闲旅游空间，为新业态的培养创造空间；陶冶自然情操，了解农业文明，体验传统民俗风情
生态层面	生态环境保护、物种多样性	保全国土及居住环境、保护生物资源，维持人类社会与自然和谐共存

---

① 李国祥. 实现乡村产业兴旺必须正确认识和处理的若干重大关系[J]. 中州学刊，2018（1）：32-38.
② 黄祖辉. 准确把握中国乡村振兴战略[J]. 中国农村经济，2018（4）：2-12.
③ 周立，李彦岩，王彩虹，等. 乡村振兴战略中的产业融合和六次产业发展[J]. 新疆师范大学学报（哲学社会科学版），2018，39（3）：16-24.

（1）生态宜居利于乡村康养旅游形成。乡村振兴战略明确提出要保证乡村地区生态宜居，乡村产业的发展不能以牺牲绿水青山为代价。康养旅游对目的地的气候条件、空气质量、水域环境等方面有着极其严格的要求。如果生态环境遭到破坏，康养旅游的发展也就无从谈起。生态宜居才能保证乡村康养旅游的可持续发展。

（2）乡风文明提升乡村康养旅游体验。乡风文明要求对优秀传统文化加以传承与创新，[①]使其既能体现具有中国特色的五千年农耕文明，又能彰显与现代社会工业化、信息化相适应的现代文明。[②]乡村康养旅游涉及游客需求与体验，游客体验在一定程度上直接影响游客的满意度、重游率，进而影响游客选择目的地进行深层次康养活动。乡风文明是游客在目的地"全域"范围的深度体验，渗透于游客在目的地的吃、住、行、游、购、娱之中，[③]能够切实提高游客的满意程度，进而促进康养旅游的发展。

（3）治理有效保障乡村康养旅游发展。治理有效不仅能够切实提升农村居民的主人翁意识以及乡村集体意识，还能提升乡村居民的法律意识，减少危害社会的违法违纪行为。党十九大报告明确指出，要加强农村基层组织建设，健全自治、法治、德治相结合的农村治理体系。这就要求在法律允许的范围内提升乡村的自治水平，结合本土特色制定相应的政策制度，增强其灵活性，以服务于乡村康养旅游的发展。

3.2.2 乡村康养旅游助推乡村振兴

（1）乡村康养旅游促进产业兴旺。乡村康养旅游涉及工业、农业、医疗、旅游、文化等相关产业。乡村康养旅游的发展能够整合、盘活乡村地区的相关产业，以促进乡村产业兴旺。例如，康养旅游与工业结合形成康养工业，为康养旅游活动提供工具和设备；康养旅游与食材结合形成绿色食品，为游客提供健康食材；康养与农业结合形成休闲农业，

[①] 王亚华，苏毅清. 乡村振兴——中国农村发展新战略[J]. 中央社会主义学院学报，2017（6）：49-55.
[②] 黄祖辉. 准确把握中国乡村振兴战略[J]. 中国农村经济，2018（4）：2-12.
[③] 厉新建，张凌云，崔莉. 全域旅游：建设世界一流旅游目的地的理念创新——以北京为例[J]. 人文地理，2013，28（3）：130-134.

开发农业的文化功能。乡村康养旅游与其他产业结合，能有效延长产业链、价值链，切实促进相关产业兴旺。

（2）乡村康养旅游促进生态宜居。学者王会等以经济学为背景，通过理论建模分析绿水青山（生态环境）与金山银山（经济收入）之间的关系，得出：当绿水青山的非消耗性使用方式能够获得多于消耗性使用方式利润时，人们就会选择保护更多的绿水青山以获得更大的效用。[①]康养旅游的发展能够带来巨大的经济效益，进而促进乡村地区保留更多的绿水青山，促进生态宜居。如四川省攀枝花市自 2012 年提出发展康养旅游至 2017 年 5 年间，该市不仅在旅游人次上增长了约 172%、在旅游业总收入上增长了约 318%，[②]还在环境保护上取得了可喜的成绩。

（3）乡村康养旅游促进乡风文明。乡村康养旅游的发展，一方面，能促进乡村基础设施的完善，如垃圾处理设施的增加、厕所的改良、道路的通达等，进而促进乡村物质文明的提高；另一方面，能给乡村地区带来巨大的经济利润，仓廪实而知礼节，衣食足而知荣辱，进而促进乡村精神文明的提升。

（4）乡村康养旅游助推生活富裕。发展乡村康养旅游不仅能够创新乡村农业发展模式，增加乡村居民就业机会，保证部分乡村居民享受康养旅游带来的效益，有利于增加乡村居民的收入，实现生活富裕，还能避免乡村康养旅游的发展脱离乡村本土特色。

3.3 乡村发展康养旅游的优势

康养旅游相较于传统的旅游活动具有其特殊性，即乡村特征，因而乡村地区更适合发展康养旅游产业。乡村地区，不仅有着美丽的自然风光、淳朴的乡村风情可供游人观赏、体验，还有着更优质的空气、水源以及丰富的森林、温泉等康养旅游资源，以改善游客的身心健康。

---

① 王会，姜雪梅，陈建成，等．"绿水青山"与"金山银山"关系的经济理论解析[J]．中国农村经济，2017（4）：2-12.
② 叶宇，陈思宇，何夏芸．国内康养旅游研究综述[J]．旅游纵览（下半月），2018（2）：29.

3.3.1 优质空气

空气质量会影响人类的健康。据世界卫生组织统计，2012 年估计有 650 万例死亡与室内和室外空气污染有关，占全球当年总死亡人数的 11.6%。优质的空气不仅对呼吸系统疾病患者能产生良好的调养效果，还对身体健康的人产生良好的滋润效果。中国范围内的多数乡村地区工业开发较少，鲜有空气污染，空气质量佳，能够吸引城市居民进行康养旅游活动。

3.3.2 纯净水源

水是生命之源，人们的正常生活离不开水。事实上，水不仅能够保证人类生命正常运转，而且优质的水源里含有大量的可被人体吸收的微量元素，能够对人体健康产生极大的影响。得益于乡村地区优质的水源，中国的许多长寿人口聚居区都分布在江河流域的乡村[①]。

3.3.3 特色资源

温泉活动有助于康体、养生。温泉中的微量元素不仅能够透过皮肤被人体吸收，改善人体的肝、肾、胃功能，也能附着于肌肤之上起到保护和治疗作用，[②]还能通过水蒸气进入呼吸道起到养生作用。

森林对人能起到良好的养生保健作用。首先，森林的绿色给人以宁静、舒适、生机勃勃的感觉，能够缓和紧张的心情、稳定情绪。有研究表明，森林植物能够分泌杀菌物质。[③]另外，森林含氧量高且含有较多的负氧离子能够促进人体新陈代谢，[④]使呼吸平稳、血压下降、精神旺盛、免疫力提高。

---

① 翟德华. 中国区域长寿现象与区域长寿标准评价体系[J]. 人口与经济，2012（4）：71-77.
② 孙晓生. 试论温泉养生理论的中西汇通[J]. 新中医，2014，46（12）：217-219.
③ 潘洋刘，刘苑秋，曾进，等. 基于康养功能的森林资源评价指标体系研究[J]. 林业经济，2018（8）：53-57+107.
④ 卢素兰. 森林养生保健旅游文献研究[J]. 林业经济问题，2010，30（6）：531-534+539.

中药能够通过合理的搭配对人体起到良好的保健作用。中医药是中华民族的瑰宝，中药养生重在养生的总体性和系统性，能够很好地预防疾病，符合当代人对养生的需求。同时，中医药能够通过调节人体内在机理达到治愈疾病的目的。

3.4 乡村康养旅游的发展路径

乡村地区康养条件优越、康养资源丰富，结合乡村振兴战略，全方位规划乡村康养旅游产业，对于实现乡村振兴具有重大的时代意义。

3.4.1 完善顶层设计

各级政府应以乡村振兴战略为契机，制定针对乡村康养旅游产业发展的具体指导意见及政策，制定出各县、乡、村康养旅游产业发展规划，针对不同地区的区位、资源等差异，对康养旅游产业进行整体规划、科学布局。具体而言，针对不同的资源优势，形成不同类型的康养旅游产品，如针对森林资源丰富的地区，可打造专业的乡村森林康养旅游目的地。

3.4.2 促进产业融合

乡村康养旅游的发展并非只涉及第三产业，更是第一、二、三产业的有机融合，避免割裂产业之间的联系。促进康养相关产业融合，首先，需要政府出台相关政策，引领企业深入开发农业的非经济功能，将农业资源转化为农业观光旅游以及农业体验旅游等深度体验乡村康养的旅游资源。其次，需要政府促进农产品二次加工，如开展康养绿色食品加工制造等，使农业、工业和康养紧密联系在一起。就工业而言，还可以开展康养装备制造等工业生产，促进三大产业与乡村康养旅游的深度融合。

3.4.3 增加配套设施

乡村康养旅游对配套设施有基本需求，重在对现有的乡村康养旅游配套设施进行改造升级。首先，维护好现有的配套设施。对于现有的涉及交通、网络等康养公共基础设施，政府及康养企业要加大管理力度，进行必要的保养与维修。其次，增加乡村康养目的地基础设施建设。政府应加大康养产业公共基础设施建设力度，从数量和质量两方面推进，重点从交通、通信等配套设施着手，切实提升乡村康养产业的服务能力。再次，资源向乡村地区倾斜。将康养产业基础设施建设的重心由城市向乡村地区转移，充分利用乡村地区是发展康养旅游的广阔天地这一有利条件。最后，出台相应的激励措施。政府应积极鼓励私营企业参与康养旅游开发，创新康养旅游资源整合模式，提升资源利用效率。

3.4.4　培育康养人才

乡村康养旅游的发展，离不开康养人才的培育。首先，设定人才标准。政府可以制定乡村康养旅游从业者的人才培养管理制度及从业标准，以提高乡村康养旅游从业者的素质和技能。其次，设立相关专业，培育专门人才。相关高等院校应尝试开设相关的专业，为乡村康养旅游发展培养高级复合型人才。再次，鼓励企业育人。政府可以对开展乡村康养人才培育活动的企业给予一定的财政支持和补贴。如开展康养旅游基础知识培训、康养专业技能培训、康养产业经营经验交流等。最后，引进行业精英。政府可以通过一定的措施引进一批具有丰富康养旅游产业经验的精英翘楚，以带动乡村康养旅游的发展。

第 2 篇 类型篇

4 森林康养旅游

身体是革命的本钱，身体健康不仅是人们重点关注的焦点，还是人们孜孜不倦的追求。《"健康中国2030"规划纲要》[①]提出，要将健康产业与食品、健身、休闲、互联网、养老等相关产业相结合，大力发展"大健康"产业。与此同时，国家倡导大力发展森林资源，在"十三五"规划中定下森林年生态服务价值达到15万亿元、林业年旅游休闲康养人数力争突破25亿人次的目标。《中国生态文化发展纲要（2016—2020年）》[②]提出，将全国森林公园总数由2015年的3 000处增加至4 400处，生态文化宣传设施要纳入公园基础建设之中；支持建设重点国家级森林公园200处，以国家级森林公园为重点，建设200处生态文明教育示范基地、森林体验基地、森林养生基地和自然课堂。森林康养旅游这一产业无疑乘上了这股东风，将会为我国森林产业、旅游产业的发展注入新的活力。

国家林业局在《关于大力推进森林体验和森林养生发展的通知》[③]中指出，森林体验是人们通过各种感官感受认知森林及其环境的所有活动的总称。通过森林康养，人们的心灵与身体得到放松，认识大自然、了解大自然与人类密不可分的关系，从而激发起人们的亲自然行为。同时，森林康养可以大力发展我国林业，实现林业产业结构的多元化与升级。

4.1 森林康养的内涵

4.1.1 森林康养的含义

自古以来，健康问题一直是人们最为关心的话题，健康的身体不仅是人们生活的保障，还是人们一切行为的基础。1989年，世界卫生组织

---

① 中共中央 国务院. "健康中国2030"规划纲要[Z]. 2016-10-25.
② 国家林业局. 中国生态文化发展纲要（2016—2020年）[Z]. 2016-10-11.
③ 国家林业局. 关于大力推进森林体验和森林养生发展的通知[Z]. 2016-01-07.

（WHO）认为，健康不仅是身体机能处于良好状态，且与心理、社会适应、道德品质相互依存、相互促进、有机结合。健康理念得到了延伸，传统健康行业已经不能满足现代人对于健康的需求。在这一因素的刺激下，各个健康产业开始关联结合，形成了如今的大健康产业。康养行业作为大健康产业中最具生命力的产业之一，爆发出无与伦比的潜力。

我国有相当丰富的森林资源。2009—2013 年的第八次森林资源清查显示，我国全国森林面积 2.08 亿公顷（0.020 8 亿平方千米），森林覆盖率 21.63%。其中，活立木总蓄积 164.33 亿立方米，森林蓄积 151.37 亿立方米；天然林面积 1.22 亿公顷（0.012 2 亿平方千米），蓄积 122.96 亿立方米；人工林面积 0.69 亿公顷（0.006 9 亿平方千米），蓄积 24.83 亿立方米。森林面积位居世界第五位；森林蓄积位居世界第六位，人工林面积仍居世界首位。[1]

林业局出台的《林业发展"十三五"规划》[2]表示，现阶段我国林业处在转型关键时期。国家正大力推动森林体验和森林养生的发展。现阶段，我国森林康养产业还处于起步阶段，学术界对森林康养定义尚未达成共识，但普遍接受的是，森林康养是指依托优质森林资源，将现代医学和传统医学有机结合，配备相应的养生休闲及医疗、康复服务设施，在森林里开展以修身养性、调适机能、延缓衰老为目的的休闲活动。

4.1.2　森林康养产业

森林康养是大健康产业中包容性最强的产业，其核心为健康养生和医疗保健，与养生、休闲、教育、食品、运动和疾病预防等诸多产业的关联性非常高。目前，大健康产业和旅游产业均属于六大朝阳产业。大健康产业在国家的推动下蓬勃发展。与此同时，我国消费结构正在逐步改变，旅游消费支出占比进一步增加，2017 年国内游客达到 50 亿人次，

---

[1] 资源司. 第八次全国森林资源清查主要结果（2009—2013 年）[Z]. 2014-02-25.
[2] 国家林业局. 林业发展"十三五"规划[Z]. 2016-05-20.

其中森林游客数量达到 13.9 亿人次，占比约为 28%。随着我国经济转型发展和供给侧改革的推进，森林康养将结合健康养生、地产、旅游、疾病治疗、交通、农业、观光、休闲等产业形成一个较为完整的产业集群，进而促进林业转型，并为我国经济发展注入新的动力。

4.1.3 森林康养的意义

森林康养促进人们身心健康，可以有效减少医疗支出。现代社会节奏较快，不规律作息与不良生活习惯直接或间接导致的亚健康状态成为常态，公众对医疗服务的需求日益增加，从而使医疗支出成为巨大的财政负担。森林康养可以显著降低人们的医疗支出。森林康养通过对人们外在与内心的调节，能有效地改善现代人的身体状况。在人口老龄化不断加剧、养老服务产业不健全的我国，森林康养为居民康养提供了一条可行路径。

森林康养促进林业转型，契合国家发展战略。《林业发展"十三五"规划》指出，积极开展森林多种经营，发展森林旅游等特色产业。森林康养作为依托林业的新兴产业，是灵活运用森林资源的良好示范，完美契合了林业转型这一概念。

森林康养能带动林区经济，增加就业。康养产业拥有无与伦比的兼容并包能力，作为现代服务业的重要组成部分，它能联合多种产业共同促进地区经济的发展，能有效激发地区相关第三产业的发展潜力，大规模吸纳农村人口就业，拉动我国林区农民经济水平。

森林康养转变传统健康产业，促进经济转型升级。森林康养是一种满足大众健康需要的新型方式，改变了传统健康产业。森林康养不仅是林业资源的创新运用，还是健康产业从传统走向现代的一个重要步伐。它将人们对健康的看法从传统的疾病治疗与预防转变为一种定期的、潜移默化的保养健身的游憩休闲活动。同时，森林康养为推动我国大健康产业、旅游产业的发展，促进地方经济转型升级与生态经济可持续发展提供了新的支撑。

4.2 森林康养的历程

4.2.1 森林康养的起源

森林康养起源于欧洲中世纪。当时，欧洲贵族在城堡周围植树造林，试图将自己的生活环境营造得更加舒适。19世纪初，德国巴特威利斯镇出现了第一个森林康养基地，森林康养概念在这时有了雏形。德国是最早开始关注森林康养对人身体和心理健康有作用的国家，是森林康养产业的鼻祖。20世纪80年代，森林康养偏重于森林的康复作用，运用森林体验进行治疗的森林康养课程在德国得以全面普及，现阶段已经被纳入医疗保障体系。

4.2.2 森林康养的发展

森林康养在日本和韩国得到了质的飞跃。20世纪80年代，日本国内社会环境复杂，人们面对沉重的生活压力，亟须一种能够放松自己的休闲养生方式。源自欧洲的"森林疗养"理论和"植物杀菌素"研究恰逢其时地传入社会压力沉重的日本，赢得了日本各界的欢迎。"森林疗养"理论被日本本土化与改良后，形成了森林体验新模式——"森林浴"。时至今日，"森林浴"已然成为日本人生活当中不可或缺的一部分。日本政府大力兴建森林康养基地。截至2012年年底，日本已建成森林疗法基地57处。同时，日本将森林康养纳入学校教育之中，每年假期，森林康养基地都会举办各类针对学生的露营教育活动。此外，日本还规范了森林康养产业，制定了森林康养基地的认证条例以及从业人员的法律法规，大力促进了森林康养产业的发展。但与欧洲注重发展森林康养的康复功效不同的是，日本的森林康养注重缓解压力、释放疲劳。

在日本发展森林康养产业的同时，韩国的森林体验默默地发生着变化。20世纪80年代，韩国为了保护本土森林资源，开发森林资源的经济效益，于1982年提出了建设自然修养林，大力兴建人工林，积极引入日本的"森林浴"模式，增设森林讲解员和理疗师体系，并于2005年制定了《森林文化修养法》，成立了国立自然休养林管理所。韩国是首个将森林体验列入法律的国家。韩国森林康养虽然起步较晚，但发展极为迅速。更为可贵的是，韩国人民对此抱有极高的热情。由于自然休养林采取的是预约取票制度，又由于预约的人数过于庞大，经常会出现一票难求的情况。与日本、德国不同，韩国的森林康养产业基本上都是由政府主导的，更像是一种社会公共建设，由国家负责建设，设立专业部门进行管理，为国家公民提供森林康养保健服务。

4.2.3 森林康养在中国

我国最早接触森林康养产业的地区是台湾，自 1965 年以来，台湾已建设森林浴场 40 余处。大陆地区最初于 20 世纪 80 年代设置国家森林公园。目前，我国有几个省份在积极试验，但仍处于摸索探索阶段。

森林康养引起了国内学界和业界的高度关注。在学界，国内研究方向主要在于森林康养保健养生功能的研究和森林康养产业的发展。周政等研究了森林浴的保健功效，对森林浴的几项生理值进行了研究。[1]李博与聂欣进行了疗养期间森林浴对军事飞行员睡眠质量影响的调查分析。[2]王国付等开展了一系列森林浴人体实证研究。[3]李朝晖等将森林浴应用于精神分裂症的治疗。[4]此外，浙江医院 2012 年在浙江省林业厅的大力支持下，在遂昌进行了"森林浴健康、服务于人类"的科学研究。[5]对比国外研究，我国尚未有一套完整的实验评价标准。在业界，森林康养产业商业潜力巨大，商界人士对其青睐有加，报以无限的期待。学者们蜂拥而至，热衷于研究森林康养的产业带动能力和未来发展路径。业界人士对森林康养的发展献言献策，积极指出其发展缺陷，并提出许多新颖的想法与观点。

总体而言，我国的森林康养还处于起步阶段，森林康养旅游还缺乏产业整体规划，只能以区域化、单一化的方式开展。我国的森林康养面

---

[1] 周政，王正惠. 森林浴对几项生理值的影响[J]. 中国康复，1992（1）：22-25.
[2] 李博，聂欣. 疗养期间森林浴对军事飞行员睡眠质量影响的调查分析[J]. 中国疗养医学，2014，23（1）：75-76.
[3] 王国付. 森林浴的医学实验[J]. 森林与人类，2015（9）：182-183.
[4] 李朝晖，黄耀斌，储毅辉. 森林浴治疗精神分裂症[J]. 中华理疗杂志，1998，21（5）：305-306.
[5] 益元. 优质空气有利于人体健康[J]. 浙江林业，2012（4）：11.

临着缺乏相关的法律，专业人才不足，国内并没有专业的森林护理师资格证书等一系列问题。现阶段，我国的森林康养旅游的娱乐性远远强于医疗保健功能。

4.3 森林康养的主题

4.3.1 有益因子

（1）负氧离子。

空气中的分子在高压或强射线的作用下被电离所产生的自由电子大部分被氧气所获得，进而形成负离子，又被称为"负氧离子"。负氧离子带负电、无色无味，有利于调节人体生理机能、消除疲劳、改善睡眠、降血压、增加皮肤弹性等。

（2）植物杀菌素。

树木为防御害虫和微生物的侵蚀而分泌的抗菌物质叫植物杀菌素，又称芬多精。它是植物为了抵抗病原菌、害虫、霉菌而分泌的一种物质，通过森林浴吸收植物杀菌素可减缓压力，使人心情舒畅，进而强化肠道与心肺功能，并起到杀菌的作用。

（3）森林食品。

森林食品是指来自良好森林环境，遵循动植物自然生长规律，无人工合成添加物，具有原生态、无污染、健康、安全等特性的各类可食用林产品。

4.3.2 健康环境

（1）森林氧疗。

氧气是人类维持生命的基本条件。森林被称为天然氧气制造厂，在植物生长过程中有大量的氧气排放，极大地提升了空气含氧量。人如长期处于这种富氧环境中，能极大改善自身体质，有效缓解心绞痛，预防心梗。

（2）绿视率效应。

绿视率指人们眼睛所看到的物体中绿色植物所占的比例，它强调立体的视觉效果，代表城市绿化的更高水准。当绿色在人的视野中达到25%时，人的感觉最为舒适。

（3）减少辐射效应。

随着人类工业化的推进，原子能产业在各个领域被广泛使用。在人类的生活环境中，各种放射性物质日益增加，放射线问题已然成为人类的致疾隐患。植物能够有效阻断放射线，过滤吸收放射性物质，森林内的自然放射环境良好。

4.3.3　地域区位

人类健康相关的森林环境主要包括以下三个方面的因素：一是物理因素，主要包括温度、湿度、照度、辐射热、气流和声音等；二是化学因素，主要包括源于植物的挥发性有机化合物，如芬多精（植物杀菌素）；三是心理因素，主要是指人类对于森林环境的主观评价，如森林环境的冷热、亮暗、紧张放松、美丑、安静嘈杂等。

4.4　森林康养的模式

4.4.1　"森林浴"模式

森林浴是指通过森林散步将具有疗养效果的森林用于人类健康增进、疾病预防的活动。它是由日光浴、桑拿浴等衍生出来的一个用语，其构想是将德国的森林环境"自然健康调养法"和欧美步行法加以综合运营的一套森林康养方法。

【案例4-1】　日本森林康养实例

日市奥多摩森林康养步道

日本奥多摩森林康养步道是在奥多摩森林康养综合基地的基础上加上新颖的设计理念所诞生的产物。日本奥多摩地区一直以来就是以优质的森林资源而闻名，是当地人森林养生的不二之选。

奥多摩步道的设计理念是将森林环境与人工步道相结合，赋予其"森林客厅"的功能。坡度为8°左右的步道使人们在步行时能够得到最好的体验。步道两旁人工林的植物种类相对简单，以柏树和杉树为主。研究发现，柏树和杉树所释放的香气被人类吸入后可以起到稳定情绪、降低血压的功效。前来进行森林浴的游人漫步在森林步道中，不仅强健了身体，更使心灵得到了休憩。①

4.4.2 "森林疗养"模式

森林疗养是指到自然景观优美、生态环境良好、空气清新的森林环境中，利用森林内特殊的生态环境和一定的医疗设备，结合医学原理实现治疗疾病目标的森林活动。森林疗养，在日本、德国被称为森林疗法，在韩国被称为森林休养。

【案例4-2】 中国武夷山森林康养实例

武夷山森林养生旅游

武夷山位于江西省与福建省交界处，武夷山脉北段东南麓总面积999.75平方千米，是中国著名的风景旅游区和避暑胜地，属典型的丹霞地貌，是首批国家级重点风景名胜区之一。同时，武夷山自然保护区，是地球同纬度地区保护最好、物种最丰富的生态系统，拥有2 527种植物物种，近5 000种野生动物。

武夷山的开山鼻祖是得寿八百载的彭祖。得益于此，武夷山的长寿文化和养生文化尤为突出。

武夷山彭祖养生文化主要涉及导气术、引气术、食中术等方面。武夷山周遭环境优美，空气质量高，阳光充足，气候宜人。空气中负氧离子含量丰富，约为平均1.06万个/立方厘米，青龙瀑布景区醉氧台的峰值更是高达48.8万个/平方厘米，平均23.3万个/平方厘米。武夷山有着品种繁多的健康无污染食品以及各种名贵中草药，如享誉全国的大红袍。②

---

① 马宏俊. 森林康养发展模式及康养要素浅析[J]. 林业调查规划，2017（5）：124-127.
② 张树萍. 武夷山发展养生旅游探索[J]. 武夷学院学报，2017（11）：5-10.

4.4.3 "保健康养"模式

保健康养以娱乐保健为主,以休闲度假、养生游憩为主要方式,利用森林环境和有益因子,使人的身体机能调节处于良好状态。

【案例 4-3】 中国常德森林康养实例

常德太阳山森林康养小镇

常德太阳山森林康养试点示范基地是湖南省首批 20 个森林康养试点示范基地之一,位于常德市北郊花山自然风景区及灌溪林场内。

常德太阳山拥有独特的自然景观、神奇的森林景观、丰富的动植物资源。该基地森林蓄积量 20.4 万立方米,森林覆盖率 97%,以杉树和松树居多,是"天然空调"和"大氧吧",年平均气温 16.7 ℃,年降水量 1 200～1 900 mm,气候温暖,四季分明。境内有大小山峰 10 余座,最高峰玄天第一峰 568 m,是武陵山脉向东延伸的最后一座高峰,山势雄伟险峻,地形地貌独特,似游龙雄居常德城北。

常德太阳山森林康养基地开发出多种休闲项目供游人选择,如八段锦、太极拳、自行车、果园采摘等。[①]

4.5　森林康养的未来

森林康养让人们亲密接触大自然,使身体健康、心理舒适。人们在接触自然、感受自然、亲近自然的同时,能更加了解自然。鉴于森林康养能有效解决肥胖、高血压、高血脂等严重的健康问题和一些精神疾病,森林康养已经受到亚健康人群和城市居民的热情欢迎。此外,森林康养具有资源的不可替代性、发展方式的可持续性。未来,森林康养活动将成为人们提高生活质量的首要选择之一。

---

① 任旻琼,张平,孙小慧,等. 常德太阳山森林康养特色小镇康养产品开发初探[J]. 国家林业局管理干部学院学报,2018,17(3):39-42.

5 温泉康养旅游

随着旅游业的全面升级，温泉康养旅游日益被人们关注和重视，现代温泉旅游逐步从休闲娱乐型向休闲康养复合型转变。温泉康养旅游能够满足人民日益增长的身体精神文化诉求。另外，据中温协会产学研基地预测[1]，到 2020 年，中国温泉旅游总人次数将达到 10.6 亿人次；温泉旅游总收入（企业收入）1 005 亿元；温泉旅游产业直接就业人数 112 万人，间接就业人数 204 万人；温泉旅游产业税收值 55 亿元；温泉旅游产业带来的工业增加值（如涉及装备制造）2 219 亿元；温泉旅游产业拉动 GDP 增加值 3 375 亿元，温泉旅游的快速增长为温泉康养旅游业的发展奠定了良好基础。随着人们生活水平的日益提高、自由支配的财富增加，人们对精神文化、健康生活的需求越来越高。2012 年，云南省旅游接待总人数 2.01 亿人次，其中康体养生游客占 39%，康体养生游客数量大幅增加。未来，温泉康养旅游产业有着巨大的市场潜力。

5.1 温泉康养旅游的内涵

5.1.1 温泉旅游

温泉旅游是以体验温泉、感悟温泉沐浴文化为主题，达到温泉养生、休闲、度假目的的旅游活动。首先，温泉旅游以温泉为依托。温泉是温泉旅游必须具备的基础。其次，温泉是旅游的一种形式。因为它具备旅游的基本特征——旅游是非定居者的旅行和暂时居留而引起的一种现象及关系的总和。此外，温泉旅游是一种体验活动。旅游者通过亲身体验，获得生理与精神的放松，在体验中感受文化。温泉旅游的核心是温泉沐

---

[1] 中国温泉旅游网. 中温协秘书长张越在世温联年会上做主题发言[EB/OL]. （2018-11-02）[2019-06-19]. http://www.chsta.cn/news/detail_9179.

浴文化、养生文化、休闲文化、度假文化。旅行者在感受不同文化魅力的交织下洗涤身体与心灵。

由此可见，温泉旅游是以温泉自然资源为基础，以健康和感受温泉沐浴文化为目的，具有旅游的基本功能，将单一疗养的物化享受提升到文化精神层面的符合现代消费的特殊体验活动。

5.1.2　康养旅游

康养旅游是现代旅游活动的产物，因其发展时间较短，在业界尚未形成准确清晰的定义。在我国，"康养"一词最早由刘丽勤提出。[①]《现代旅游经济学》认为，康养旅游是能够使旅行者的身体素质得到不同程度的改善的旅游活动。《国家康养旅游示范基地标准》指出，康养旅游是通过养颜健体、营养膳食、修心养性、关爱环境等各种手段，使人在身体、心智和精神上都达到自然和谐的优良状态的各种旅游活动的总和。王赵认为，康养旅游即为健康旅游、养生旅游，是一种建立在自然生态环境、人文环境、文化环境基础上，结合观赏、休闲、康体、游乐等形式，以达到延年益寿、强身健体、修身养性、医疗、复健等目的的旅游活动。[②]《2015年四川省康养旅游规划成果稿》指出，康养旅游是建立在良好的自然生态环境、人文环境及文化环境基础上，以维护健康或促进健康为需求动力，结合观光、休闲、度假、康体、游乐、医疗、养心等形式，以达到强身健体、修身养性、医疗康复、益寿延年等目的的一种旅游活动。也有学者指出，康养旅游作为一种旅游新业态，是以健康为基本诉求，同时包含快乐、幸福等心理健康的康养旅游方式。[③]

综上所述，康养旅游概念的界定随着时间的推移、经济的发展、现代化的推进，其内涵会逐步丰富。

---

① 刘丽勤. 久藏深闺的木王国家森林公园[J]. 陕西林业，2004（4）：28.
② 王赵. 国际旅游岛：海南要开好康养旅游这个"方子"[J]. 今日海南，2009（12）：12.
③ 叶宇，陈思宇，何夏芸. 国内康养旅游研究综述[J]. 旅游纵览（下半月），2018（2）：29.

5.1.3 温泉康养旅游的内涵

由于康养旅游概念的多样性，温泉康养旅游没有明确的定义。中国旅游协会温泉旅游分会副会长、箱根集团董事长王捷认为，温泉康养旅游是指以康养为主要目的，以温泉资源为基础，充分利用温泉水、温泉地微气候与良好的生态环境及其他自然疗养因子，并结合特定的温泉康养设施、配套服务设施及专业服务，通过温泉体验、运动健体、营养膳食、健康教育、修心养性、文化活动、融入自然、关爱环境等各种健康促进手段，使人在身体、心智和精神上达到自然和谐的优良状态的各种温泉旅游活动的总和。[①]

根据王捷对温泉康养旅游的定义可知，温泉康养旅游涉及方方面面，不单是人们通常了解的通过温泉体验来进行康体和疗养活动，它的范围甚广，只要是以健康为中心的各种温泉设施、活动、体验、产品等都是温泉康养旅游的一部分。

5.2 国外温泉康养旅游发展历程

5.2.1 温泉康养旅游的缘起

罗马帝国时期，人们就已经开始了解并且重视温泉的治疗作用。之后，希腊人、罗马人和土耳其人将其传播到非洲北部海岸土耳其、德国南部、瑞士以及英国等国家。1326年，第一个温泉疗养地在比利时的一个小镇（Spau）兴起，后来演化为温泉旅游度假区的代名词。

5.2.2 温泉康养旅游的发展

文艺复兴以后，西方各国的经济实力逐步提升，政治局势稳定平和，城市繁荣昌盛，人民业余生活不断丰富，温泉的开发受到了极大的关注，温泉旅游在欧洲达到空前的繁荣。此时的温泉旅游以温泉治疗为导向，

---

① 王捷. 中国温泉康养市场在哪里？[J]. 中国温泉旅游，2018（73）：12-15.

主要是富裕的上流社会人士进行温泉旅游活动，此时的温泉旅游带有一定的休闲度假性质。

5.2.3 温泉康养旅游地的暂时衰落

随着科技、经济的不断发展，西方的医疗技术随之提高，单纯的温泉疗养作用渐渐受到人们的质疑。人们开始怀疑温泉的康体作用以及温泉的疾病治疗功效。此时，人们发现海水浴具备与温泉相似的疗效，海滨旅游随之崛起，吸引了大批旅游者前来体验。传统温泉旅游因此被人们冷落，慢慢走向衰退。

5.2.4 温泉康养旅游的复兴与发展

19世纪后，高速工业化和快速城市化促使经济不断发展、财富得到积累，人们的生活水平进一步提高。中产阶级规模不断扩大，资金的自由支配程度增加。便捷的交通道路的不断建成，为旅游提供了必备的交通条件。在经济发展中，产生了一系列问题，大都市生活环境日益恶化，生态环境遭到破坏，人们需要寻找新的休息处。因此，大众休闲康体旅游需求快速增长，具有医疗性质和保健性质的温泉康养旅游迎来了新的发展机遇。1920年前后，以温泉治疗为主导的传统温泉旅游开始转变为以温泉治疗和休闲娱乐共同发展的现代温泉旅游。

5.3 国内温泉康养旅游发展历程

中国的温泉康养旅游历史悠久，可以将其分成三个发展时期。温泉康养旅游在改革开放前处于比较被动和停滞状态；改革开放后则有了前所未有的改变和发展；现如今呈现出新的趋势。

5.3.1 改革开放前的酝酿阶段

早在唐朝就有关于温泉疗养的记载，如西安的华清池、北京的小汤山、南京的汤山、辽宁鞍山的汤冈子等温泉疗养目的地，这些地方有古代帝王、官员、贵族使用温泉的记录与痕迹。虽然中国古人对温泉的康养效果有所了解，但这种了解仅停留在表面。

中华人民共和国成立前，由于经济发展缓慢、社会动荡等原因，温泉仅仅用于一般平民百姓的洗浴和日常生活，尚未关注其康体疗养功效。此时，温泉仅被一些宦官、贵族、上层社会人士用以疗养。

日本"汤治"文化对东亚的温泉具有重要影响。众所周知，日本火山众多，地热资源丰富，温泉遍布各地，再加上受到西方温泉的影响，它的温泉旅游发展远远领先于东亚。在早期，日本未了解温泉的疗养作用，仅认为可以冬季御寒；后来，人们发现动物浸泡温泉后奇迹恢复，才开始进一步了解温泉的康养疗效。日本"汤治"文化传入中国，由此开发形成了一批温泉中心，如辽宁省、吉林省等地的温泉中心。

中华人民共和国成立后，人民的生活水平得到提高，在北方修建了一大批温泉疗养院和温泉疗养设施，充分利用了温泉的疗养康体作用。

5.3.2 改革开放后的全面发展

改革开放后，中国经济水平快速提升，中国的温泉康养得到了全方位的发展。从人员上看，全国各地的人开始意识到温泉康养的作用，随着生活水平的提高及自由支配财富的增加，人们也产生了温泉康养旅游的需求。同时，原来的温泉疗养院也进行了革新升级，由原来单纯的疗养院变成观光体验的健康疗养中心，为更多的旅游者提供了更优质的服务。此时，温泉康养旅游地的设施日益健全和丰富，提升游客观光体验的娱乐设施、饮食服务、住宿场所蓬勃发展，温泉康养旅游已经从单纯的疗养转型为现在的休闲娱乐型。

5.3.3 温泉康养旅游发展趋势

（1）向休闲康养复合型温泉转变。

在休闲娱乐型温泉旅游的基础上，中国现代温泉旅游产业经过 20 年的高速发展，随着人民物质生活水平的提高、精神生活需求的增加、养生健康追求的提高，温泉旅游向休闲度假与温泉健康养生相结合的方向发展。一方面，学习了欧洲的温泉康养的理念和技术；另一方面，结合了中医，有意识、有能力、有资源的地方政府、企业积极地使温泉旅游向温泉康养转型升级。我国的温泉旅游进而从休闲娱乐型逐步向休闲康养复合型转变，既吸收国外发展温泉旅游的特点，又充分发挥我国的地域特色。

（2）"康养小镇+温泉旅游"模式兴起。

温泉旅游日益成熟，康养旅游这一崭新理念逐渐被人们接受，企业的投资者开始注意到二者结合的可能。古兜控股董事局主席韩志明在一次专访中表示，现代温泉的发展已经不仅仅是旅游这一单一模式，"温泉+旅游+康养"将是未来发展的趋势。[1]在以前，温泉都是以旅游为中心，而将来要突出温泉的医疗及养生价值。建设温泉康养小镇，需要与中医馆、中医院等医疗机构合作，引入专业技术，挖掘温泉的康养价值，将"温泉+旅游+养生"相结合，让消费者在医生的指导下泡温泉，进而形成"康养小镇+温泉旅游"模式。

全国各地对"康养小镇+温泉旅游"模式进行了初步实践。河北省白石山的温泉康养小镇，重在打造温泉旅游和养生养老产业结合的新模式，以"健康生态旅游"为主要定位，以"一山一水一城"为核心内涵，围绕康养产业，实现集医疗、温泉休闲度假、山地运动、绿色生态观光、文化创意体验等于一体的温泉康养小镇。[2]山东省华安迪梦温泉康养小镇依托岈山独特的温泉资源，以康养文化为主题，引进国际一流的温泉康养体系，以"温泉"为核心，植入中医温泉养生疗法，打造了数十座温泉天然泡池和水上休闲等配套项目，形成了集温泉沐场、中医疗养、休闲娱乐等服务于一体的高端温泉养生系统，开启了温泉康养度假极致体验，致力打造"国家康养旅游示范基地"。四川省绵阳市的罗浮山温泉

---

[1] 南方日报网. 古兜控股韩志明：温泉康养价值待进一步挖掘|业界对话[EB/OL]. (2017-12-11)[2019-06-19]. http://static.nfapp.southcn.com/content/201712/11/c839302.html.

[2] 河北新闻网. 华中——白石山温泉康养小镇[EB/OL]. (2017-09-13) [2019-06-19]. http://www.baidu.com/link?url=Z5S33DKtTlRh cKSq-SMu1 EfHigllNCxQj OMP zhJIbxO_CH3Ix1ABPUMKiO7wuCkogThyIF7g7wp-m CXDEKD YyXwqd OrdHfzXKxjIdQPvlfm.

康养小镇，入围市级首批特色小镇。此外，苏豪温泉康养小镇、汤山温泉康养小镇、安宁温泉康养小镇等正逐步兴起，"温泉旅游+康养小镇"模式得以蓬勃发展。

（3）文旅融合下温泉康养旅游发展。

2018年，中华人民共和国文化和旅游部正式成立，这将对温泉康养旅游产生新的影响。文化旅游融合的好坏是决定温泉康养项目生存发展的关键因素。比如，我国部分消费者选择前往日本、韩国或者地中海海域附近的国家进行温泉旅游，那些国家独特的文化氛围吸引了他们。如今，中国温泉旅游未来的发展趋势是以构建温泉康养旅游为内核，"医、养、文、旅"融合发展的中国温泉文化体系。[①]在中国建设温泉康养旅游目的地不仅需要将康养、温泉旅游相结合，还需要融入中国当地的传统文化内涵和本地特色。比如，白石山温泉康养小镇，融入了涞源当地的民俗文化、特色生态农业以及中国汉唐建筑文化，采用"文化+产业+旅游+生活"四位一体的形式，深度挖掘历史及文化内涵，聚焦资源优势，进而打造中华生命健康福地。另外，还可以结合当地的饮食文化创造独特的温泉美食康养中心。

5.4　中国温泉康养旅游发展现状

经过近20年的高速发展，中国温泉康养旅游从传统的温泉汤浴拓展到温泉旅游、温泉度假和温泉养生以及结合中医药、健康疗法等其他资源形成的温泉理疗等。

总体而言，中国温泉资源丰富，主要集中在云南、广东、湖南、西藏、四川、福建、台湾、山东等地区，为温泉旅游的发展提供了自然基础。其中，云南、广州、上海等经济水平较高或者旅游发展兴盛的地区已经开始探索康养旅游与温泉旅游相结合的模式，形成了一系列温泉康养旅游项目。

---

① 海森文旅科技集团. 文旅融合下温泉旅游产业未来发展趋势[EB/OL].（2018-08-09）[2019-06-19]. http://www.gzhaisen.com/archives/view-1604-1.html.

云南省自然条件优越，温泉资源丰富，其温泉总数居全国首位。云南省提出了"旅游+医疗、运动、养老、生态"的发展模式。①2012年，云南省旅游接待总人数为2.01亿人次，其中康体养生游客占39%。2018年7月，安宁市政府与云南城投集团正式签订了"梦云南·温泉山谷国际康养度假区"项目投资合作协议，计划将温泉山谷从单一住宅开发转型升级为大健康康养、大旅游度假等综合体项目。该项目将温泉山谷扩容一倍多，即将成为云南省最大的文旅康养项目。广东省香江健康山谷作为一个以健康为主题的高端温泉度假胜地，与广东省中医院、广州中医药大学两单位合作，建设了"国家中医'治未病'研究基地服务示范点"。该项目设置了功能性测评、中医"治未病"、医学SPA、综合代谢管理、医疗美容抗衰等多个医疗中心。同时，广东省的丰顺国际温泉城结合岭南中医药和饮食文化完成了温泉养生旅游项目。②上海市月明山作为世界温泉名镇，立足政府打造的"三个中心，一个基地"战略部署，在不断强化"一年四季在明月山"全季旅游的同时，以富硒温泉为核心竞争力，结合大健康产业发展的政策红利，全力推进温泉康养产业的转型升级，打造多业态复合型产业集群，引领全国温泉健康产业发展。其中，月之泉国际硒温泉康养中心项目旨在合理利用富硒温泉，深度开发和研究其养生作用，采用医养结合的方式，打造"疗养胜地、度假天堂、养身福地、益寿田园"于一体的智慧养生综合体。

虽然我国的温泉康养旅游项目在如火如荼地建设中，但其仍然处于发展初期，基础十分薄弱。一些地方的温泉康养还只是运用一些花瓣、牛奶等材料或者将一些中药药材加入温泉之中以期达到所谓的康体作用，温泉池大多是人工修建或者与酒店相结合，还没有形成系统的温泉康养旅游体系。《国家温泉康养旅游项目类型划分与等级评定》已经出台，但如何落实和细化还有待进一步探讨。在第三届世界温泉健康名镇（明月山）峰会上，王捷阐述了《国家温泉康养旅游项目类型划分与等级评

---

① 高雯. 浅析云南温泉旅游资源的发展现状[J]. 价值工程，2017，36（10）：210-211.
② 李婉. 温泉养生中医药项目开发研究[D]. 广州中医药大学，2014.

定》的出台背景，点明了温泉康养旅游项目（资质条件和温泉康养旅游功能）的重要性，并基于温泉旅游市场的客观特征将其划分为三种类型。[①]

5.5 中国温泉康养旅游发展困境

5.5.1 市场不够成熟

我国温泉康养旅游起步晚、发展慢，目前仍处于起步阶段。当下，国内温泉康养旅游的消费人群集中于中老年游客。在中国，大部分人对温泉康养旅游的认识仅局限于冬季养生，认为通过一个冬季的调理能够改善体质，获得健康。特别是中老年体弱群体、亚健康群体，他们希望通过康养旅游，减少和避免一些冬季常见老年病（如关节炎、腰酸腿疼、高血压、糖尿病等）的发生。正是因为这种传统思维，青年人群参与不足，市场相对狭小。此外，面对国际市场，我国的温泉康养旅游缺乏国际吸引力和竞争力，进而使国际市场需求不足。

5.5.2 产品缺乏特色

温泉康养旅游产品单一，多局限于传统的医疗型、疗养型和康复型等三种类型。现代温泉康养旅游类型多样，涉及健康度假、健康旅游等，然而中国现有的温泉康养旅游多以"疗养+洗浴"为主，主打"宾馆+温泉"模式，甚至一些温泉康养项目就是一些大大小小的池子，产品形式单一。部分温泉康养中心直接借鉴国外如日本、韩国的温泉康养模式，没有结合我国具体国情和传统风俗，缺乏地方特色。在国内，各地的温泉康养产业差异性小，同质化严重。

5.5.3 企业运营困难

经过数年的发展，我国温泉旅游的模式依旧局限于休闲娱乐型，人

[①] 箱根集团. 第三届世界温泉健康名镇（明月山）峰会圆满举行，王捷现场解读国家温泉康养旅游标准[EB/OL]. (2018-09-25)[2019-06-19]. https://www.hakonespring.com/index.php?s=/news/detail/id/191.html..

们更接受和习惯这种模式。同时，我国人口众多，地区发展不平衡，接触过温泉相关的人数仅占全国总人数的 10% 左右，广东、福建等地的温泉旅游已经向休闲康养复合型转型，但转型并不顺利。此外，企业缺乏标准和政策的指引，企业的经营较为困难，温泉康养旅游企业的运营模式还需要进一步探索。

5.5.4 消费思维局限

温泉康养旅游需要足够多的消费群体。对于大部分普通消费者，对温泉康养旅游的了解仅仅停留在养老和康体的表层，对温泉康养旅游的深层次了解不足，如温泉康养旅游的内容、形式、益处等。消费者对温泉康养疗效的认知不足以及对温泉行业的不信任，使温泉康养旅游难以发展。因此，拓展消费者的认知广度，打破消费者的思维局限迫在眉睫。

5.5.5 专业人才缺乏

一个行业的发展离不开专业设施、专业技术、专业人才的支撑。在国内，温泉康养旅游的发展不充分，设施设备落后，缺乏与现代化、国际化接轨的技术，归根结底是专业人才的缺乏。当下，部分专家多从国外引进，"水土不服"现象时有发生，缺少本土专业人才的支撑。

5.6 中国温泉康养旅游发展对策

5.6.1 明确方向，走对道路

明确未来温泉康养旅游的发展方向，只有方向定好了，才知道该怎么走。休闲娱乐型温泉项目有强大的群众基础，发展较好的休闲娱乐型温泉可延伸出休闲康养复合型温泉。中国温泉旅游的转型并不是对当前休闲娱乐模式的彻底否定，而是在原有基础上对功能和产品结构进行调整，增加新的功能和产品，培育和开发新的市场。此外，在国家层面，需要对温泉康养给予更多的政策和资金支持；制定完善的温泉康养标准、等级划分、评判方式等条例，为温泉康养打下坚实的基础；配合全域旅游和大健康政策，完善医疗保险；加强宣传温泉康养旅游的知识，扩大温泉康养旅游市场。

5.6.2 创新改革，重视文化

温泉康养旅游要有所突破，就需要拥有自身的吸引力，需要将我国的中医文化与现代温泉康养旅游相结合。重视中药的疗效，利用中医悠久的历史背景丰富我国温泉康养旅游的文化底蕴，发扬中华传统文化，打造中国特色温泉康养旅游目的地，吸引消费者前来体验。另外，打破原有的温泉健康旅游方式，告别单纯的"疗养+护理"的形式，结合现代娱乐业，发展休闲娱乐兼康养复合的温泉旅游新模式，推出"温泉旅游+康养小镇""温泉康养+娱乐""温泉旅游+运动"等多种新型套餐，以期推动中国温泉康养旅游的发展。

5.6.3 顺应国情，弯道转型

对于我国温泉旅游南北、东西差异大，发展不平衡，消费者认知度低的基本国情，企业需要认清国情。结合当今温泉旅游发展趋势，企业需结合国情做出适当的调整，开展相应的温泉康养体验项目。同时，积极向消费者介绍什么是温泉康养旅游，温泉康养的疗效和作用，将康养知识传输给消费者，使其相信并接受温泉康养旅游。此外，还需要根据南北方和东西方的不同，结合当地的有利条件和特色，制订差异化的发展计划，在稳定发展的基础上实现弯道转型。

5.6.4 加大宣传，普及知识

我国人口众多，市场潜力巨大，只有充分调动国内市场，温泉康养旅游才会有突破性发展的可能性。因此，需要加大对温泉康养旅游的宣传，提高国民对温泉康养旅游的认可度，让更多消费者了解温泉的康养疗效，进而调动人民群众的积极性，鼓励游客参与并体验现代温泉康养旅游。

5.6.5 引进技术，培养人才

西方发达国家拥有领先的温泉康养设施和技术，值得我国借鉴学习，可以为我国的温泉康养旅游提供智力支持。同时，注重培养温泉康养旅游专业人才，建立温泉康养旅游相关研究基金，与大学联合成立温泉产学研基地，举办温泉康养旅游学术会议等。

温泉康养旅游强调温泉与康养产业、旅游业的结合，是文旅融合发展的新方向。《国家康养旅游示范基地标准》《国家温泉康养旅游项目类型划分与等级评定》为温泉康养旅游的发展提供了政策支持。人口老龄化加剧及"健康中国2030"政策为温泉康养旅游的发展创设了时代条件，带来了新机遇。政府及企业应加大宣传，提高国民对温泉康养旅游的认识；不断学习国外丰富的经验，引进先进技术设备，培养专业人才；结合国情形成休闲康养复合型温泉旅游模式；融入中医中药文化，发展形成具有中国特色的现代化温泉康养旅游模式。

6　美容康养旅游

随着旅游业、康养业的不断发展和进步，寻找一种将旅游、康养两者完美结合的发展模式成为关键。目前，社会发展迅速，快节奏的生活给人们日常生活带来巨大压力，追求身心愉悦、健康保健的整体享受成为大多数人旅游的期望和目标。健康旅游也因此被国家重点关注。

紧跟着人们思维观念和需求的转变，社会大众越来越注重自我形象，希望有一个出众的身材与相貌，但又无法克制熬夜、暴饮暴食，于是"养生"这个概念出现在我们视野，并有不少人愿意花重金到国外接受保养和治疗。除了进行医疗美容手术外，大部分人还通过运动、化妆品和保养品等来改善、维持容貌，还是以生活美容为主。早期，"美容"被大多数人理解为在特殊情形时进行的手术、整形。近几年，深受国外美容产业的影响，加上消费者思想观念的转变和各国美容技术、经验的共享，美容逐渐被大众接受，国内消费者也可以随时享受世界各国的旅游项目和服务。以前纯粹为了美貌的美容已不再适应人们的需求，通过旅游获得全面、有效、高保障的美容服务和美容产品才是现如今的需求，美容康养旅游渐渐显露。我国美容康养旅游发展较晚，相比于韩国、日本、泰国等国还存在一定差距。

6.1　美容康养旅游概述

6.1.1　美容康养旅游的起源

美容康养源于医疗康养。随着医疗所涉及范围的不断扩大和人们对医疗康养的重视加强，世界旅游组织曾定义了医疗旅游的两种分类：轻医疗和重医疗。较轻的医疗旅游是以健康或亚健康人士为主的海外体检、美容、抗衰老等医疗旅游项目；较重的医疗旅游则是以纯粹的大病治疗为主要内容的医疗旅游项目。同时，孙颖根据该定义，在其发表的《海南发展医疗健康养生旅游正逢其时》一文中提到，旅游体验是轻医疗旅游的核心，健康养生是其附加值。[①]实行医疗旅游的最终目的是将不同国家、不同地区的医疗服务、技术以及特色进行差异化比较，选择值得信赖的一种而进行跨区域迁徙性的医疗旅游行为。美容旅游是伴随着医疗旅游而产生的，美容康养从本质上来说属于医疗康养的一部分。

目前，人们的生活水平虽然显著提高，但失眠、焦虑、疲劳、记忆力衰退等问题却逐渐加重。我国康养市场呈"人口老龄化现状严峻、疾病年轻化趋势加快、亚健康比例持续上升、健康人群美容健身意识崛起"四大发展趋势。缓解压力、获得身心舒适成为当代人主要渴望的旅游形式，进而康养旅游成为解压的新时尚。与此同时，康养旅游能满足不同年龄段人群的需求，其中，中青年更加青睐美容康养旅游。美容康养旅游可满足大多数人的需求，不仅是为了改善面容，增加自信，获得更好的机遇，更重要的是满足心理需求，获得身心健康。因此，美容康养旅游应运而兴。

6.1.2 美容康养旅游的内涵

（1）美容。

美容最早来源于古希腊的"kosmetikos"一词，有"装饰"的意思，即美化和改变。生活美容和医疗美容属美容的两大部分，能分别满足不同群体的多样化需求，但其最终目的基本一致，旨在改进、修复人体的缺陷与不足，包括对人体皮肤和形体等进行养护。

结合其他学者对"美容"的解释，生活美容是指通过运动健身塑形或运用化妆品、保健品以及非医疗机械等进行的非医疗性手段，主要是强身美颜、改善皮肤、舒缓压力等无重大身体伤害的并带有保养或者保健型的非侵入性的美容护理。医疗美容是指通过医疗手术、药物、医疗

---

① 孙颖. 海南发展医疗健康养生旅游正逢其时[J]. 今日海南，2016(11)：52-56.

器械以及其他具有创伤性的医疗性手段，利用先进技术对人体皮肤、面容、各部分肢体进行重新改造、修复的侵入性美容。《2018—2024 年中国生活美容行业分析决策咨询报告》中提及，2017 年我国美容产业市场规模约 7 580 亿元，其中生活美容规模约 6 660 亿元，医疗美容市场规模约 920 亿元。[①]同时，目前我国仍以生活美容消费为主。

（2）美容康养旅游。

近几年，健康问题得到社会的重点关注，健康旅游也成为人们旅游的新趋势，康养旅游随之兴起，并受到热捧。刘庆余和弭宁在《全域旅游视野下健康养生旅游发展对策》中提到，健康旅游一般包括保健旅游、医疗旅游、养生旅游、美容旅游等类型，尽管它们的侧重点不同，但都以追求健康养生、修身养性为目的。保健旅游偏重养生保健、预防疾病；医疗旅游偏重康复疗养、治疗疾病；养生旅游偏重延年益寿、增强体质；美容旅游偏重美容护肤、整形塑身。[②]其中，医疗保健康养旅游主要是指以旅游目的地所拥有的医疗保健机构为基础，借助当地相关的医疗保健资源，充分发挥该地优势，刺激其他国家和地区的游客到当地进行医疗保健、治疗。医疗养生旅游是相对高端的养生旅游产品，主要包括美容抗老和健康管理两大主题，如韩国首尔，借助整形美容资源大力发展美容养生旅游，很多养老、养生社区中会有健康档案登记与存储、会员健康监测、饮食与运动习惯养成等健康管理服务。中国文化养生、泰国美体养生、日本温泉养生也都包含其中，有多种模式。相比于传统旅游项目，健康旅游不仅能激发消费者花费更多的时间和金钱去享受，而且会结合当地的文化进行调整建设，带动住宿、交通、医疗设施、饮食等相关产业的发展。同时，当地产业的发展也会提高健康旅游的效果和收益。

学者洪铮在《珠江—西江经济带女性美容旅游的开发与建设》中提到，美容旅游是指以整容为目的而进行的出国旅游，是医疗旅游的一

---

① 智研咨询集团. 2018—2024 年中国生活美容行业分析决策咨询报告[EB/OL].（2018-07）[2019-06-19]. http://www.chyxx.com/research/201807/658933.html.

② 刘庆余，弭宁. 全域旅游视野下健康养生旅游发展对策[J]. 旅游学刊，2016，31（11）：4-6.

部分，也是一个旅游新概念，它将传统的观光游览和整容手术结合在一起。①韩国美容、泰国美容、日本体检、印度瑜伽等被大家熟知的项目都可归入"美容康养旅游"。

虽然现在美容行业、旅游行业和康养行业越来越密不可分，相互融合，但至今美容康养旅游却没有一个明确的界定。在此，本书暂将美容康养旅游定义为，通过美容方式（包括以化妆品、保健品、运动健身等为主的生活美容和以手术、医疗器械为主的医疗美容）达到以保养、养颜、健康等目的而进行的到其他国家或地区的旅游活动。

6.1.3 美容康养旅游的发展趋势

改革开放以来，经济快速发展，人们的生活质量发生巨大转变，思维方式和认知观念也随之改变，同时，爱美之心人皆有之，美容康养旅游成为大家更倾向的一种旅游方式。

首先，美容康养品牌形象有独特魅力，深受消费者信任。随着对美容康养旅游的关注度的不断提高，政府管控力度加大，制定了符合本国实际情况的政策措施和相关宣传推广文案，从而形成我国特有的品牌形象。同时，消费者对本国美容康养项目信任度大大提升，国内消费者到国外体验美容康养旅游的人数急剧减少，当然，国外消费者到中国体验美容康养旅游项目的人数不断增加。

其次，跨区域美容康养兴起，消费者选择多样化。目前，我国交通四通八达，从某一地可随时到另一地。进行美容康养旅游不再局限于在一个美容院、SPA、养生馆等美容机构或同一国家、地区完成所有的美容项目，而是选择不同国家、地区美容机构的特色性项目。即在一个地方完成其中一项活动，在另一地方又完成其中另一项活动，以提高消费者的体验效果，实现美容康养旅游的目的。

再次，技术设备、服务水平已达国际先进水平。经过数年来对美容康养的探索，技术、服务态度、医疗机构设备等要素水平现已基本与韩国、日本、泰国等地相差无几，专业化和规范化程度加强。不仅如

---

① 洪铮. 珠江—西江经济带女性美容旅游的开发与建设[J]. 旅游纵览（下半月），2016（10）：98-100.

此，医疗美容和生活美容也相互融合，彼此渗透。数量众多的美容康养旅游项目出现，使消费者能在有保障的生活美容中进行医疗美容，让美容康养旅游项目能深入人心，并吸引其他国家和地区的消费者前来体验。

最后，美容康养旅游与其他产业相互配合，实现服务一体化。美容康养旅游市场将形成完整体系，与其他活动项目形成产业链，各部分紧密联系，相互配合，更大限度地实现其价值，并形成符合我国特有的美容康养产品，不再依靠其他国家或地区现有的产品，突出自身特色。

6.2 国外美容康养旅游发展现状

不同国家和地区在医疗设备、技术上的发展以及世界各国人民追求美貌和健康并存的需求，促使消费者结合自身的需要和当地的实际情况，借助已有资源，选择适合自己的美容康养旅游地，其中，韩国、泰国、日本是大家的首选，不管是进行保养、化妆等的生活美容方面，还是进行整形的医疗美容。

6.2.1 韩国

（1）发展现状。

韩国凭借着先进技术、专业的美容机构以及以此形成的美容链，吸引了其他国家和地区的消费者。同时，韩国化妆品等生活美容产品也深受女性的喜爱，从而增加了韩国美容康养的吸引力。根据韩国反垄断机构数据显示，韩国整形美容市场在近几年以飞跃的速度发展，从2011年拥有45亿美元的规模扩充至2015年的74.1亿美元。据相关报道，在韩国，1 000人次中有13.5次的整形美容手术，而且该次数还在不断提升，包括一人进行多次手术的情况；其次是进行12.5次的希腊、11.6次的意大利、9.9次的美国和7.9次的哥伦比亚。不仅如此，中国消费者占韩国整形美容总人数的比例持续上升，2012年中国首次超过美国成为赴韩进行整形美容人数最多的国家，其中年轻女性占 70%左右，大多数的年龄维持在二三十岁，做整形美容手术的超过一半。2013年中国游客占比达 70%，2014 年更是高达 80%，[①]2015 年至今中国游客占比更是迅速增加。可知，中国消费者在美容康养旅游中占很大比例，且在不断递增。

依据《2017 年韩国整形美容市场规模现状及投资前景分析预测》报告显示：2013 年，关于整形手术问题以及无安全质量保证的冒牌医生的正式投诉较前一年翻了一番。其后几年，冒牌医生、冒牌医院的数量更是大幅度增加，越来越多的消费者遭遇整形美容带来的不良后果。[②]虽然美容整形市场不断扩大和发展，但随之产生的问题还有待政府和大众的关注、重视，以规范韩国的美容康养旅游。

（2）特色。

首先，韩国具备优质和完善的医疗产业链及整形美容技术，这是韩国美容康养发展的坚实基础和特有的优势。

其次，采取有特色的整治措施，规范美容整形市场，减小、消除不合格的医疗服务对消费者带来的损失，保护消费者权益。韩国实行整形观光项目，医疗咨询、专业医生和患者三者合作协商，共同制定安全有效的整形美容手术方案，解决外国消费者回到各自国家的各种善后问题，并进行监督。这种做法不仅保证了整形医疗医院的安全性和信誉度，也维护了消费者的合法权益，让消费者更加信任该医疗机构。[③]

再次，专业的医疗人员和医疗机构，保证了美容康养旅游的顺利进行。经过韩国旅游发展局的规划管理，在 2010 年已有 70 多家取得授权的韩国医院，数百名专业医生，而截至目前，拥有的专业机构和医生更是一个庞大的数量。不仅如此，韩国旅游发展局将在官方网站上提供这

---

① 智研咨询集团. 2017—2022 年中国整形美容行业市场运营态势及发展前景预测报告[EB/OL]. (2017-03)[2019-06-19]. https://www. chyxx. com/research/201703/ 501040. html.

② 智研咨询集团. 2017—2022 年中国整形美容行业市场运营态势及发展前景预测报告[EB/OL]. (2017-03)[2019-06-19]. https://www. chyxx. com/research/201703/501040. html.

③ 韩国旅游发展局. 国三条[Z]. 2010-06-30.

些医院和医生的详细资料、经验资历，为全国消费者提供保证，可随时检验验证，增强信任度。[①]

最后，韩国旅游发展局将所有资料公布于网络（包括正规的收费价格标准、医院和医生的真实信息和医疗技术情况等），并提供多种语言版本，保证其他地区的消费者能更好地享受美容康养。[②]

6.2.2 泰国

（1）发展现状。

近年来，泰国的美容整形、SPA养生越来越受到各国消费者的青睐，再加上合乎一般人支付条件的相对低廉的手术价格和高质量的医疗服务以及优美的景色，中国消费者更愿意在泰国旅游时接受美容服务。同时，泰国政府意识到泰国健康旅游业的发展潜力，采取了积极有效的措施。例如，为游客提供泰国服务、安全卫生等借鉴信息，并透过相关制度章程的管制保证市场定价，从而提高消费者对其提供的服务和产品的信任度，增强泰国美容康养旅游的吸引力。泰国美容行业有着强大的爆发力，未来发展不容小觑。

（2）特色。

首先，借助政府力量，制定政策，延长消费者美容康养旅游可停留时间。2004—2009年，泰国政府卫生部门牵头组合医疗服务、健康保健服务、传统草药产业三个区块，力推泰国成为"亚洲健康旅游中心"，实施了一项为期5年的国家计划，并延长外地游客在泰国医疗旅游的合法逗留期限，[③]从而保证了消费者能更好地享受美容康养过程，促进身心健康发展。

其次，泰国拥有顶尖的专业人员、技术以及机械设备。据了解，几

[①] 智研咨询集团. 2017—2022年中国整形美容行业市场运营态势及发展前景预测报告[EB/OL]. (2017-03) [2019-06-19]. https://www.chyxx.com/research/201703/501040.html.

[②] 智研咨询集团. 2017—2022年中国整形美容行业市场运营态势及发展前景预测报告[EB/OL]. (2017-03)[2019-06-19]. https://www.chyxx.com/research/201703/501040.html.

[③] 孙颖. 海南发展医疗健康养生旅游正逢其时[J]. 今日海南，2016(11)：52-56.

乎全泰国私立医院及诊所的医生都拥有海外专业的培训经验和教育经历，并获得美国、欧洲或其他西方国家先进医疗机构的资历认证，有其他国家先进的医疗技术。在机械医疗设备方面，泰国认证的专业机构均采用先进的进口机械设备，泰国的医疗服务、技术已经置身于世界先进水平，拥有充足的 JCI 认证医院，以确保为消费者提供国际水准的服务和相关配备。[①]

再次，泰国费用合理，能满足普通群体的美容要求。泰国的医疗水平和专业人员以及所提供的服务并不逊于世界其他国家和地区，但价格相对便宜，普通人能支付得起，这为泰国的美容整形、SPA 养生吸引了更多的消费者。

最后，泰国拥有丰富的自然和人文景观以及贴切的服务体系，号称"微笑之国"。在此，消费者可在美容时享受美好的视觉感受，增强美容康养旅游的体验效果。

6.2.3　日本

（1）发展现状。

日本医疗设施和技术先进发达，布局合理，能保证美容康养旅游的质量，成功吸引其他国家和地区的消费者进行美容康养旅游。同时，日本也拥有浓厚的温泉文化，将之与美容康养旅游相结合，实现消费者体验的多样性。

（2）特色。

首先，日本在美容康养方面福利多，价格合理，能被大多数人所接受，减小了消费者的美容压力。日本的医疗机构都是非营利性医疗机构，包括公立、民营医疗机构，即收入只用于医疗服务所耗费的基本成本而不可用于投资者进行能获得经济回报的投资项目。

其次，日本的服务态度在整个美容康养旅游中占优势地位。美国《新闻周刊》在 2010 年评选出"世界最好国家排名"，在五大衡量标准中，日本生活质量标准位于第四，医疗和教育方面均位于第一。潘柏林等学者把我国与日本在美容方面的差距分为十个等份，其中，服务理念和关怀意识占 4 分，态度作风占 3 分，而技术和仪器设备总占 3 分。[①]

最后，日本的温泉文化历史悠久，将美容康养旅游融入温泉文化，有助于提升消费者在美容康养过程中的体验效果。

6.3 中国美容康养旅游发展现状

随着中国改革开放的不断深入，人民生活质量显著提高，科技取得极大进步，人们以前寻求的吃饱、穿暖、住行方便等几个方面的舒适已经不能满足当代人的需要，加之个人形象对于入学、求职、婚嫁等诸多方面的重要优势，追求心理的愉悦以及个人形象的完美已成为大多数人的生活常态，逐渐为美容康养旅游带来不可替代的机遇。

6.3.1 发展现状

（1）人类的需求。

其一，人民收入日益增长，平均消费水平大大提升，加强了人们对美的追求。从而，越来越多的人注意到自身的保养，促使人们花费更多的可支配资金用于美容康养旅游。加之，收入的增加使人们对美容产品的要求和需求逐步提高，愿意对其投入更多的资金和精力，从局部变美到整体升级改造。据《2018 年中国美容行业集中度及发展前景分析》资料显示：2016 年我国美容及个人护理行业规模约 3 000 亿元（终端口径），年复合增长率约为 7.7%。与其对应，我国居民收入水平也快速提高，城镇人均可支配收入从 2011 年的 21 810 元增长至 2017 年的 36 396 元，年复合增长率为 8.9%，农村人均纯收入从 6 977 元增长至 13 432 元，年复合增长率为 11.5%。预计未来几年，美容及个人护理行业将保持 7%~8%的增速持续增长。[②]

---

① 潘柏林，保阪善昭，吉本信也，等. 日本整形美容行业浅窥[J]. 中华整形外科杂志，2013，29（3）：232-234.
② 智研咨询集团. 2018—2024 年中国美容市场深度分析与发展战略咨询报告[EB/OL].（2018-01）[2019-06-19]. https://www.chyxx.com/research/201801/599877.html.

其二，越来越多的人重视个人形象，许多消费者甚至在其他国家、地区旅游的同时都要进行保养或买化妆品等，但基础护肤产品起到的功效不再能满足现代女性对于美观和抗衰老的需求，人们倾向于做相应的美容手术，以追求更好容貌和身体以及心理的安慰。据相关调查，目前，我国对美容美发化妆品的需求量庞大，已经超过在此方面占优势的日韩，跃为亚洲第一，世界第三。整个市场还在以迅猛的速度发展，超过第一、二位的美国、法国的美容市场只是时间问题。[①]

其三，减肥塑形成人们日常行为，越来越受到机构和市民的青睐。根据中国产业信息网的数据，2010—2015 年整个减肥塑形市场规模增长至 900 亿元，增长了整整 400 亿元，年均增速超过 13%，该行业仍在高速发展。其中，2015 年，运动健身塑形占比最多，高达 95%，减肥保健品次之，手术塑形最少，占 2%。[②]可见，减肥塑形还是更偏重于运动健身等生活美容。许多机构针对该发展趋势，为不同人群制定专属减肥塑形项目，以达到更好的效果。与此同时，现今马拉松、自行车比赛等运动项目越来越受欢迎，世界各国的人不分国籍都积极参与。

总之，随着社会经济的持续发展和物质生活水平的不断提高，当代人的追求以及思想观念也发生着重大转变，人们对健康保健、身心愉悦、容貌、长寿的欲望越来越强烈，而单纯为了游览景色的旅游方式已经难以满足人们对品质生活的追求，早期的美容方式也已过时，融合时下发展迅猛的健康旅游和观光旅游，康养旅游一定会迎来快速发展机遇。再加上康养旅游的针对群体也不再只是老年人口，随着中青年人口迅速增加，美容康养旅游会逐渐得到大众的关注。

（2）社会物质资源。

第一，美容康养旅游拥有国家政策的大力支持。《关于促进健康旅游

[①] 前瞻产业研究院. 2019—2024 年中国美容美发行业市场前瞻与投资规划分析报告 [EB/OL]. （2019-01-14）[2019-06-19]. http://www.cn-bigdata.cn/report/ 20190114/156592.html.

[②] 中国报告大厅. 2017—2022 年中国美容护肤用品行业市场发展现状及投资前景预测报告 [EB/OL]. (2017-12-04)[2019-06-19]. http://www.chinabgao.com/ report/3465236.html.

发展的指导意见》提出了"五个发展"以进一步推动健康旅游产业的发展，同时加大对健康旅游产业的政策支持，使之更合法、更规范。[①]《"十三五"旅游业发展规划》中提出："十三五"期间要"促进旅游与健康医疗相互融合，共同发展进步；要善于利用当地有特色的医疗和旅游资源；要建立健康医疗旅游示范基地，加强项目建设"[②]。为了积极响应国家政策，更要发展美容康养旅游，在旅游中进行健康、养生的美容。

第二，专业机构和专业人员逐日增多。据不完全统计，我国美容美发从业人员人数飞速提升，美容美发行业以每年15%的速度迅速发展扩张，到目前为止我国已经拥有300多万家的企业和超过百万的专业美容机构。[③]因此，美容美发行业已经成为继房地产、汽车、旅游、通信之后，我国居民的第五大消费热点。

第三，我国特有的传统文化和各地养生观光景区为美容康养提供旅游地，以更好地开展美容康养，建立独特品牌。

6.3.2　存在的问题

（1）渗透率和关注度低。

根据《2018年中国医疗美容行业市场渗透率及相关政策分析》相关资料显示：中国医疗美容市场渗透率相比韩国、美国等国的医疗美容市场，有着5倍的发展空间差距。[④]据新氧APP数据，2018年，中国医美市场规模同比增长27.57%，过去3年时间平均年增速达到31.83%，处于发展爆发期。可见，美容康养旅游中医疗美容方面的比重越来越大，但大多数人还是更愿意到韩国、日本、泰国等医疗美容发达的地区进行

---

① 关于促进健康旅游发展的指导意见[Z]. 2017-05-12.
② 国务院. "十三五"旅游业发展规划[Z]. 2016-12-07.
③ 前瞻产业研究院. 2019—2024年中国美容美发行业市场前瞻与投资规划分析报告[EB/OL]. (2019-01-14)[2019-06-19]. http://www.cn-bigdata.cn/report/20190114/156592.html.
④ 中国报告网. 2018年中国医疗美容行业市场渗透率及相关政策分析[EB/OL]. (2018-03-01)[2019-06-19]. http://market.chinabaogao.com/yiyao/0313224052018.html.

美容，国内美容康养旅游还有待进步和提高。

（2）个性化政策不足。

2002年，适用于医疗美容行业的普适性法律出台，标志着行业逐步规范化。2015年，根据《国务院关于取消非行政许可审批事项的决定》资料，取消了第三类医疗技术临床应用准入审批，对安全性低、技术难、风险大的医疗手术明令禁止。[①]2017年12月22日，中国整形美容协会安全联盟成立，首批认证了105家机构、揭晓了91位首批认证医生的名单。到2019年，执业医师的数量不断增加，行业的专业化程度大大提高。为了减少医患纷争和医疗事故，国务院发布的《深化医药卫生体制改革2018年下半年重点工作任务》进一步规范美容康养机构，完善管理制度，总结基层群众意见。[②]虽然之前该行业良莠不齐，但目前随着相关法规的出台（见表6-1），大众的信任度不断提升，促进了我国美容康养旅游的发展，甚至有不少其他国家和地区的人群愿意在我国享受美容康养旅游，但相关部门未针对不同地区制定个性化的政策，阻碍了部分地区美容康养旅游项目的进一步发展。

表6-1 近年来中国医疗美容行业监管大记事

时间	记事
2013年9月	卫计委等六部门开展为期一年的全国范围内的医疗秩序整顿，规范行医和就医。主要是避免未取得《医疗机构执业许可证》的机构和人员非法从事美容医疗活动
2014年9月	国家食品药品监管总局进行专项监督检查，针对是否规范使用注射用透明质酸钠
2014年以来	中国整形美容协会对全国民营医疗美容机构开展《医疗美容机构评价标准》进行评价试点工作。首先从2015至2016年度的四川、广东、江苏三省开始，然后在2017年实现全国范围内的评价试点工作

---

① 国务院.关于取消非行政许可审批事项的决定[Z].2015-05-14.
② 国务院办公厅.关于印发深化医药卫生体制改革2018年下半年重点工作任务的通知[Z].2018-08-28.

续表

时间	记事
2015年3月	全国两会期间，人大代表提出加大整治美容整形行业混乱现象，修订和完善相关政策法规，规范行业发展
2015年9月	李克强总理在国务院常务会议中，在"推进简政放权、放管结合、优化服务"政策落实情况的评估报告中特别强调，政府监管要加强重视医疗美容，避免"假美容"事件出现，并在出现时采取积极有效的措施
2015年10月	国家食品药品监管总局联合其他国家部门，从2015年10月至2016年3月实施打击非法制售和使用注射用透明质酸钠的专项行动。人民日报刊文呼吁相关管理部门加大美容市场管控力度，对违法美容整形广告进行坚决打击
2017年5月	国家卫生计生委办公厅、中央网信办秘书局等七部委联合印发《关于开展严厉打击非法医疗美容专项行动的通知》，开展为期一年的全国范围内对非法医疗美容的严厉打击专项行动

资料来源：前瞻产业研究院整理。

（3）美容机构捆绑销售和过度营销。

美容院、SPA、养生馆等美容机构夸大本机构提供的服务和化妆品等美容产品的效用以及对健康的好处，特别是针对其他国家和地区的消费者，提高期望值，但没达到预期目标。除此之外，利用许多消费者的无知和急于达到美容康养旅游目的的心理而推销其他效益较小或无效益的产品、服务，故可能会极大地减少美容康养旅游的吸引力。

（4）各地美容康养旅游发展程度不均衡。

我国北上广等一线城市的医疗设施、经济都较发达，所以一线城市美容康养旅游发展相对更好，二三线城市还有待挖掘，加上各地美容康养旅游存在差距，使消费者以偏概全，对整体美容康养项目缺少信任度。

（5）技术和服务经验缺乏。

在基础医疗设施、技术和经验方面，多数消费者对国内美容康养持有怀疑态度，她们更愿意到韩国、日本、泰国等地进行美容养颜。虽然最近几年，国家在这方面投入许多精力，也采取了相应措施，在专业的医疗技术和设备方面有了很大的进步，也更加专业化，但相比泰日韩等国家，我国还缺乏经验，故在美容康养方面的问题还没有完全解决并得到消费者的信任。

（6）大众盲目追崇，与自身需求相悖。

国内外明星整容风波刺激了消费者进行类似的美容康养旅游项目来获得满意的外貌和身材，却又常常因未做好充足的准备，而产生不良的副作用。甚至选择并不适合自身需求的美容康养旅游产品，以致体验效果不佳。

（7）关联项目联系松散。

美容康养旅游项目相互独立或联系不紧密，没有形成完整性的、系统性的体系，给消费者带来的冲击力不足。

（8）易受影响，特色不足。

容易受到其他国家的干扰，借鉴或直接引进不适合本地进步和发展的美容康养项目，使本地特色不突出，而给消费者带来的效果不显著，影响力不足。

6.4　中国美容康养旅游发展对策

美容康养旅游的兴起，带来了旅游的新趋势，然而随着规模的不断扩大，面临的问题也越来越多。为了使美容康养旅游更好地发展，不再依赖其他国家，本书提出以下八点建议。

（1）借鉴国外先进技术和服务经验。

借鉴韩国、日本、泰国等拥有先进的技术和服务经验发展美容整形项目，探讨目前各国美容康养旅游发展所面临的困境、瓶颈和特色、优势，进而思考我国美容康养旅游发展的优势与不足，加以改进，借鉴但不复制，形成具有当地特点的旅游模式。

（2）规范各地政策措施。

政府加大管控，制定适合不同地区特色的发展政策和措施，并倡导各地针对本地美容康养旅游发展状况进行总结，讨论现如今面临的阻隔，制定大概的发展方向，使政策更规范；同时，避免各美容机构强加给消费者的不合理交易，增强消费者的信任感和扩大忠实顾客的数量、范围，进而增加其他国家和地区消费者的关注，以减少本国消费者到别处进行美容康养旅游的情况。

（3）规范人员专业性。

加大对人员的培训和考核，制定考核制度和体系，使从业人员更加具有专业性，能适应社会的发展，在变化中不断提升技能。

（4）改变消费者对康养旅游的固有观念。

进行积极有效的宣传推广，加深我国消费者对本国美容康养旅游的认识，让消费者掌握基本知识认知，不随意追捧，在实行美容康养旅游之前做足调查，选择有保障、适合自身的项目，以减少损失。

（5）定期分享经验。

为避免因不同地区经济发展程度不同而使美容康养旅游发展程度不同的加深，各地美容医疗机构应定期进行学术交流，对发展相对薄弱的美容康养旅游提出建议，使差距减小，保证不同地区的消费者都能享受同等质量和效果的美容康养旅游体验。

（6）建设专门的运动场地，开展美容康养活动。

美容康养除了医疗美容，还包含生活美容，有很大一部分人群希望通过运动锻炼的方式来获得健康的生活方式和身体，所以除了机械式的美容康养项目，还要打造有特色的健身运动项目和场地。

（7）加大宣传，增加消费者信任度。

对美容康养旅游有需求的人数不断增加，但真正付诸行动的却相对较少，很大一部分是因为无法找到合适、有保障的医疗机构或害怕风险性太大。因而加大美容医疗机构的建设迫在眉睫，以提高对美容康养旅游的关注度。

（8）发展各地特色美容康养。

由政府牵头，将美容康养旅游相关产业进行联系，形成连带产业，这样不仅能带动当地经济和提高影响力，还能形成当地特色，增加竞争优势。

尽管在我国美容康养旅游发展还存在许多不足和需改进的地方，但只要从本国已有资源出发，借鉴他国技术和服务体系，融合旅游、康养、美容三个领域，不断创新，形成中国特有的美容康养模式，我国美容康养旅游终会形成其独特的竞争力。

7 医疗康养旅游

身心健康是人全面发展的必然要求,也是经济社会发展的基础条件。在全球化背景下,随着医疗成本的增加、跨地域优质医疗资源流动的加速,患者跨越国界寻找医疗、健康服务的现象愈加普遍,[①]由此,在国际上出现了"医疗康养旅游"。近年来,医疗康养旅游已成为全球增速最快的新兴产业之一。[②]数据显示,2014—2018 年,全球医疗康养旅游收入平均增速维持在 10%左右,2018 年其收入高达 7 463.5 亿美元,占世界旅游总收入的 13.98%。发展医疗康养旅游不仅能带来极大的经济效益,还能够带动酒店、餐饮、医疗、机械制造等行业的发展,对经济、社会发展有着不可忽视的作用。

作为当今世界最大的发展中国家,中国不仅拥有丰富的旅游资源,还具有相对低廉的优质医疗条件、满足"第三世界的价格,第一世界的服务"美好愿景的医疗条件,具有良好的发展前景。

7.1 医疗康养旅游概述

根据世界医疗组织的定义,医疗康养旅游是指为了获得医疗、牙科以及外科手术(包括整容手术)而去异地旅游,在旅游的过程中获得跟自己国家相同或者更好的医疗服务。消费者参与医疗康养旅游的动机主要是为了获得医疗服务或者获取比本国更优质的医疗服务。[③]究其本质,医疗康养旅游是以医疗护理、疾病与健康、康复与休养为主题的旅游服务。[④]

[①] Connell J. Medical tourism: sea, sun, sand and…surgery[J]. Tourism Management, 2006, 27(6): 1093-1100.

[②] 李颖. 探索期中国出境医疗旅游服务市场拓展路径分析[J]. 对外经贸实务, 2018(7): 85-88.

[③] Medical tourism FAQ's[EB/OL]. [2019-06-24]. https://www. medicaltourismassociation. com/en/medical-tourism-faq-s. html.

[④] 雷铭. 医疗旅游研究现状及启示[J]. 中国卫生政策研究, 2017, 10(7): 65-70.

虽然古德瑞奇（Goodrich）在1987年发表的论文被视作医疗康养旅游学术研究的开端，但以健康为目的的旅游活动在历史上由来已久[①]。早在公元前3世纪，希腊游客便前往埃及的海边进行旅游活动以改善身体健康状况。[①]就其发展历程而言，医疗康养旅游主要经历了两个阶段。在发展初期，发达国家如美国、英国利用医疗技术优势，吸引着发展中国家的患者前往，患者在获取优质医疗服务的同时领略目的地国家的优美风景，参与旅游活动。随着时间的推移，医疗康养旅游者的流动出现了新的变化，以印度、泰国等国家为首的发展中国家逐渐成为医疗康养旅游的重要目的地，医疗康养旅游者流动方向转变为发达国家与发展中国家的双向流动。[②③④]究其原因，一是发展中国家医疗水平的进步，增加了消费者的选择。全球化的发展打破了发达国家对先进医疗技术的"垄断"。印度、泰国等发展中国家的医疗技术得到一定发展，在某些特殊领域赶超了部分发达国家，进而受到各国患者的青睐，如泰国的SPA、外部整形以及变性手术。二是信息流动速度加快，消费者能够迅速获取相关方面的信息。互联网技术的进步，促使消费者便利地获取大量异地医疗信息。三是交通的发展使跨地域活动成为可能。四是相较于发展中国家，发达国家在医疗方面的弊端逐渐凸显。首先是医疗费用的差异。发达国家的人口老龄化问题以及福利刚性使健康医疗服务费用飞速增长，[⑤]如冠状动脉手术，美国收费4.1万美元，而泰国只需4 150美元，仅约占美国的1/10[⑥]。其次是较长的医疗等待时间。一项报告指

---

① Goodrich J N, Goodrich G E. Health-care tourism—an exploratory study[J]. Tourism Management, 1987, 8（3）: 217-222.
② Reddy S G, York V K, Brannon L A. Travel for treatment: students' perspective on medical tourism[J]. International Journal of Tourism Research, 2010, 12（5）: 510-522.
③ Henderson J C. Healthcare tourism in southeast asia[J]. Tourism Review International, 2003, 7（3）: 111-121.
④ Connell J. Contemporary medical tourism: conceptualization, culture and commodification[J]. Tourism Management, 2013, 34（2）: 1-13.
⑤ 王秀峰. 发展国际医疗旅游的意义、经验及建议[J]. 中国卫生政策研究, 2015, 8（2）: 66-70.
⑥ 康安途医疗旅游. 欧美国家选择泰国医疗旅游的三大理由[EB/OL].（2018-5-11）[2019-06-24]. https://www.kangantu.com/news/12122.html.

出，在美国，一名新患者如果想要就医，平均需要等待 18.5 天，某些城市甚至需要等待 72 天，而在泰国、印度等国家则不存在这种情况，患者通常能够在较短的时间内完成相关手术。最后是国家的推动。医疗康养旅游最重要的特点之一是关联产业较多，能够提供大量的就业岗位，对经济发展起到极大的带动作用。医疗康养旅游的发展不仅需要健康医疗产业和旅游业的协作发展，也需要酒店、娱乐、医疗机械制造等相关产业协同发力。为促进其发展，各个国家都出台了一系列措施。印度、泰国、日本、新加坡等多个国家专门制定了医疗康养旅游发展规划，将发展医疗康养旅游作为国家发展的重要抓手。泰国在 2004 年颁布了第一个医疗康养旅游发展五年规划；印度在 2002 年成立了国际医疗旅游委员会和医疗旅游协会；日本在 2010 年正式颁布了"新成长战略——活力日本复苏计划"，将医疗康养旅游定位为国家支柱产业之一。[1]此外，针对医疗康养旅游者、从业人员等，各国配套出台了许多政策扶持，简化入境手续便是重要举措之一。

作为全球第二大经济体，中国医疗康养旅游虽然起步较晚，但其发展势头不容小觑。政府先后出台了一系列政策法规推动医疗康养旅游的发展。2009 年发布的《关于加快发展旅游业的意见》提出，要支持有条件的地区发展医疗健康旅游；2014 年发布的《关于促进旅游业改革发展的若干意见》指出，要推进整形整容、内外科等优势医疗资源面向国内外提供医疗旅游服务，同时规范服务流程和服务标准，发展特色医疗、疗养康复、美容保健等医疗旅游；2016 年发布的《"健康中国 2030"规划纲要》提出，要促进健康与养老旅游、互联网等相结合，同时设立海南博鳌乐城国际医疗旅游先行区等试点地区，以促进医疗康养旅游的发展。相关政策如表 7-1 所示。目前，我国医疗康养旅游的发展取得了一定成效，北京、上海、海南等地区均设立了医疗康养旅游目的地示范点。

---

[1] 周义龙. 亚洲国际医疗旅游业发展经验及启示[J]. 卫生经济研究，2015（11）：34-38.

表 7-1　关于促进医疗康养旅游发展的相关政策

年份	名　称	相关内容
2009	《关于加快发展旅游业的意见》	培育新的消费热点，支持有条件的地区发展医疗健康旅游
2010	《关于进一步鼓励和引导社会资本举办医疗机构的意见》	放宽社会资本举办医疗机构的准入范围，促进非公立医疗机构健康发展
2013	《关于促进健康服务业发展的若干意见》	发展健康文化和旅游，鼓励有条件的地区面向国际国内市场，整合当地优势医疗资源等发展养生、体育、医疗健康旅游
2014	《关于促进旅游业改革发展的若干意见》	推进整形整容、内外科等优势医疗资源面向国内外提供医疗旅游服务；规范服务流程和服务标准，发展特色医疗、疗养康复、美容保健等医疗旅游
2016	《"健康中国 2030"规划纲要》	促进健康与旅游、休闲等产业融合，催生健康新产业、新业态、新模式

资料来源：整理各年国家政策文件。

7.2　中国医疗康养旅游发展优势

作为健康和旅游活动的结合物，医疗康养旅游要求目的地地区既有丰富的旅游资源，又有先进的医疗技术手段。中国地域辽阔、旅游资源极其丰富，具有绵延数百年的中医药文化以及较为先进的现代医学技术，它们都构成了中国发展医疗康养旅游的良好基础。[①] 此外，我国医疗服务价格相对较低、国家内部环境较为安全、交通通达度较高，在一定程度上促进了医疗康养旅游的发展。

7.2.1　旅游资源丰富

中国位于亚欧大陆东部，太平洋西岸，陆地面积约 960 万平方千米，水域面积约 470 万平方千米，位居世界第三位，占世界陆地总面积的 1/15，仅次于俄罗斯和美国。中国跨经度、跨纬度范围较广，各个地区的气候条件存在较大差异，整体地势地貌态势西高东低，垂直地带性差

---

① 张广海，王佳. 中国医疗旅游资源及功能区划研究[J]. 资源科学，2012，34（7）：1325-1332.

异显著，造就了独具特色的自然资源景观。同时，中国是世界三大古文明发源地，中华文化数千年来从未断绝，形成了独树一帜的人文旅游资源。如表7-2所示，截至2019年7月6日，中国的世界遗产已达55项，其中世界文化遗产37项、世界自然遗产14项、世界自然和文化双重遗产4项，与意大利并列世界第一。[①]1982年至今，国务院先后公布了9批，共计244处国家级风景名胜区，遍布全国30个省（市）。2007年，国家旅游局根据《旅游景区质量等级的划分与评定》，确立了第一批共计66处国家5A级景区。直至今日，中国已有259处国家5A级旅游风景区。除此以外，中国广阔的大地上生活着除汉族以外的55个少数民族，各个少数民族有着独特的生产、生活习惯，这也是重要的旅游资源。以传统民族节日为例，傣族的泼水节、布朗族的厚南节、藏族的转山会、彝族的火把节、蒙古族的那达慕大会及马奶节等一系列节庆活动，都体现了少数民族地区独特的民族风貌，是中国独具特色的旅游资源。

表7-2 中国世界遗产名录

类型	名 单
世界文化遗产	长城；莫高窟；明清故宫；秦始皇陵及兵马俑；周口店北京人遗址；拉萨布达拉宫历史建筑群；承德避暑山庄及其周围寺庙；曲阜孔庙、孔林和孔府；武当山古建筑群；庐山风景名胜区；丽江古城；平遥古城；苏州古典园林；北京皇家祭坛——天坛；北京皇家园林——颐和园；大足石刻；龙门石窟；明清皇家陵寝（明显陵、清东陵、清西陵、明孝陵、明十三陵、盛京三陵）；青城山—都江堰；皖南古村落——西递、宏村；云冈石窟；高句丽王城、王陵及贵族墓葬；澳门历史城区；安阳殷墟；开平碉楼与村落；福建土楼；五台山；登封"天地之中"历史古迹；杭州西湖文化景观；元上都遗址；红河哈尼族梯田文化景观；大运河；丝绸之路；土司遗址；左江花山岩画文化景观；鼓浪屿：历史国际社区
世界自然遗产	黄龙风景名胜区、九寨沟风景名胜区、武陵源风景名胜区、云南三江并流保护区、四川大熊猫栖息地、中国南方喀斯特、三清山世界地质公园、中国丹霞、澄清化石遗址、新疆天山、湖北神农架、青海可可西里、梵净山
世界自然文化双重遗产	泰山、黄山、峨眉山—乐山大佛、武夷山

资料来源：根据百度百科整理。

---

① Properties inscribed on the World Heritage List[EB/OL]. [2019-07-17]. http://whc.unesco.org/en/statesparties/cn.

7.2.2 医疗技艺独特

2018年，世界卫生组织首次将中医纳入具有全球影响力的医学纲要。中医基础理论博大精深、历史悠久，在春秋战国时期便基本形成，又经过后世逐步发展完善。中医药学专著最早可以追溯到汉代的《神农本草经》，之后，出现了《黄帝内经》《难经》《伤寒杂病论》等医学名著。中医重系统性和整体性，是基于精气学说、阴阳五行学说等理论，通过望、闻、问、切的方法，探求病因，结合中药、针灸、推拿、按摩等手段使人们达到阴阳调和，从而康复。相比于西医，中医在治疗各种慢性病上具有不可比拟的优越性。此外，中医在增强体质、预防疾病等方面也发挥着巨大的作用。在中医理论中，阴阳五行学说将人体看作是形、气、神的统一体，同时将五行对应人体的心、肝、脾、肺、肾五个器官，若五脏健康则人便能长寿。基于这一理论，中医形成了丰富的养生保健方法，如经络养生、气功养生、房事养生、药物养生、膳食养生等。同时，还有各种特色的中医养生疗法，如针灸、拔罐、刮痧、推拿按摩以及药膳。这些均在人们的健康养生方面起着很大的作用。

除中医外，中国还有各种独具特色的民族医学。如藏医学、蒙医学、维吾尔医学等少数民族医学，它们在治疗某些特定疾病上具有独特的效果。如藏医学对于治疗高原病、高血压、中风等具有很好的疗效（见表7-3）。

当前中国在现代医学方面有着较好的发展。根据2017年5月《柳叶刀》的统计报告，中国医疗指数位居世界第60位，在心血管病领域、微创切除肺癌技术等领域已经达到国际化水平。除此以外，部分医疗机构正尝试将中医与现代医学技术结合，现已取得了一定的成果，如上海康乾医疗技术有限公司运用现代材料科学、电子科学等高科技手段将传统针灸技术与现代科技相结合，实现了中医的现代化。①

---

① 张广海，王佳. 中国医疗旅游资源及功能区划研究[J]. 资源科学，2012，34（7）：1325-1332.

表 7-3　民族医学

民族	擅长治愈病种
藏族	高原病、高血压、中风、肺心病、风湿病、肝胆病、肠胃病
蒙古族	骨伤、脑震荡、白血病、牛皮癣、甲亢
维吾尔族	心血管病、胃肠病、男科病、白癜风等
瑶族	肿瘤（如肺癌、肝癌、胰腺癌）和红斑狼疮
傣族	胃肠病、食物中毒、关节病、妇科病
苗族	妇儿科疾病、骨伤、虫咬蛇伤、皮肤肿疖、瘴岚秽浊

7.2.3　交通通达度高

由于医疗康养旅游参与者主要是异地游客，因而交通对当地医疗康养旅游的发展十分重要。改革开放 40 年来，中国的交通运输业有了巨大的发展。中国的交通网络建设已达到全球领先水平。在航空领域，截至 2018 年，中国共有航班航线 4 954 条，其中国内航线 4 096 条，国际航线 849 条，按重复距离计算航线里程达 1 219.06 万千米。据统计，2018 年旅客运输量达 61 173.77 万人次。[①]在铁路方面，全国铁路营业里程达 13.1 万千米，2018 年旅客发送量达 33.75 亿人次。[②]在公路方面，截至 2017 年，全国公路总里程达 477.35 万千米。优越的交通条件提供了强大的交通运输能力，为国内外游客参与医疗康养旅游活动提供了保障。

7.2.4　国内环境安定

医疗康养旅游者跨地区进行旅游活动，最为担心的便是目的地的安全问题。在中国，严格的安全管制，尤其是枪支控制，使其治安状况

---

① 中华人民共和国交通运输部. 2018 年民航行业发展统计公报[EB/OL]. （2019-05-08）[2019-07-17]. http://www.mot.gov.cn/tongjishuju/minhang/201905/P020190531362912667516.pdf.
② 中华人民共和国交通运输部. 国家铁路局关于发布《2018 年铁道统计公报》的公告[EB/OL]. （2019-04-26）[2019-07-17]. http://www.mot.gov.cn/tongjishuju/tielu/201905/P020190530365089148979.pdf.

位居世界首位,被外媒称为全球最安全的国家之一。相较于其他国家,中国具有更为安定、安全的生活环境,确保了游客的生命安全和财产安全。

7.2.5 医疗服务廉价

尽管中国经济体量巨大,是仅次于美国的全球第二大经济体,但仍然属于发展中国家,有着充足且廉价的劳动力。相较于许多国家,中国的医疗费用较低。例如,相同的整容项目,在中国只需 3 000~5 000 元,而在韩国则需要 1 万元左右。

7.3 中国医疗康养旅游发展困境

7.3.1 政府层面

(1)法律法规不完善。

目前,我国医疗康养旅游尚处于探索阶段,尽管已有部分省市率先建立了一批医疗康养示范点,且参与医疗康养旅游人数日益上升,却未有专门的法律条例来规范医疗康养旅游行业。医疗康养旅游将医疗业与旅游业融合发展,但两者在法律层面上却仍各行其道,这一现状极易导致在发生纠纷后,旅游中介机构、医疗机构双方的责任划分产生歧义。除此之外,医疗康养旅游还涉及交通、住宿、医疗卫生、对外关系等各个方面,是综合性、融合性极高的行业,任何单一的法律条例都不足以适用,因此亟须国家制定专门的法律。

(2)行业标准不明确。

医疗康养旅游标准包括医疗康养旅游从业人员的资格认定标准、医疗康养旅游目的地的评判标准、医疗康养旅游协助机构的评价指标等。任何行业都应当有相关的评价标准,如酒店的星级评定、景区的 A 级评定,这是企业开展活动的依据,也是消费者选择参与的基准。国内的医疗康养旅游发展目前仍处于起步阶段,口碑效应尚未体现,消费者需要依托可靠的标准做出消费决策。因此,国家应当尽快制定行业标准甚至等级评定标准，促使该行业的可持续发展，确保品质。

（3）支持政策不完善。

国家政策对于行业的发展具有不可忽视的作用。纵观当前医疗康养旅游热门地，如泰国、韩国、印度、新加坡等，它们都有一个共同特征，即国家政策的大力支持，部分国家甚至已将医疗康养旅游上升至国家战略层面，将其视为国家支柱性产业。反观中国，近年来虽然对各国际医疗康养旅游先行区颁布了一系列的优惠政策，但仍存在着适用范围太窄、内容较为单一的问题。

（4）行业示范区体量小。

当前，国内医疗康养旅游行业示范区较少，"博鳌乐城国际医疗旅游先行区""港澳台医疗中心""成都国际医学城"等是为数不多发展医疗康养旅游较系统、突出的代表。总体上，发展医疗康养旅游的区域主要分布在大中城市，明确打出医疗康养旅游旗帜的区域较少，医疗康养旅游基地体量远不能满足医疗康养旅游消费者的需求。

7.3.2　企业层面

（1）专业人才不足。

目前，从事该行业的大部分人员是从相关行业转入，如旅游业、医疗业，他们具备的技能较为单一，专业性复合型人才短缺，这与该行业综合性强的特征相悖。从事医疗康养旅游行业的人才除了高超技术的医师、服务周到的护理员、可信赖的旅游中介外，还需要能够综合协调医疗与旅游关系的管理人员、具备英语技能及专业医疗康养旅游知识的人才等。而这些人才在中国医疗康养旅游领域中有不同程度的欠缺，从而在一定程度上限制了国内医疗康养旅游的发展。

（2）企业品牌效应不高。

从宏观角度上看，国际医疗康养旅游市场中，主要医疗康养旅游目的地都有着独树一帜的优势，即主攻的医疗方向，如韩国的整形美容业、美国的重症治疗、德国的骨科等。中国虽有历史悠久的中医等独特的医疗资源，但尚未形成国际知名品牌。从微观角度上看，目前中国市场上并无突出的医疗康养旅游品牌，尽管国家已经通过了博鳌、上饶等国际医疗康养旅游先行区的审批，但其在全国乃至世界范围内的知名度都有待提高。

（3）部分企业宣传过分夸大。

医疗康养旅游是以医疗护理、疾病与健康、康复与休养为主题的旅游服务。目前市面上的医疗康养旅游产品大多是健康养生类服务产品，如温泉养生、森林康养等风险较小的产品，而针对医疗护理、疾病治疗的产品较少。一些商家为了扩大医疗康养旅游产品的销售量，往往会过分夸大其功效，存在向消费者虚假宣传的嫌疑。

（4）行业发展不均衡。

国际上提供优质医疗康养旅游服务的机构大多是私立医院，它们拥有先进的医学技术及优质的医疗服务，注重患者的医疗体验。而在中国，拥有较为高端医疗服务的医院主要集中在公立医院，这类医院具有较强的公益性，医疗资源较为短缺。该属性决定了其综合服务能力有限，[①]无法凸显医疗康养旅游的特点。

（5）国际认可度较低。

目前，国际公认的医疗服务标准为 JCI 标准，它是由国际医疗卫生机构认证联合委员会的附属机构颁布的，代表着医院服务和管理的最高水平。中国医疗康养旅游要走向国际化，就必须有优质的医疗服务，而 JCI 是佐证其品质的最好依据。中国至今仅有 100 所医疗机构获得该项认证，而其中只有少数医疗机构在医疗康养旅游领域中闻名。当前，中国医疗康养旅游实践区通过国际认证的医疗机构较少，这阻碍了医疗康养旅游的发展。

（6）产品性价比不高。

在中国医疗康养旅游市场中，90%以上的消费者选择出境消费，[②]尽管选择国内医疗康养旅游的人数日益增多，但与选择去国外的相比仍存在显著的差异。其主要原因是，相对于国内，国外医疗康养旅游产品在

---

① 韩颖. 分析中国医疗旅游[J]. 旅游纵览（下半月），2014（12）：15-16.
② 中国报告网. 2019 年国内外医疗旅游行业市场规模现状及发展趋势分析[EB/OL]. (2019-03-25)[2019-06-20]. http://free. chinabaogao. com/ gonggongfuwu/201903/032540L4R019. html.

医疗水平、服务质量、设施配备、旅游品质、价格等方面都有着各自的优势。尤其是国际医疗康养旅游热门地所具有的特色医疗服务，吸引着众多医疗康养旅游者前往。综上，国内医疗康养旅游产品与国外相比，总体上性价比不高。

（7）医疗服务供给不足。

当前我国医疗供给水平不高，人口过多导致医疗资源供给呈现较为紧张状态。总体而言，居民医疗条件不够完善。而发展医疗康养旅游，需要有较为宽松、优质的医疗条件。医疗资源的限制极大地阻碍了中国医疗康养旅游发展，若大力发展医疗康养旅游，容易出现供不应求、抢占普通居民医疗资源的问题。

7.3.3　群众层面

（1）居民认知度较低。

目前，中国医疗康养旅游仍处于初步发展阶段，国家政策、企业推广都尚未跟上步伐，同时，医疗康养旅游大多集中在消费能力较高、具有一定医疗需求群体上，针对性较强，受众范围较窄。相对于庞大的旅游者，医疗康养旅游消费者目前仍是小众群体，这导致广大群众对医疗康养旅游认知程度较低，[1][2][3][4]对医疗康养旅游市场的开拓产生了一定的障碍。

（2）产品信任度不足。

从医疗康养旅游中介角度上看，目前医疗康养旅游产品的推广主要由旅行社负责。旅行社出于盈利目的，易将其功效夸大或提供与实际不符的产品，这都会造成消费者对医疗康养旅游的不信任。除此之外，新闻中屡次出现的医患问题，也容易造成消费者对本国医疗康养旅游产品质量的怀疑。

---

[1] 韩颖. 分析中国医疗旅游[J]. 旅游纵览（下半月），2014（12）：15-16.
[2] 章宝丹，翁嘉，许亮文，等. 杭州市外地居民医疗旅游现状及其影响因素分析[J]. 健康研究，2018，38（5）：505-508.
[3] 朱欢欢，李熹，何健文，等. 黑龙江省某景区旅游者中医药旅游意愿及影响因素分析[J]. 医学与社会，2017，30（7）：29-31+48.
[4] 朱昕婷，徐怀伏. 南京中老年人医疗旅游发展现状调查[J]. 现代商贸工业，2015，36（10）：32-34.

7.4 中国医疗康养旅游发展建议

（1）健全法律法规体系。

"无规矩不成方圆"，任何活动的开展都应当有相应的法律支撑。医疗业极具专业性且关乎消费者的生命安全，旅游业综合性强、涉及行业广，两者均易产生纠纷，因而，要发展好医疗康养旅游，法律必须先行。中国医疗康养旅游法律除了借鉴现行医疗及旅游相关法令外，还应当参考、借鉴国外医疗康养旅游法案及国内医疗康养旅游先行区实践经验，并结合该行业特点加以完善，形成专有法案。

（2）规范行业发展标准。

发展医疗康养旅游需要配备高品质的医疗服务、设施、环境等，行业门槛、产品品质都需要相应的标准判断，因而政府应尽快组织相关专业权威人士，包括学者、医疗康养旅游从业者、消费者等共同制定医疗康养旅游行业标准。同时，还应当设立专门的监管机构，整治医疗康养旅游市场，规范行业发展。

（3）发挥政府带头作用。

其一，在人才培养上，国家可以批准高校设立医疗康养旅游专业，培养一批符合行业要求的从业者，同时，还可以建立专门机构研究医疗康养旅游发展路径、市场开发等。其二，在医疗康养旅游先行区上，目前国务院通过了建立博鳌、常州、上饶国际医疗康养旅游先行区计划，部分地方政府也在积极探索，尝试建立医疗康养旅游示范点，实施了各项优惠政策，但都是在小范围内开展。因此，政府应当结合社会资本，在全国范围内积极开展医疗康养旅游项目。其三，在国际推广上，医疗康养旅游是具有国际化视野的行业，中国医疗康养旅游市场目前处于外冷内热状态，要改善这一现象就应当将中国打造为一个具有特色医疗服务的旅游目的地。此外，政府应当搭建国际交流平台，对外大力宣传国家的特色医疗服务，同时实行一系列扶持政策，如"医疗免签"等，吸引外国友人的来访。在相关机构支持上，医疗康养旅游产品中的核心吸引力是医疗水平，因而国家应当大力支持医疗机构申请 JCI 认证，并给予资金支持。

（4）打造独具特色的品牌。

各国际医疗康养旅游热门地中的特色医疗经过不断发展，已形成该地特有品牌。消费者会根据自己的需求选择相应的医疗康养旅游目的地。在整个国际社会中，中国的中医技术最为知名，因而可以以此为突破口进行宣传；而在全国上下，不同地区都有其独特的医疗资源，应当发挥各地特色，形成独特优势。据章宝丹的调查可知，有过一次医疗康养旅游经历的人相较于无经验者参与医疗康养旅游的意向更高，因而塑造良好的口碑极其重要。[①] 只有这样，该产品才能够具有较强的竞争力，以此吸引已消费者重游，更多的需求者来尝试。

（5）全面推广医疗康养旅游。

目前医疗康养旅游受众面积之所以不广，一是公众对于医疗康养旅游认知程度不深；二是医疗康养旅游消费水平较高，无形中形成了一个门槛；三是产品针对性较强，主要适用于有医疗需求者。要提高中国医疗康养旅游知名度需要多方的共同努力，在国家层面上，如上文所述，除发鼓励文件外，国家应当加大对该产业的扶持，包括资金的投入、权威评定机构的建立、专业人才的培养等。在企业层面上，由雷铭的调查可知，医疗康养旅游宣传力度这一情境变量负向调节行为态度、主观规范、知觉行为控制与医疗康养旅游意向之间的关系，因而企业应当对医疗康养旅游进行正向积极的宣传。[②] 在医疗康养旅游的商业推广上，企业可以运用各类营销手段，如广告、微博、杂志、宣传片甚至纪录片等方式来积极宣传医疗康养旅游的正面性。在消费者层面上，医疗康养旅游的终端是消费者，消费者自身应当通过各类媒介，主动去了解相关知识，秉持客观态度，明辨是非。

（6）建设医疗康养旅游示范区。

医疗康养旅游区的优劣，直接影响公众的活动体验。优质的医疗康

---

① 章宝丹, 翁嘉, 许亮文, 等. 杭州市外地居民医疗旅游现状及其影响因素分析[J]. 健康研究, 2018, 38（5）: 505-508.

② 雷铭. 基于计划行为理论的我国大陆居民医疗旅游意向研究[J]. 旅游导刊, 2019, 3（2）: 54-71.

养旅游区体现在以下几个方面：

其一，高端医疗水平以及各项品质服务，疾病的治疗是吸引患者前往的最主要因素，医疗水平是其评价的根本基准，进行医疗康养旅游的公众通常都有一定的健康需求，不同于一般旅游者，其需要更多的关怀与细致周到的服务，故医疗服务质量是极其重要的方面。综上，只有将硬性条件与软性服务相结合，医疗康养旅游区才能够满足消费者的需求。

其二，医疗康养旅游地的通达性是评定该地优劣的重要评判标准之一，其表现为该地的交通便利性以及目标群体进入该地的便捷性。医疗康养旅游地应当重点考虑其地理位置，使公众极易进入，这也是推广医疗康养旅游的重要渠道之一。

其三，服务设施的完备及医疗环境的舒适性。旅游目的地服务设施直接影响游客在旅游过程中的体验感。服务设施越完备，游客感觉越便利，其满意程度也会更高。而医疗康养旅游作为特殊的旅游项目，对服务设施要求更加严格。一个优质医疗康养旅游区，完备的服务设施是根本。近年来，人们参与医疗康养旅游的热情日益高涨，其重要原因之一在于患者希望在获得优质医疗服务的同时享受到旅游的乐趣，以缓解身体上的病痛并体会当地风土人情。如旅游度假区般的医疗环境对患者极具吸引力，在这方面，中国可效仿泰国。泰国的医疗康养旅游在国际市场上大受欢迎与其拥有五星级酒店般的就医环境和服务密不可分。一旦医疗环境能够给人一种宾至如归的感觉，该医疗康养旅游区便能够在一定程度上获得消费者信赖。

第 3 篇 区域篇

8 海南省之康养旅游

随着旅游业的快速发展，人们对健康养生的需求不断增加。康养旅游是康养资源和休闲旅游产品相结合的产物。在《国家康养旅游示范基地行业标准》中，国家旅游局将其界定为通过养颜健体、修心养性、关爱环境等手段，使人在身体、精神上都能达到自然和谐的优良状态的旅游活动的总和。①它将养生理念与旅游活动相结合，使人们在旅游、度假的同时体验到健康养生的生活方式。②作为一种旅游新业态，康养旅游以健康为基本诉求，包含快乐、幸福等心理健康旅游方式。③此外，康养旅游也被称为"医疗健康旅游"，与一般广义上的旅游相比，有更深层次的内涵。康养旅游着重于"养、情、闲"，打造康养度假基地，让旅客尽情享受慢时尚。海南省充分利用木色湖度假景区、海南博鳌度假基地等的天然资源，建设一流休闲设施，为游客提供高质量、高品位的服务；同时，结合气候优势，发展海南康养旅游。

8.1 海南省康养旅游现状

8.1.1 海南省概况

海南省，简称琼，位于中国内地最南端。海南省管辖范围包括海南岛、西沙群岛、南沙群岛、中沙群岛的岛礁及其海域，陆地总面积约3.5万平方千米，海域面积约200万平方千米。2018年4月13日，党中央决定支持海南全岛建设自由贸易试验区。2018年6月3日，海南省决定

---

① 汪文琪，张英璐. 海南省康养旅游发展现状与对策研究[J]. 产业与科技论坛，2018，17（4）：24-25.
② 谢晓红，郭倩，吴玉鸣. 我国区域性特色小镇康养旅游模式探究[J]. 生态经济，2018，34（9）：150-154.
③ 叶宇，陈思宇，何夏芸. 国内康养旅游研究综述[J]. 旅游纵览（下半月），2018（2）：29.

设定海口江东新区并将其作为建设中国（海南）自由贸易试验区的重点先行区域。①

2017年，海南省旅游经济发展良好，全年接待游客达6 745.01万人次，同比增长11.98%，旅游总收入达811.99亿元，同比增长20.8%，旅游经济发展质量效益显著提升，旅游收入增长明显高于接待游客数量增长比率。②2018年，海南省旅游业延续良好的发展态势，共接待旅游人数总数7 716.29万人，与2017年相比增长14.4%。如图8-1所示，海南省2012—2018年接待游客数量中2014年同比增速最快，2015—2018年均呈上升趋势③。

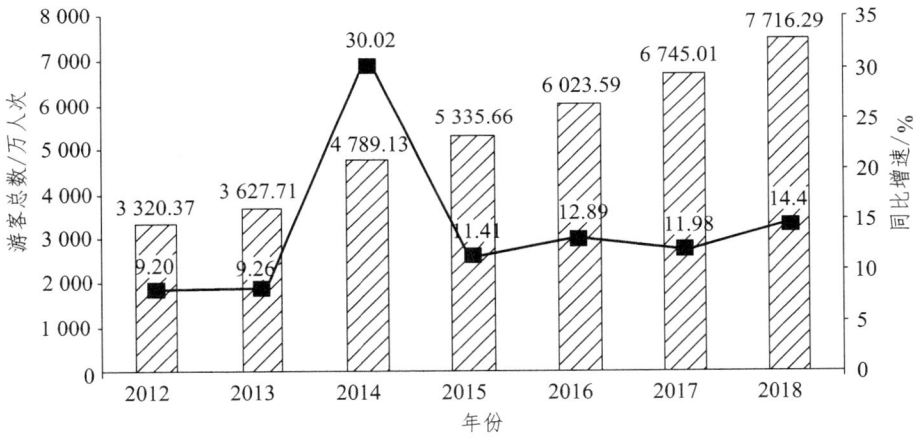

数据来源：海南统计局、中商产业研究院整理。

图8-1　2012—2018年海南省接待游客数量统计情况

海南省人民政府在《关于提升旅游产品发展质量与水平的若干意见》中指出，海南省将"高质量发展康养旅游"列为重点发展的旅游项目。目前，海南省康养旅游主要以单项康养类旅游产品为主，其中海洋康养

---

① 李浩蓉，陈海燕. 党中央决定支持海南全岛建设自由贸易试验区[N]. 人民日报，2018-04-13（2）.
② 李美萍. 海南乡村旅游农旅文深度融合发展研究[J]. 宿州教育学院学报，2019，22（1）：11-14.
③ 中商研究院. 2018年海南旅游市场前景分析[EB/OL].（2018-07-20）[2019-02-21]. http://www.askci.com/news/chanye/20180720/1512191126353.shtml.

旅游开发程度最高。①结合海南省的资源特点，可以将其康养旅游资源划分为温泉康养旅游资源、海洋康养旅游资源、森林康养旅游资源、医疗康养旅游资源以及气候康养旅游资源。虽然海南省拥有得天独厚、丰富的康养旅游资源，但是对其挖掘开发不足，还有很大的发展空间。

8.1.2　早期探索

（1）温泉康养旅游。

温泉康养旅游主要是指以温泉为基础、健康为目的、旅游为形式的温泉健康旅游。《国家温泉康养旅游》标准编制工作的正式启动，标志着在健康产业发展中温泉健康旅游对于培育新的经济增长点、推动经济社会持续健康发展具有十分重要的意义。②海南全岛拥有众多温泉，海南省已经加强对省域温泉旅游度假区的开发指导，将温泉旅游资源与康体养生旅游有机融合，构建以温泉旅游资源为核心的旅游区，促进温泉养生旅游产品规模化、体系化、品牌化发展。在温泉康养旅游发展中，海南省应把握温泉旅游发展大势，利用优质的温泉资源，走"温泉+"的大温泉产品开发之路。在住宿、餐饮、娱乐等业态中融入温泉旅游产品，打造独具海岛雨林特色的温泉旅游产品，丰富温泉旅游产品体系。③

（2）医疗康养旅游。

根据世界旅游组织的定义，医疗旅游是以医疗护理、疾病与健康、康复与休养为主题的旅游服务。医疗旅游核心是旅游体验，附加值是健康养生。海南省正积极做大做强医疗旅游，打造国际医疗健康养生旅游目的地④。

海南省委在《关于以创新为引领推进供给侧结构性改革的实施意见》中提出，要"加快发展医疗健康产业"。海南是我国最早探索医疗旅游的

---

① 徐莹. 海南省人民政府关于提升旅游产业发展质量与水平的若干意见[EB/OL]. (2016-08-31)[2018-12-25]. http://www.hainan.gov.cn/data/hnzb/2016/06/3569/.
② 海森文旅集团.《国家温泉康养旅游》标准编制工作正式启动[EB/OL]. (2017-12-21)[2018-12-29]. http://www.gzhaisen.com/archives/view-1563-1.html.
③ 周义龙. 浅谈海南特色医疗旅游产品的开发[EB/OL]. (2016-05-11)[2019-01-09]. http://news.163.com/16/0511/07/BMP5KAG300014Q4P.html.
④ 孙颖. 海南发展医疗健康养生旅游正逢其时[J]. 今日海南, 2016(11): 52-56.

地区。从区域分布看，海南医疗产业主要集中在琼海博鳌以及三亚地区，形成了以中医药为特色的康复保健游。在其他地区，医疗旅游主要依托当地现有的医疗资源和旅游资源，接待的游客甚少。[①]此后，《海南省医疗健康产业发展"十三五"规划》明确指出，预计2020年建成海南省全域中医药健康旅游示范区，并建设以三亚为中心的南部医疗健康产业集群，推动海南形成以中医为特色的康养旅游发展模式。[②]随着中国进入老龄化社会，海南省作为养老"候鸟人群"的主要接收地，规模不断增长。据统计，目前每年冬季由全国各省市来海南休闲、养生、养老的"候鸟人群"已达110万人，海南省已成为老年人群的主要居住地，他们是推动海南成为国际旅游岛的重要建设力量之一，对海南经济、文化等的发展起着促进作用。为更好地发展海南养老服务，发展"老年健康大学"，将海口打造成为老年友好型城市[③]；创新"候鸟"养老模式，将养老产业与旅游产业结合，发展健康养老产业[④]。

8.1.3 后期发展

（1）森林康养旅游。

森林康养是指把优质的森林资源与现代医学、中医等医学结合起来，开展森林康复、疗养等有益于人类身心健康的新兴产业。2017年，海南开始建设4个森林康养基地，力图建设符合海南风情的"森林+康养"旅游格局。[⑤]森林康养既是林业产业，又是卫生健康产业，既有传统产业的形式，又有新兴产业的内容。在我国经济高速发展的同时，环境污染变得越来越严重，环境成为我国经济发展的严重桎梏。海南省为引领经济持续健康发展，促进森林资源与健康相关资源的深度融合，积极推进康养产业与医疗旅游产业发展。

[①] 麻霄瓔. 海南医疗旅游者满意度提升策略研究[D]. 海南大学，2018.
[②] 马珂. 海南将建中医药健康旅游示范区[EB/OL].（2016-12-14）[2018-12-11]. http://www.hinews.cn/news/system/2016/12/14/030878810.shtml.
[③] 戴为卿. 构建海南养老服务产业链政策法规研究[J]. 现代商贸工业，2016，37（32）：119-120.
[④] 张琴. 社会工作介入海南省养老服务产业的策略研究[J]. 社会福利（理论版），2016（7）：28-31.
[⑤] 孙慧. 森林康养，海南如何掘金[N]. 海南日报，2017-08-30（1）.

海南省积极探索"森林+医疗"发展模式。根据《海南省旅游发展总体规划（2017—2030）》，海南以建设绿色、生态、类型多样的森林康养品牌基地为抓手，确定了打造国际知名森林康养目的地和森林康养大省的战略发展目标；到2030年形成集旅游、医疗、养生、康复、保健等于一体的森林康养产业体系。①然而，当下的海南森林旅游项目仅限于徒步、登山、温泉等，没有真正地和医疗产业结合起来，没有开发出针对特定人群的森林康养专业产品。因此，海南省应加强与林业部门沟通协作力度，加强生态廊道与生态型交通网建设，通过开发建设森林观光、度假养生等森林旅游产品体系，加大以森林旅游为依托的医疗旅游项目的开发力度。此外，海南农业发展应与自然风光、休闲度假、养生养老相结合，结合乡村生态大力发展旅游森林康养基地建设，进而体现森林康养基地特色。

（2）海洋康养旅游。

海南省人民政府出台的《海南省全域旅游建设发展规划（2016—2020）》提出，将通过打造海洋旅游新标杆，发展康养旅游，推动海南旅游产品创新升级。"十三五"期间，海南将重点打造海洋旅游、康养旅游等六类旅游产品。②

海南省是一个海岛，利用丰富而优质的日光、海水、空气、海沙、海泥和矿泥等自然资源，丰富滨海旅游产品，引导滨海观光向滨海度假与康体养生发展，培育具有国际水平的滨海休闲度假品牌。

8.2 海南省康养旅游项目

海南康养旅游发展，探索出了新的康养旅游发展模式，创新了一系列康养旅游项目，建设了康养旅游休闲度假区；推行了文旅康养项目，发展了特色康养小镇；在大数据时代背景下，突破传统养老模式制约，形成了"互联网+机构养老"等模式，打造了"智慧养老社区"③；同时，

---

① 中国产业信息网. 2018 年海南旅游市场前景分析[EB/OL].（2018-07-30）[2019-02-21]. http://www.chyxx.com/industry/201809/677799.html.

② 海闻. 海南打造海洋旅游新标杆 2020 年实现南沙邮轮定期游[EB/OL].（2017-03-09）[2019-02-05]. http://www.sohu.com/a/128320325_119689.

③ 张瑜. 2018 海南智慧健康养老发展高峰论坛[EB/OL].（2017-03-09）[2019-04-06]. http://www.xinhuanet.com/webSkipping.html.

以"共享农庄"作为抓手,建设海南美丽新农村,将海南的康养旅游发展落到实处,为海南的旅游经济注入新的力量。

8.2.1 休闲度假项目

海南博鳌乐城国际医疗旅游先行区位于海南省琼海市博鳌镇,是博鳌亚洲论坛的中心地带,是2013年国务院批准设立并赋予九条优惠政策的全国唯一的国际医疗旅游先行区。海南博鳌乐城国际医疗旅游先行区规划面积约20平方千米,是一个集康复养生、休闲度假等于一体的综合性低碳生态项目,以万泉河为生态廊道,形成了"一河两岸、四区五组团"的整体空间结构及"水—岛—林—田"的独特的景观资源。[①]先行区计划引进的项目产业主要包括健康管理、特许医疗、医学美容等,为游客提供医疗服务、康复、养生(护)等医疗服务。同时,先行区拟试点发展医疗、养老等国际医疗旅游相关产业,力争打造国际国内一流医疗旅游标杆和医疗旅游度假天堂。来先行区的医疗旅游人数应占全省旅游过夜人数的10%以上,产业增加值占全省旅游产业增加值的比重达到20%以上。[②]

此外,《海南博鳌乐城国际医疗旅游先行区医疗产业发展规划纲要(2015—2024年)》提出,打造博鳌国际健康论坛。在海南博鳌亚洲论坛的基础上,以生命与健康为主题,积极创建博鳌国际健康论坛。努力将健康论坛打造成先行区的品牌,从而进一步扩大先行区的知名度,助推先行区的建设,带动区域经济的快速发展。[③]

8.2.2 文旅康养项目

在文旅康养项目中,"三生"(生产、生活、生态)、"三产"(农业、健康产业、服务业)的有机结合和关联共生,可以实现特色农业、文化

[①] 张宏波. 医疗健康产业项目落户博鳌[EB/OL]. (2017-06-29)[2018-12-29]. http://www.hinews.cn/news/system/2017/06/29/031171839.shtml.

[②] 马珂. 多家医疗机构有意在乐城"开枝散叶"[EB/OL]. (2015-09-16)[2018-12-28]. http://news.163.com/15/0916/07/B3KB31I500014Q4P.html.

[③] 徐莹. 海南省人民政府办公厅关于印发海南博鳌乐城国际医疗旅游先行区医疗产业发展规划纲要[EB/OL]. (2015-04-30)[2019-01-06]. http://www.hainan.gov.cn/data/hnzb/2015/04/3263/.

旅游、中医健康体验等复合功能叠加,其中康养小镇则是文旅康养下的一种发展模式。

康养小镇是指把"健康"作为小镇开发的出发点和归宿点,并以健康产业为核心,将健康、养老、养生等多元化功能融为一体,从而形成生态环境良好的特色小镇。康养小镇可以根据消费者的需求,将健康疗养、生态旅游、医疗美容、文化体验等业态融合在一起,实现与健康相关的消费聚集。现阶段,我国特色康养小镇旅游业的发展重点依赖各地区独具特色的气候,并充分利用地区特色资源的不可替代性优势来发展特色小镇旅游业。[①]

（1）温泉康养小镇。

依托温泉这一独特的核心自然资源,发展地区"温泉+"特色产业,如温泉+养生、温泉+运动、温泉+会议等,形成健康养生、休闲娱乐等温泉养生特色小镇。

（2）宗教文化康养小镇。

这种小镇一般分布在该地区景区附近,拥有悠久、优秀的宗教文化。根据宗教文化的类型及发展特点,建设特色宗教文化交流馆、特色宗教文化体验中心等。

（3）长寿文化康养小镇。

依托地区长寿文化,以山林养生、气候养生等为核心,发展以养生产品为辅助的健康餐饮,形成具备养生度假等功能的健康养生养老体系,大力发展长寿经济。

（4）医养结合康养小镇。

依托地区医疗资源及医疗设施设备以及相关医疗资源,以健康、养生、疗养为核心,大力发展地区医疗康养经济。其中,中医药康养小镇是我国康养小镇特有的发展模式。为促进我国健康事业的发展,为消费者打造一个健康、舒适的旅居胜地,海南将在三亚海棠湾建设"海棠湾·上工谷国际中医药康养特色小镇"。这是海南省首个中医药康养小镇。

海棠湾位于海南省三亚市东北部海滨,南面与亚龙湾国家旅游度假

---

① 徐莹. 海南省人民政府关于提升旅游产业发展质量与水平的若干意见[EB/OL]. （2016-08-31）[2018-12-25]. http://www.hainan.gov.cn/data/hnzb/2016/06/3569/.

区毗邻，与亚龙湾、大东海湾、三亚湾、崖州湾并列为三亚五大名湾。与亚龙湾、大东海相比，这里还没有染上城市的喧嚣与繁闹。海棠湾上工谷—国际中医药康养特色小镇地处海南省三亚市东部，隶属于海棠湾区政府管辖，是集康养旅游、休闲度假、中医文化、娱乐休闲等旅游业态于一体的，服务与设施一流、参与性和体验性极高的综合性康养度假世界。

8.2.3 旅居养老项目

随着人们对健康需求的不断增加，我国旅游业发展进入康养旅居时代。旅游度假逐渐成为新时代人们的一种休闲旅居生活方式，同时也将催生一系列新型业态和产业链，成为新时代我国经济发展新的突破口。[①]

在时代发展的浪潮中，海南将积极探索康养旅居产业发展模式，推动海南康养旅居产业的跨界整合。海南富力红树湾以"世界长寿乡，中国健康城"为主题，以旅居为主打，利用海南健康岛的天然优势积极进行地产行业推广。

海南富力红树湾是由富力地产以当地稀缺资源优势为依托，倾情打造的一个高端原生态旅游项目。项目投资总额 150 亿元，建设工期 5~8 年，总占地面积约 8 000 亩（5.33 平方千米），总建筑面积约 230 万平方米。其中红树林约 1 500 亩（1 平方千米）、水域面积约 788 亩（0.525 平方千米），项目整体容积率为 0.45。富力红树湾涵盖生态景观、体育运动、度假居住三大核心功能。整体以西班牙建筑风格的高尔夫景观别墅为主，着重突出整体明快的色彩感和空间层次感，周围环绕高尔夫球场，以宽松的舒适生活尺度营造浓烈的异域风情。

海南富力红树湾紧跟康养产业发展契机，坚持以"康"为目的，以"养"为手段，将身体、心理、精神作为养护对象，从养护健康、亚健康，到养护身心，提升生命质量和厚度，将康养的过程贯穿在幼、少、壮、老整个生命周期。"旅居养老"是"候鸟"式养老与"度假"式养老的融合。"十三五"之后，海南养老产业迎来更加广阔的发展空间。传统的养老形式已经不能满足"候鸟人群"的需求，国家大力推进健康旅游的发

---

① 戴斌. 开创文化和旅游融合发展新时代[J]. 新经济导刊，2018，265（6）：51-56.

展，旅居养老成为引领海南房地产产业发展的新引擎。①互联网成为信息大平台，市场信息以数据的形式汇集在一起。利用新媒体技术，加大对数据的挖掘，引导全社会养老观念的转变，突破传统养老模式的制约，发展"互联网+旅居养老"，推进海南"互联网+机构养老"模式、"互联网+社区居家养老"模式发展，利用互联网技术，积极打造"智慧养老社区"。②

8.2.4 共享农庄项目

作为一种新型经济模式，共享经济对资源配置有着巨大的优化作用，提升了社会资源的利用率。共享农庄是在共享经济理念下发展的一个项目。共享农庄以共享经济作为理论支撑、以互联网作为技术支撑。海南发展共享农庄，与海南的生态环境、农业发展及乡村振兴规划相结合，发展海南特色农业。③2017年海南省提出以"共享农庄"作为总抓手，全力推进美丽乡村建设，开启海南乡村旅游发展新趋势，将农庄作为海南旅游活动开展的门户场所。④休闲农业已成为海南旅游业重点发展的新业态和新的增长点，正逐渐走向精品化、品牌化。预计到2020年，海南休闲农业产值将超过150亿元。⑤

为打造海南岛内最大的国有旅游产业集群和旅游综合服务供应商，海垦旅游集团将聚焦"海陆空演养"产业的融合发展，其中"养"即做好筹建养生旅游联盟和温泉养生医院工作，发展"康养+农庄"共享农庄产业。⑥

为解决乡村旅游产品单一、农村农产品滞销、农耕文化传承等问题，

---

① 赵优. 海南旅居养老[N]. 海南日报, 2018-10-31 (2).
② 张瑜. 2018 海南智慧健康养老发展高峰论坛[EB/OL]. (2017-03-09) [2019-04-06]. http://www.xinhuanet.com/webSkipping.html.
③ 徐晓杰, 王吉. 以共享农庄探索海南"分部经济"发展模式[J]. 今日海南, 2018 (1): 44-46.
④ 杨灿, 黄莉, 赵书彬. 海南"共享农庄"旅游型乡村公共空间优化策略[J]. 广东园林, 2018, 40 (2): 54-59.
⑤ 海南计划到2021年建成500个共享农庄[J]. 世界热带农业信息, 2017 (Z2): 46-47.
⑥ 林倩, 胡建南, 王河杯. 海垦旅游集团聚焦发展"海陆空演养"等产业[J]. 中国农垦, 2018 (7): 36.

海南省为发展"共享农庄"提供了政策支持,并以"共享农庄"为总抓手,发展产品订制型农庄,鼓励省外大型企业在海南投资"共享农庄";开发休闲养生型农庄,发展特色民宿客栈,吸引消费者特别是"候鸟"前往农庄休闲养生度假。打造"民宿+农地"休闲养生产品;立足农村特色资源,吸引各类艺术家通过故事挖掘、艺术再造等文创艺术方式,打造特色农庄;多方式发展、建设海南田园综合体和美丽乡村。

8.3 海南省康养旅游模式

近年来,健康旅游逐渐成为海南省旅游经济的新亮点。2017年,国家五部委联合印发的《关于促进健康旅游发展的指导意见》,促使中国的健康旅游进入融合、创新、发展的新阶段。中国旅游研究院院长戴斌表示:疗养、中医、中药等健康资源正日渐成为重要的旅游吸引物。与传统旅游相比,健康旅游游客停留的时间更长,旅游消费更高,能够高效地推动养生、酒店、购物等相关产业协同发展,因此健康旅游的发展潜力相当可观。近几年,海南逐渐把健康旅游作为旅游业的重要一翼,作为旅游经济的新亮点,康养旅游项目纷纷落户海南。

然而,从实际发展来看,海南虽然拥有优势的自然资源,也较早地提出发展康养旅游,但其康养旅游产品单一,同质化现象严重;海南作为康养旅游、健康旅游目的地,其地域品牌并不突出,在消费者的心中没有留下深刻的印象。若要使海南旅游业持续发展,推动海南经济快速增长,就必须创新旅游发展模式,大力推进海南康养旅游发展。

8.3.1 "森林+医疗"康养旅游模式

为推进海南森林康养品质化康养景区建设,应选择森林覆盖率高、负氧离子含量高、景观优美的最优区域,以"康体疗养"为主题,打造森林康养景区;以运动保健、游玩等为主,发展森林浴场、森林食补等休闲、养生、娱乐活动,输出海南森林康养精品名片。

大力发展森林氧吧康复疗养,打造休闲养生旅游品牌。要依托海南省特色医疗旅游线路,大力发展森林氧吧康复疗养;巩固提升海南现有医疗保健机构能力和水平，引入国际知名理疗养生机构，优化配置组合医疗卫生资源，开展健康管理、高端体检、美容养颜、康复疗养等医疗健康服务，逐步形成与森林康养服务功能配套的养生、养老医疗健康服务体系。

推进海南森林康养品质化康养景区建设，应选择森林覆盖率高、景观优美、负氧离子和植物精气含量高的最优区域，以"康体疗养"为主题，打造森林康养景区，输出森林康养精品名片。海南省森林资源丰富，森林覆盖率达到 59.2%，有着中国最大和最美的热带雨林，负氧离子每立方厘米达到 8 000 到 10 000 多个，是一个天然大氧吧，是度假养生的绝佳去处。海南省适宜开辟森林疗养基地或休闲养生旅游度假区，发展森林疗养医药，开发森林空气浴、绿色食品、绿色有机茶和药膳等具有森林资源特色的休闲养生项目。

8.3.2 "温泉+医疗"康养旅游模式

发展温泉康体疗养项目，开发温泉康养旅游产品，享受温泉的同时，与其他游乐性产品结合如冷泉泡浴、南药温泉等，发展海南特色温泉康养旅游。海南温泉资源优质丰富，适宜建立温泉度假疗养基地，开发各类温泉中药理疗产品和美容瘦身产品，并与其他中医药保健、药膳养生、山地高尔夫、保健按摩、森林拓展、温泉美食等医疗养生产品结合起来，打造医疗养生旅游产品链。开发中医药温泉医疗，把中医药理疗和温泉结合起来。①

8.3.3 "海洋+气候"康养旅游模式

发展海南气候康养旅游产品，主要是指以避寒为主的出游行为，海南旅居养老，适合"候鸟"养老人群。发展海洋康养旅游产品主要是满足消费者"亲海"体验的需求，主要有海滩日光浴、海上运动以及海水浴等。例如，海垦旅游集团正努力打造成为国内一流旅游产业集团及海南岛内最大的国有旅游产业集群和旅游综合服务供应商，将发展"海陆空演养"旅游新业态。在"海"方面，该集团将主要在海洋牧场、邮轮

---

① 周义龙. 海南医疗养生旅游发展模式选择[J]. 开放导报, 2016（2）: 109-112.

旅游、海上浮岛、游艇等方面打造海上旅游产业，利用海上环岛游，带动全岛旅游产业发展。①

8.3.4 "中医药+旅游"康养旅游模式

中医作为中国国粹，不仅是文化资源，也可以开发成为旅游资源，中医药健康旅游发展空间巨大。据调查，中医针灸、拔火罐、药浴等疗养项目对境外游客充满神秘感和吸引力，中医药康养旅游发展潜力巨大。海南省康养旅游应融中医医疗康复、健康服务、养生保健于一体，推动中医药服务贸易走向国际市场，推动中医药健康服务贸易向纵深发展，做大中医药康体理疗养生康复产业。研究开发黎医、黎药旅游，开发海南黎药资源，将黎药种植与乡村旅游、森林旅游和康养旅游相结合，开发独具海南特色的黎族医药旅游项目；打造海南特色产品，充分开发"治"和"疗"的传统中医旅游，以"疗"为主的医疗旅游，以健康体检为主的康复疗养旅游；②深入挖掘地域中草药资源，并进行资源整合，开展中医药保健养生，打造海南特色中医养生保健品牌，集中医药康复理疗、文化体验等于一体的中医药健康旅游示范产品。

8.4 海南省康养旅游突破

8.4.1 海南康养旅游发展局限

海南岛属热带季风气候和热带海洋气候，遍地皆绿，夏无酷暑，冬暖如春。海南冬季的平均气温更是在 18 ℃ 以上，是全国难得的全年、全天候的海岛健康旅游胜地。海南省自身的地理位置以及气候优势使其成为大多数"候鸟"老人过冬的优选之地。由于北方冬天异常严寒，许多老人无法抵御严寒、疾病，因而每年冬天会有大量北方老人来到海南过冬，而在夏季则会离开海南，从而使海南的健康养老产业存在严重的

---

① 林倩，胡建南，王河杯. 海垦旅游集团聚焦发展"海陆空演养"等产业[J]. 中国农垦，2018（7）：36.
② 海森文旅集团.《国家温泉康养旅游》标准编制工作正式启动[EB/OL].（2017-12-21）[2018-12-29]. http://www.gzhaisen.com/archives/view-1563-1.html.

"半年经济"现象。在海南省康养旅游市场逐渐壮大的同时，也不可避免地存在一些问题。

第一，体现为经济发展与生态保护之间的矛盾。海南省基本上没有工业，对环境的污染相对较低，但是要想实现经济的快速发展，工业产业的发展是必不可少的，而这就必将面临生态环境被污染的问题。

第二，康养旅游市场发展也存在问题。在温泉康养方面，SPA技师的专业水平不够，缺乏健康旅游专业知识人才；在医疗康养方面，除国务院给予海南博鳌乐城的特殊政策外，目前海南省发展医疗健康产业政策主要还是依据国家颁布的法律法规，自身并没有主动发展医疗康养，医疗康养旅游产品的开发较为单一，缺乏深度挖掘，缺乏竞争力。同质化现象严重，且缺乏专业的医疗康养人才[1]；打造海南省国际医疗旅游方面，需要根据海南省行业发展特点和要求，解决好国际医疗旅游专业人才不足、国际医疗旅游产品不多、对外营销水平不高等问题[2]。在海洋康养旅游方面，缺乏具有代表性的海洋康养产品；森林资源仍停留在观光产品与休闲度假产品开发的水平，较少涉及森林康养旅游产品。并且由于地理区域原因，海南森林康养资源与海洋康养资源的分布较远，康养旅游资源难以实现联合开发。

8.4.2 海南康养旅游深化路径

海南省人民政府在旅游发展总体规划中鼓励推行"医疗签证"，采用"互联网+康养社区+旅游"模式，能够充分利用海南省特有的气候条件及康养旅游产品，跳出单一的养老服务内容，创新复合型旅游服务内容。[3]进一步做好"候鸟人群"服务管理工作的顶层设计，围绕"候鸟老人"的生活社区，设立老年休养所、老年大学等全方位、立体式的"候鸟人群"养老配套设施，进而帮助海南构建多产业融合发展的综合休闲疗养、养生养老体系。

---

[1] 林诗婷. 医疗旅游渐成海南"金名片"[N]. 海南日报, 2018-06-06（2）.
[2] 海森文旅集团. 《国家温泉康养旅游》标准编制工作正式启动[EB/OL].（2017-12-21）[2018-12-29]. http://www.gzhaisen.com/archives/view-1563-1.html.
[3] 任宣羽. 康养旅游：内涵解析与发展路径[J]. 旅游学刊, 2016, 31（11）: 1-4.

首先，康养旅游产品的核心功能是康养功能，除了能给消费者带来休闲娱乐，满足其生理需求，更多的是能够帮助消费者缓解压力，使其在心理上也得到享受。加大对康养旅游产品的功能性开发，对于提高海南康养旅游产品的竞争力具有明显的促进作用。[①]汪文琪在对海南康养旅游业发展进行剖析的过程中提出，基于 RMFEP 模式，即资源、市场、功能、体验以及产品模式，发展海南地区的文化，加大对海南特色文化的挖掘，将文化融入旅游产品设计，打造独具特色的海南康养产品，丰富海南康养旅游产品，结合当地资源，发展具有当地特色的康养旅游，打造海南康养旅游的金名片、塑造海南康养旅游目的地形象。

其次，针对海南经济"冬热夏冷"的特点，重视旅游产品开发和创新是关键。政府加强旅游规划引导和政策扶持，企业注重开发更多旅游项目，从而增加海南旅游产品的丰富性和多样性。比如抓住暑假契机，开发针对小型家庭亲子游、学生夏令营等项目，树立海南的康养旅游品牌意识，建立海南康养旅游的地域品牌，努力缩小"半年经济"落差。[②]

最后，利用全岛的气候优势，将森林资源与温泉资源、海洋资源与气候资源、森林资源和气候资源结合起来，壮大海南省康养旅游市场。凭借紧邻广东等发达地区的区位优势，举办商务会展、商务论坛、高端培训等项目。同时，海南应向其他康养旅游发展良好的地区学习，在康养旅游发展方面，充分利用自然地理优势及气候优势，打造海南的气候康养旅游。

---

① 汪文琪. 基于 RMFEP 模式的海南省康养旅游产品开发策略研究[D]. 海南大学，2018.
② 马珂. 海南将建中医药健康旅游示范区[EB/OL].（2016-12-14）[2018-12-11]. http://www.hinews.cn/news/system/2016/12/14/030878810.shtml.

9　云南省之康养旅游

随着经济社会的发展，人民收入的增加和节假日的增多，旅游已经成为人们放松身心、休闲娱乐的一种重要方式。伴随着亚健康状况的日益突出，如今人们对于旅游的需求不单单停留在休闲观光的层面上，而是希望通过旅游疗养身心，促进健康。因此，康养旅游应运而生，正在成为新的旅游发展业态，目前有超过 100 多个国家和地区正在开展健康旅游，健康旅游从小众市场逐渐进入大众的眼球。

云南省凭借得天独厚的自然条件优势，已经成为中国的旅游大省，但是其旅游业正处于转型升级的瓶颈期。积极发展康养旅游，打造康养旅游品牌对于促进云南旅游业的提质加速无疑具有重大意义。云南康养旅游已经初具规模，康养旅游的发展也得到政府的高度重视，但相关理论研究缺乏，康养旅游的发展缺乏特色，忽略了资源与养生的结合，康养旅游的市场体系缺乏发展后劲，亟待完善。

9.1　云南省康养旅游发展优势

9.1.1　自然资源

（1）温泉康养资源分析。

云南省地热资源丰富，蕴藏着丰富的温泉资源，温泉数量多、分布广、品质优。云南温泉数量众多，据全国 SPA 协会的资料显示，云南省内查明的温泉源共达 1 266 处，约占全国温泉总数的 1/3，数量居全省区之首。从种类上看，重碳酸泉、碳酸泉和硫黄泉在云南均有分布。中温泉（即水温为 40 ℃~60 ℃）和高温泉（即水温为 60 ℃~80 ℃）最常见，高温泉区主要集中在以腾冲为代表的滇西地区。腾冲是中国三大地热区之一，境内有沸泉、汽泉、喷泉、温泉百余处，其地热温度之高、压力之大、蒸汽之盛、水热活动之强为国内罕见。中低温泉主要集中在以昆明市为代表的滇中、滇东地区。从地域分布上看，全省107个市、县均有温泉分布，是全国拥有温泉的市、县数最多的省份，其密度居全国第二位，仅次于台湾地区。从数量分布上看，云南温泉的分布状态是西密东疏，温泉数量总量的2/3都在西部，东部只有剩余的1/3的温泉。①

云南目前较出名的温泉康养目的地有：福保文化城温泉水上世界，其拥有来自深层的地下温泉，富含几十种对身体有益的微量元素，引进现代高科技手段，打造多个娱乐和疗养项目，已成为集娱乐和康养于一体的疗养胜地；腾冲热海玉温泉酒店，利用优质温泉水，打造温泉养生泡汤、温泉食疗，是一家集住宿观光、康体按摩、温泉疗养于一体的5A级温泉SPA酒店。安宁温泉，被明代文人杨慎誉为"天下第一汤"，其最大的特色是泉水出水口有9处，每昼夜涌流1 000余吨，水温为42 ℃~45 ℃，且无硫黄味，含重碳酸钙、镁、钾、氡等微量元素，宜浴宜饮，对皮肤病、风湿性关节炎和多种肠胃疾病均有疗效。②现有的温泉小镇有玛御谷温泉小镇、禄劝三溪温泉小镇、寻甸星河温泉小镇、牛街温泉小镇等。

（2）森林康养资源分析。

云南省森林资源丰富，保护较好，拥有优质的森林康养旅游资源。第四次森林资源调查结果显示，云南省全省林地面积2 607万公顷（260 700平方千米），占国土面积的68.0%；森林面积2 273万公顷（227 300平方千米），森林覆盖率59.30%，林木绿化率67.82%；活立木总蓄积量19.130亿立方米，森林蓄积18.950亿立方米，森林生态系统服务功能价值位居全国前列。全省森林种类多，主要为针叶林、阔叶林、竹林、灌木林等4个植被型，17个植被亚型，105个森林类型。③各类型呈水平分布和垂直分布，从南到北，分布着热带和亚热带森林。河流呈南北走向，地表切割强烈。随着海拔变化，森林呈现地带性变化。

---

① 高雯. 浅析云南温泉旅游资源的发展现状[J]. 价值工程，2017，36（10）：210-211.
② 买购网. 云南十大温泉 云南必泡十大温泉 云南温泉度假村推荐[EB/OL].（2018-12-15）[2018-12-29]. https://www.maigoo.com/goomai/151349.html.
③ 商务部驻昆明特派员办事处. 云南森林覆盖率达59.3%，比2009年提高3.06个百分点[EB/OL].（2017-02-13）[2018-12-28]. http://kmtb.mofcom.gov.cn/article/zhuantdy/201702/20170202513709.shtml.

云南拥有云南东山国家森林公园、云南珠江源国家森林公园、云南龙泉国家森林公园、云南西双版纳国家森林公园、云南钟灵山国家森林公园、云南五老山国家森林公园等 30 余个国家级森林公园。2018 年 10 月，中国林业产业联合会森林康养分会公布了第四批全国森林康养基地试点建设单位，其中，云南有 5 地入选，分别是：昆明潘茂野趣庄园国家森林康养基地试点建设单位、昆明康藤·高黎贡帐篷营地国家森林康养基地试点建设单位、建水临安国家森林康养基地试点建设单位、彝良小草坝国家森林康养基地试点建设单位、昆明秋沐国家森林康养基地试点建设单位。①

在 2018 全国森林旅游推介会上，国家林业和草原局森林旅游管理办公室发布的首批 10 条全国特色森林旅游线路，其中包括云南热带雨林生态旅游线。该旅游线位于云南省西南部，途经普洱市、西双版纳州和临沧市，串联起太阳河国家森林公园等 5 个国家级森林公园，南滚河国家级自然保护区、双江古茶山国家森林公园 2 个国家级自然保护区。②

（3）医疗康养资源分析。

云南动植物种类繁多，素有"动植物王国"之称。云南拥有药用生物资源 6 559 种，占全国药用生物资源的 51.2%，③全省有药用植物 4 758 种，药用动物 260 种，矿物药 32 种。全国常规种植中药材品种约 300 种，云南拥有 145 种，占比 48%，其中规模以上种植品种约 30 种，占 10%；拥有 10 种大宗药材品种，占全国的 25%。由于云南山地较多，自然条件具有明显的立体型特征，动、植物垂直差异十分明显。高寒层、中暖层、低热层三个层次的药材资源均有分布。④由于东西热量条件和寒潮入侵强度不同，各层东西海拔指针有一定差异。以北部南华的大百草岭—中部景东—南部金平以东的哀牢山脉为界，分为东西两部分。西

---

① 云南网. 再添"国字号"云南 5 地荣获全国森林康养试点基地称号[EB/OL].(2018-10-30)[2018-12-28]. http://yn.leju.com/news/2018-10-30/09296462847 685203644839.shtml.
② 央广网. 首批 10 条全国森林旅游精品线路发布[EB/OL].（2018-12-17）[2018-12-29]. http://www.cnr.cn/gd/gdkx/20181217/t20181217_524452767.shtml.
③ 云南省中药材产业发展报告[J]. 云南农业，2018（9）：30-34.
④ 何少琪. 云南省康养旅游市场前景发展分析[J]. 内蒙古科技与经济，2018，12：19-21.

部 2 500 米以上，东部 2 300 米以上为高寒层，气候相当于寒温带至温带，占全省总面积的 18.4%。药材资源十分丰富，主要的野生品种有麝香、鹿茸、猴骨、灵猫香、冬虫夏草、川贝母等，家种品种主要有云木香、当归、天麻等。①

云南三七在全国闻名，年产量占中国的 70% 以上，栽培历史悠久，品质优良，驰名国内外。三七主产于文山州，红河、玉溪、曲靖、大理、楚雄、昆明等地、州、市亦有栽培。2016 年全省中药材产业种植面积高达 665 万亩（4 433.33 平方千米），种植面积跃居全国省市第一位。②未来，云南将以昆明、曲靖、玉溪、楚雄、红河、文山等产业园区为依托，以打造产业链为主线，因地制宜，在滇中、滇南、滇东南、滇西北、滇东北等种植适宜区发展优势大宗药材；在保山、红河、文山、普洱、西双版纳、德宏、临沧等地发展南药种植，以建成标准化、规模化、集约化的生产基地。丰富的医药资源、适宜的生产基地、丰富的医药文化为云南省康养旅游的发展提供了动力。

9.1.2 人文资源

（1）基础设施。

云南交通设施和住宿条件比较完善，并受到西南地区的辐射带动，为云南康养旅游业的发展提供了有力的支撑。

云南航空运输网络发达，形成了联结国内各地和国外的航空网络体系。目前，云南省内运营机场数量达到 15 个。截至 2018 年年底，云南机场集团航线数量达 524 条，其中国内航线 441 条、国际航线 78 条、地区航线 5 条。③昆明机场至南亚、东南亚国家通航点达 34 个，位列全国首位。

由于云南山地较多，陆路运输成为主要的交通方式。到 2018 年，全省已开通 12 条高速公路，高速公路通车里程 5 086 千米，实现了 79 个

---

① 百度文库. 云南省主要药材分析[EB/OL].（2018-12-15）[2018-12-29]. https://wenku.baidu.com/view/805e844d767f5acfa1c7cd49.html.
② 中国青年网. "云药"产业补短板促转型[EB/OL].（2017-07-20）[2018-12-29]. http://news.youth.cn/jsxw/201707/t20170720_10335003.html.
③ 人民网. 空中金桥拓宽致富路[EB/OL].（2019-05-30）[2019-06-18]. http://yn.people.com.cn/GB/n2/2019/0530/c378439-32992582.html.

县通高速公路。高速公路以昆明为中心并不断向四周辐射，高等级公路建有昆明至滇池、玉溪、路南石林等线，省内著名风景名胜区都有便利的公路相连。预计到2020年，云南高速公路通车里程将突破1万千米。

近年来，越来越多的国际知名酒店在云南落户开业，进一步促进了云南住宿业转型升级。目前，云南的星级酒店有800多家，拥有五星级酒店20余家。为促进旅游业从传统的观光旅游模式向"观光、休闲、度假"三位一体的新型旅游模式转变提供了必要的硬件基础。云南民宿在全国发展较好。据调查显示，截至2017年，我国客栈民宿总数达42 658家，其中云南以6 466家客栈民宿的数量位居全国第一名。①

通过对生态环境、医疗水平、民生幸福、产业融合以及康养政策这5个指标建立完整的体系来对各城市的康养旅游加以评估，通过大数据处理，选出"2018年中国康养城市排行榜50强"，数据表明中西南地区康养旅游发展优势明显，云南处于西南地区，可以受到周围地区的辐射带动，拥有良好的发展区位优势。

（2）文化底蕴。

云南是中华文化的发源地之一。古人用"彩云南现"来遥指这片神秘的云岭高原。

在这块红土高原上，生息繁衍着26个自强不息的民族，少数民族人口占人口总数的1/3，人口百万以上的少数民族有彝族、白族、哈尼族、傣族、壮族5个民族。少数民族由于各自不同的自然环境，呈现出不同的社会文化形态。在长期发展过程中，各民族形成了丰富多彩的风俗民情，是一个活的历史博物馆。每一个民族的衣、食、住、行及婚恋、丧葬、生育、节典、礼仪、语言、文字、图腾、宗教、禁忌、审美不尽相同，却又在交往过程中相互融合，结撰为个性鲜明的文化链；泼水节、火把节、木鼓节、三月街、神话、史诗、歌舞、绘画、戏曲、古乐独具特色，深邃而幽远。

云南省历史悠久，在历史发展中，也流传着金马山传说、碧鸡山传说、滇水传说、南诏核桃等独具特色的神话、传说、民间故事等。目前还保留了大理州漾濞历史文化名城、剑川历史文化名城等古城镇。

---

① 新华网. 2016中国民宿市场调研数据[EB/OL]. （2017-05-05）[2018-12-29]. http://www.xinhuanet.com/local/2017-05-05/c_129589436.html.

云南少数民族较多，每个民族独具特色的饮食习惯，对云南的饮食文化产生了很大影响。鸦片战争后，随着滇越铁路建成通车，内外交往频繁，川、鲁、粤、苏等菜系的高超技艺和各地饮食文化逐渐融入当地菜系之中，逐渐形成以融汉族菜和各少数民族菜于一体的滇菜。滇菜以擅长烹制山珍、淡水鱼鲜和蔬菜见长，具有鲜嫩回甜、酸辣微麻的特点，讲究本味、酥脆、粑糯、重油、醇厚。滇菜粑而不烂，嫩而不生，点缀得当，造型逼真，已成为重要的旅游吸引物。

源远流长、丰富多彩的地方文化丰富了云南康养旅游的内涵，增强了云南的神秘感和吸引力。

9.2 云南省康养旅游发展现状

9.2.1 发展模式

云南康养旅游虽处于初步发展阶段，但是发展迅速，康养旅游已经成为云南全域旅游发展的重要名片之一。近年来，昆明、大理、丽江、西双版纳、腾冲已经吸引了一大批国内外追求健康生活的人来度假休闲。康养旅游作为一种新兴业态，能够为其他产业的发展提供平台，实现产业融合。①近年来，云南不断促进康养产业和其他产业相结合，形成了"康养+"的多种发展模式。

一是"康养+医药"。云南生物医药资源丰富，素有"植物王国""药材之乡"的美称，云南省在积极探索医药资源和康养旅游融合发展的模式。例如，2014年，曲靖生物医药健康产业科技创新园投入营运，通过中长期的建设和发展，中医药养生、健康养老、药膳调理、健康食品、民族医药参观、健康体检等板块已基本建设完善，成为全省中医药旅游示范基地。而中医药健康旅游作为集观光、养生、休闲于一体的新兴旅游业态，对整合旅游资源、丰富旅游产品、优化旅游产业结构、提升旅游地知名度、提高旅游经济效益，促进旅游模式优化升

---

① 卜从哲，徐晶. 我国康养旅游市场开发的必要性和可行性分析[J]. 河北企业，2018（4）：76-77.

级具有重要意义。

二是"康养+城市建设"。2016年，昆明市提出要把"中国健康之城"作为昆明的三大城市品牌之一进行重点打造。近年来，昆明市不断探索有效利用和转化生态环境资源优势的方式，"四季如春""空气清新""阳光灿烂""生态宜人"等城市标签正逐渐成为外界对昆明的广泛认知。昆明也正以"中国健康之城"的品牌，努力促进健康产业发达、健康文化鲜明、健康服务完善、健康春城品牌靓丽，不断提高国际影响力和知名度。康养旅游对于打造云南城市品牌，丰富城市形象无疑具有重要意义。

三是"康养+养老"。针对庞大的老年群体并结合自身优越的自然条件，云南创新设计老年养老旅游和候鸟式旅游产品，探索打造特色养老小镇，已建成七彩云南·古滇名城滇池国际养生养老度假区养老小镇、银栗园幸福康养小镇等养老项目。

近年来，云南不断促进旅游业的转型升级，形成了各具特色的旅游景区，如以历史文化体验、自然风光观赏、民族风情感受等为主的观光类旅游景区；以温泉康体、休闲运动和旅游度假等为主的休闲度假类旅游景区；以旅游小镇、国家公园、主题公园、城市公园、博物馆等为主的三大类旅游景区600余家。其中，A级旅游景区231家（5A级8家、4A级71家、1A～3A级152家）。

经过多年的培育，云南康养旅游产业已具备一定的发展基础和产业规模，旅游市场的竞争力和吸引力不断提升，对旅游经济的贡献和作用明显增强。

9.2.2 市场规模

云南省旅游业发达，旅游业已经成为云南重要的支柱产业，是经济增长最快的产业之一。2018年，云南旅游业总体增长速度超过全国平均水平，全省接待游客6.640亿人，增长17%；旅游总收入8 450亿元，增长22%。2019年，云南省积极推进旅游与体育、康养等相关产业深度融合，将在全省新建和改造提升10条徒步旅游线路，组织举办11个体育旅游赛事活动，提升改造6个温泉养生旅游项目。

2016 年，中国社科院发布了《城市蓝皮书：中国城市发展报告 No.9——迈向健康城市之路》，数据表明中国亚健康人群已超过 75%，健康人群仅占总人数的 5%。据此可推测，中国至少有 10 亿人口处于亚健康状态，康养旅游市场目标群体庞大。[①]同时蓝皮书也指出，随着康养产业供给的不断增加，2030 年中国老年康养产业市场消费需求将达到 20 万亿元。据全国老龄办一项调查显示，目前我国每年老年人旅游人数已经占到全国旅游总人数的 20% 以上，已退休或临退休的老年人已成为国内游客的重要组成部分之一，是错峰、淡季出游的主力军。随着老年人口增速的加快和收入的增加（包括退休金、养老金、理财收入以及亲朋好友的馈赠等），候鸟式养老、旅游式养老渐成时尚，养老旅游者将形成一个庞大的消费群体。

我国从 1999 年进入人口老龄化社会到 2017 年，老年人口净增 1.1 亿，其中 2017 年新增老年人口首次超过 1 000 万，预计到 2050 年前后，我国老年人口数将达到峰值 4.870 亿，占总人口的 34.9%。面对老龄化现象，政府提出"医养结合"，可见老年康养产业发展前景大好。

9.2.3 政府规划

云南省政府高度重视康养产业的发展，已经出台《云南省康养小镇发展规划》《云南省康体养生旅游发展专项规划（2014—2020）》《关于促进健康旅游发展的指导意见》等相关文件对康养旅游进行发展规划，为康养旅游的发展提供了政策支持。

现已编制完成的《云南省康养小镇发展规划》提出，按照全面性、代表性、示范性的原则，选择康养资源优势突出、用地条件成熟、经济基础相对较好的城镇，分类、分层、分区确定康养小镇试点，着力打造一批集高端医疗服务、适度高原健体运动、候鸟式养生养老、健康产品制造等多种功能于一体的复合型、综合类大健康产业项目。[②]

[①] 潘家华，单菁菁. 中国城市发展报告 No.9[M]. 社会科学文献出版社，2016.
[②] 云南省住房和城乡建设厅. 云南省康养小镇发展规划[Z]. 2018-08-12.

《云南省康体养生旅游发展专项规划（2014—2020）》提出，到 2020 年基本建成环滇池、环阳宗海、环抚仙湖、环洱海 4 个国际著名的综合性康体养生旅游区，腾冲温泉养生旅游区、西双版纳生态养生旅游区、普洱生态养生旅游区、昆明北部康体运动旅游区 4 个国内一流的区域性康体养生旅游区。①打造温泉养生、生态养生、康体运动 3 大国际著名品牌和文化养生、康体医疗、康体养老 3 大国内一流品牌，到 2020 年，初步建成康体养生重大项目 52 个，累计完成投资超过 19 657 亿元；到 2025，基本建成 105 个，累计完成投资 47 221 亿元。到 2020 年，全省接待以康体养生为主要目的的游客将达到 2.5 亿人次，占全省旅游总人数的 50%；旅游收入达 5 100 亿元，占全省旅游总收入比重的 60%。

《云南省养老旅游发展专项规划（2016—2030）》提出，依据养老旅游目的地评价指标体系，重点依托昆明、玉溪、大理、红河、保山、普洱、西双版纳等州（市），通过重点优选和潜力开发，带动全省养老旅游发展。②

9.3　云南省康养旅游发展困境

9.3.1　康养产品缺乏特色

国外康养旅游起步较早，并都各具特色，如泰国的康体和瑜伽、日本的药妆、德国的森林康养等。攀枝花首先提出建设"阳光康养城"，成为国内康养旅游的开端。云南康养旅游处于起步阶段，在康养旅游上还没有明确的定位，温泉旅游、医疗保健旅游、养老旅游虽遍地开花，但在内容上仍在延续传统的旅游产品，如福保文化城温泉水上世界、腾冲热海玉温泉酒店、玛御谷温泉小镇等康养旅游地虽然配套有温泉疗养、康体瑜伽等康养项目，但还是以住宿为主要服务，康养文化不够浓厚，没有做到真正与康养相结合，整个康养旅游行业对于目标客户没有进行市场细分，难以形成品牌效应。产品同质化现象严重，现有的康养项目

---

① 云南省旅发委与省发改委. 云南省养老旅游发展专项规划[Z]. 2015-07-31.
② 云南省旅发委与省发改委. 云南省养老旅游发展专项规划[Z]. 2015-07-31.

主要以温泉资源和医药资源为依托。同类产品之间竞争激烈,高端产品供给较少,难以满足市场高端需求。地方特色文化发掘不够,深厚的地域文化还有待进一步开发宣传。

9.3.2　资源利用不够充分

云南省康养旅游资源丰富,丰富的康养旅游资源使云南康养旅游具有强大的发展潜力。温泉资源、医药资源、森林资源、阳光疗养资源都可以成为发展康养旅游资源的依托,但云南现有的康养旅游主要以温泉资源为支撑,利用优质的温泉资源打造温泉酒店、温泉小镇等,丰富的医药资源、森林资源还没有充分开发。丰富的中医药资源主要是加工成药物,实现产业化生产,如云南白药、葛洪药膏等,与康养旅游并未加以结合。医疗保健、膳食营养餐饮以及文化娱乐等设施还有待进一步建设。部分少数民族地区康养资源丰富,民族文化独具特色,但大多是山区,交通通达度较差,以致资源难以得到充分利用,如壮族聚居地文山州、纳西族聚居地迪庆州等少数民族地区生态环境良好,空气质量良好,但康养旅游资源并未得到充分的开发利用。

9.3.3　康养专业人员匮乏

云南的旅游业发达,旅游行业从业人员众多,但对于康养旅游这种集养生、休闲、旅游于一体的复合型旅游,专业旅游服务人员匮乏。康养旅游人员要求从业人员既要掌握旅游相关的知识,还要具备保健养生等方面的知识,对于人才要求较高。[1]虽然部分高校中开设有旅游管理、酒店管理等专业,但只是将康养旅游作为一门课程在学习,没有开设康养旅游专业。由于云南康养旅游还处于起步阶段,相关的理论研究还有待进一步深入,康养旅游从业人员整体素质偏低,游客的满意度还较低,不利于康养旅游的可持续发展。云南康养旅游行业未制定人员上岗规范,无证上岗的现象比比皆是,旅游消费人次与旅游从业人员不协调。现有

---

① 汪文琪,张英璐. 海南省康养旅游发展现状与对策研究[J]. 产业与科技论坛,2018,17(4):24-25.

的康体、温泉疗养服务人员大多没有经过专业培训，难以满足旅游者对于康养服务的高质量要求。

9.3.4 资源整合有待加强

目前，人民对于旅游产品的要求日趋多元化。云南省康养旅游地涉及领域较广，包括温泉旅游、医疗保健旅游和森林旅游等，但彼此之间相互隔离、孤立发展，存在产品单一、资源缺乏整体利用等问题，综合性的复合型康养旅游还有待开发。现有的温泉康养目的地有福保文化城温泉水上世界、腾冲热海玉温泉酒店、安宁温泉、玛御谷温泉小镇、禄劝三溪温泉小镇，森林康养目的地有昆明潘茂野趣庄园国家森林康养基地、昆明康藤·高黎贡帐篷营地国家森林康养基地、建水临安国家森林康养基地、彝良小草坝国家森林康养基地、昆明秋沐国家森林康养基地等。各康养旅游目的地大多都是以一种康养旅游资源为依托，彼此之间孤立发展，缺少整合开发。

9.4 云南省康养旅游发展对策

9.4.1 针对目标群体，突出产品特色

在康养旅游产品开发中，应从环境角度出发，结合当地特色资源，寻找合适的目标群体。[①]开发具有特色的品牌产品，根据不同类型的康养旅游产品的自身特点，对现有产品进行深度挖掘，加大游客的参与程度，[②]在进行产品设计时注重感官营销和情感营销。延长康养旅游产业链，促进康养与乡村建设、体育、医疗等相结合。

在开发温泉旅游的过程中，应该结合西南地区康养旅游发展的特点和目标消费者的需要，与西南地区神秘的地域文化相结合，深入挖掘云南当地的神话、传说等，打造具有当地文化特色的温泉旅游产品。

---

① 谢晓红，郭倩，吴玉鸣. 我国区域性特色小镇康养旅游模式探究[J]. 生态经济，2018，34（9）：150-154.
② 张国薇. 康养旅游的发展现状和对策——以米易县为例[J]. 旅游管理研究，2017（4）：35-36.

作为"国家植物基因库",云南康养旅游以药膳资源作为依托,结合滇菜的地方特色,充分发挥医药资源的吸引力,规范中医药健康旅游市场,完善标准,推动中医药健康旅游形成品牌、做大影响。将丰富的医药资源与康养旅游相结合,培育养生文化,增强中药疗养的吸引力。

在建设养老小镇的过程中,也应该充分挖掘当地得天独厚的自然资源和独具特色的文化,丰富文化元素,打造差异化特色产品。增添娱乐设施,提供集疗养、休闲、娱乐于一体的养生养老项目,以满足消费者高质多元的旅游产品需求。①

9.4.2 注重整体规划,完善基础设施

完善的基础设施是旅游发展的前提。政府作为基础设施的管理者,结合云南多山地的特征,应加强交通、环境建设等方面的投资,加强旅游基础设施建设。提升交通通达度;实现道路交通提档升级,作为旅游城市除了在道路质量上下功夫还应该完善道路功能,在可游览区域设步道、自行车道等,充分考虑游客的需求;完善道路指示牌等配套设施。

促进住宿行业升级。云南民宿众多,民宿行业也成为住宿行业的重要部分。在未来除了引进中高端星级酒店,规范宾馆、家庭旅馆外,还可以完善民宿行业的规章制度,引导发展具有本地特色的民宿,尤其是少数民族地区,充分保留原有民俗的地方特色,能让游客充分体验并融入本地特色文化。

康养旅游作为旅游的一种特殊形式,应当具备"吃、住、行、游、购、娱"等多种功能。未来,云南应该大力打造文化娱乐项目,并以当地文化为依托,促进文化古镇、旅游文化城转型升级,以提高服务质量和产品多样化程度。

9.4.3 结合高校资源,培育康养人才

专业人才是康养旅游发展的重要支撑。要解决人才匮乏问题,首先要完善培养机制,与高校对接,借鉴国外康养旅游人才素质要求,制定

---

① 何少琪. 云南省康养旅游市场发展研究[J]. 合作经济与科技,2018(15):78-79.

康养旅游人才培养方案，建立康养旅游培训基地，开办康养旅游培训，培养兼备保健、营销、旅游知识的复合型人才。此外，加大康养旅游人力资源投入，吸引外地康养旅游专业人才流入，利用高校资源引进资深专家。在人才录用过程中，应该从消费者的需求出发，加大培训投入，提高上岗要求，使员工在具备必要的专业素质之后再上岗，以此提高消费者满意度，促进康养旅游行业的规范和可持续发展。

9.4.4 加强营销宣传，打造品牌产品

被称为"彩云之南"的云南，一直给人以神秘、环境优美的印象，被人当作休闲放松、文化体验的好去处，但提到疗养身心、康体健身，很多人不会想到云南。新兴发展的康养旅游，应该树立品牌意识，采用多种宣传方式，创新宣传方式和内容，突出自身特色，增强目标客户认可度和认同感。[①]目前，大众对于康养旅游的概念比较陌生，应策划多样化的康养文化活动，采用多种宣传方式增强大众对康养的认识，包括康养旅游的内涵、意义等，为全省康养旅游的发展营造良好的氛围。

提高宣传方式的针对性，针对工作压力巨大的年轻亚健康人群，应该采用旅游网站、软文推送、自媒体等年轻人喜爱的方式加以宣传推广。[②]针对老年养老群体，应该采用报纸、电视等传统媒体的方式加以推广。此外，要充分利用云南旅游发展的基础优势，对康养旅游这一新兴业态加以宣传。

康养旅游作为新兴的旅游业态，日益受到世界各国的重视，已成为众多国家和地区竞相发展的高端旅游形式。云南省拥有得天独厚的自然资源条件和丰富多彩的文化，康养旅游虽处于起步阶段，但发展潜力巨大。在发展过程中，还存在着资源开发不够充分、产品开发缺乏特色、专业人员匮乏等问题。在未来发展过程中，应将政府统筹和企业开发相结合，做好顶层设计和底层开发，结合自身独特条件，发展具有特色的康养旅游品牌，实现云南康养业的高质量可持续发展。

---

① 何彪，谢灯明，蔡江莹．新业态视角下海南省康养旅游产业发展研究[J]．南海学刊，2018，4（3）：82-89．

② 王瑾．焦作市康养旅游产业发展研究[J]．现代营销（经营版），2018（9）：72-73．

10 攀枝花市之康养旅游

随着中国老龄化趋势的不断加剧以及人们生活水平、消费水平的不断提高，人们对于身心健康的发展和生活质量的提高也越来越重视，同时康养热潮也不断兴起。应对日益加剧的老龄化趋势，在我国十九大报告和"十三五"规划中，也提出了构建养老敬老的相关体系和政策，加快发展老龄事业和产业，更加助推了"康养"在社会的普及，加深了人们对康养的认识，康养产业也应运而生。在此政策下，众多城市顺势而为，从城市自身所具有的条件出发，发展带有该城市特色的康养产业。在许多新兴的康养城市中，攀枝花市凭借其自身优势，正在发展具有攀枝花特色的康养产业。攀枝花市地处中国西南川滇交界处，作为四川最南端的一座城市，拥有着"南亚热带为基带的立体气候"，借助其得天独厚的气候条件、突出的阳光资源优势，攀枝花市正逐步发展阳光康养产业，着重将阳光康养与运动休闲、健康养生、旅游度假、医疗养老等相结合，主要开发出了康养+农业、工业、旅游、医疗、运动五种阳光康养模式。此外，"健康中国"战略、绿色发展要求的提出，为攀枝花市发展阳光康养产业开阔了市场。

10.1 攀枝花市康养旅游发展概述

10.1.1 攀枝花市城市转型

因矿而建、因钢而兴，是攀枝花市的重要标志。攀枝花市拥有丰富的矿产资源，最早因"钢铁之城"而闻名。攀枝花市作为中国四大铁矿区之一，已探明的铁矿资源总量在四川省的铁矿资源总量中占比72.3%；其伴生钛、伴生钒资源储量分别居世界第一和世界第三。从1965年建市以来，攀枝花市凭借其矿产资源优势，已经从一座新兴的工业城市发展为中国西部重要的钢铁、钒钛能源基地,并被誉为"中国钒钛之都"。但由于经济结构的调整,矿产等不可再生资源的枯竭,国家提倡可持续发展、建设生态文明,以及响应习近平总书记提出的"绿水青山就是金山银山"科学论断,迎合四川省政府提出的"建设美丽四川"战略要求等原因,其钢铁产业的发展受到阻碍,资源型城市并不能作为攀枝花市持续发展的方向。

面临这样的问题,攀枝花市自 2012 年提出"阳光康养"开始,通过多次的考察,决定通过发展第三产业,将一二三产业进行有机结合,对攀枝花市的经济结构进行调整。同时在结合本地实际与特色的基础上,对海南三亚等城市进行实地调研,确定将攀枝花市打造成为中国阳光康养旅游城市。①凭借攀枝花市本身具有的气候优势、旅游资源优势等,2016 年 12 月,市政府正式提出了"康养+"的概念;2017 年 2 月后,重点开发出了康养+农业、工业、旅游、医疗、运动五个阳光康养的发展模式。通过这些举措,攀枝花市逐步实现由钢铁之城向钒钛之都转变,由工矿基地迈向阳光花城,由资源型城市向旅游城市发展,逐步实现城市的转型。

10.1.2 "阳光康养"的提出

攀枝花市在 2011 年城市转型道路的过程中,于 2012 年 3 月在全国率先提出了"阳光康养旅游"的概念;2014 年,攀枝花市成功举办了首届中国康养产业发展论坛,并提出创建中国阳光康养产业发展试验区;2016 年 9 月,攀枝花市第十次党代会提出大力发展"康养+"模式,将康养与医疗保健、休闲旅游、人文文化、运动健身等融合起来,形成联动发展;2017 年 2 月,攀枝花市政府明确提出发展五个"康养+",包括:"康养+农业""康养+工业""康养+旅游""康养+医疗""康养+运动"。在阳光康养的建设发展过程中,攀枝花市一直都在发现问题,并采取有针对性的措施解决问题。

---

① 陶长江,李响. 资源型城市旅游转型评价指标体系构建及实证研究——以攀枝花为例[J]. 成都大学学报(社会科学版),2014(6):11-16.

10.2 攀枝花市康养旅游发展优势

10.2.1 气候优势

攀枝花市地处中国西南地区的川滇交界处，拥有着形成于南亚温带至北温带之间的多种气候类型，形成了以南亚热带为基带的立体气候。攀枝花市平均日照达 8 个小时，年日照数达 2 700 个小时，日照时数为四川地区的 2～3 倍，降雨少且集中，阳光资源丰富，可以说攀枝花市是一座阳光之城。同时，无霜期 300 天以上，年均温在 20.3 ℃ 左右，具有冬暖夏凉、四季如春的特征，因此人们冬天不用裹上厚厚的、笨重的棉衣，一件外套足以轻松过冬。此外，现代医疗通过一系列技术、手段，对比较适宜人体的相对湿度进行研究，结果表明：夏季室温 25 ℃ 时，相对湿度控制在 40%～50% 比较合适；冬季室温 18 ℃ 时，相对湿度控制在 60%～70%。相对湿度过高或过低，人体都会有不适感，甚至对人体有害。而攀枝花市的空气湿度为 30%～65%，相对来说在最佳区域，人体舒适度较好。《中国城市空气质量优良率分析报告 2018》显示，攀枝花市 2017 年空气质量优良率 98.4%，超出全省 16.2 个百分点，并列全国第十四位，四川省第一位，尤其适合患有呼吸系统疾病的游客前来静养。

攀枝花市凭借其气候各方面的优势，发展成为一座适宜避寒养生的城市。其舒适的气候条件对亚健康人群，患有心血管疾病、气管炎、风湿性关节炎等健康问题的人群可以起到显著的自然疗效。随着人们越来越重视自己的身心健康，对康养的认知不断加深，越来越多的游客也慕名来到攀枝花度过自己的旅游假期。

10.2.2 资源优势

攀枝花市是一个名副其实的具有丰富鲜花资源的地方，攀枝花、三角梅、蓝花楹、杜鹃花、虞美人等，都无不将攀枝花市打扮得姹紫嫣红；另外，众多果树也会开花，在不同的季节，不同的花种便会呈现出不一样的景色，也是一道亮丽的风景线。等到盛产水果的时节，攀枝花市的水果也会因为其气候原因，具有果大香甜、皮薄色鲜的特点，且品种丰富。攀枝花市主要盛产火龙果、芒果、莲雾、凤梨、释迦等热带珍稀水果，攀枝花芒果、攀枝花枇杷、大田石榴、红格脐橙等也被登记注册为农产品地理标志产品。此外，还会举办各种水果节庆活动，开发了宇森酒堡、柠檬山庄等旅游衍生项目，增加了许多游客亲自采摘、制作水果产品的体验活动。这些都是具有吸引力的花果资源优势。

攀枝花市是中国西南地区的钢铁、能源基地以及钒钛之都，是一座因矿而建、先矿后市的新兴工业城市，最早也因其"钢铁之城"而闻名，工业基础设施较为完善。城市转型发展后，其工业遗产也作为旅游资源的一部分，具有较强的吸引力和突出的特色，很多的游客来攀枝花市都会选择去"象牙微雕钢城"——攀钢参观（攀钢被外国冶金专家赞誉为"世界冶金史上的奇迹"）。工业旅游已经被攀枝花市政府作为发展旅游业、促进城市转型的特色举措之一，同时打造"大三线工业探秘之旅"作为攀枝花市四大旅游品牌之一也被提上议程。通过工业旅游，更多的游客可以来攀枝花市参观学习工业遗迹，了解工业企业内部的作业流程、科学原理等，这些是其他旅游项目所不能提供的专业知识和独特风景，是工业旅游的特色所在。

攀枝花市作为中国优秀旅游城市，风光旖旎的旅游景观也是必不可少的，包括二滩水电站、二滩国家森林公园、米易颛顼龙洞、长江国际漂流基地、红格温泉、格萨拉生态旅游区、箐河乡瀑布、仙人洞等。值得一提的是，二滩国家森林公园以及格萨拉生态旅游区都为国家 5A 级旅游景区，米易颛顼龙洞和长江国际漂流基地为国家 3A 级旅游景区。其中，二滩国家森林公园环境幽静，空气清新，是具有度假、探险、疗养等多种功能的旅游景区；长江国际漂流基地成功注册并举办了金沙江漂流项目——"万里长江第一漂"，漂流过程中会经过攀西大裂谷，景观尤其壮烈，地貌复杂变幻，足以让游客大饱眼福；红格温泉作为氡气矿泉，是可以为游客提供医疗、浴用和观光游览，带来"眼看手触"亲身体验的景区；格萨拉生态旅游区内有万亩盘松、杜鹃花海、彝族风情和天坑地漏"四绝"。

当然，在旅游的过程中，当地特色美食也是不可或缺的。攀枝花的鸡棕卷粉、羊肉米线、箐河浑浆豆花、仁和区的羊肉汤和南瓜鸡等，都是游客来攀枝花市游玩、度假可以品尝的美食。

攀枝花市各种优质的、具有特色的旅游资源吸引了许多游客，在提升游客满意度和与体验感的同时，更是为其发展阳光康养产业提供了坚实的基础。

10.2.3 经济优势

截至 2017 年年底，攀枝花市实现地区生产总值（GDP）1 144.25 亿元，人均 GDP 9.26 万元，居全省第一；城乡居民收入分别达到 35 620 元、15 336 元，居全省第二。其中旅游总收入 279.31 亿元，增长 15.1%。接待旅游总人数 2 317.69 万人次，增长 12.4%，全市旅游总收入相对于全市 GDP 的比重大幅提高，旅游业正在不断蓬勃发展。攀枝花市因其钢铁业而兴。2017 年攀枝花市全部工业增加值 706.11 亿元，增长 7.3%，对经济增长的贡献率为 61.7%，在一定程度上对旅游业有相应的促进作用。攀枝花市政府为促进阳光康养产业的发展，通过财政投资建设阿署达花舞人间景区、普达阳光国际度假区，计划在今后五年内，以超过千亿元的投资规模，打造"阳光康养旅游城"。[1]

此外，发展阳光康养产业也依赖于攀枝花市旅游业先前在各方面打好的基础。公共交通设施以及安排相关的旅游线路的景观车为游客提供了便利；基础设施的建设也为阳光产业发展节约了在该方面的费用支出；每年不断增加的游客数量更为其发展提供了保障。

10.2.4 政策优势

"十二五"时期，我国老龄事业和养老体系取得长足发展。国务院出台了《中国老龄事业发展"十二五"规划》《社会养老服务体系建设规划（2011—2015）》，为康养产业中的养老事业提供了政策指导。[2]"十三五"时期是我国全面建成小康社会决胜阶段，也是老龄事业和养老体系建设

---

[1] 黄桐熊. 攀枝花：从工矿基地到阳光花城[J]. 当代县域经济，2014（12）：56.
[2] 中华人民共和国国家发展和改革委员会. 中华人民共和国国民经济和社会发展第十二个五年规划纲要（2011）[EB/OL]. (2018-10-02)[2019-06-19]. https://wenku.baidu.com/view/8f10a44b86c24028915f804d2b160b4e777f8156.html.

的重要时期,"十三五"规划提出了要繁荣老年消费市场,丰富养老服务业态,大力扶持养老服务产业与健康、养生、医疗、旅游、文化、健身、休闲等产业融合发展;同时,"十三五"规划纲要强调扩大生态产品供给,适度开发公众休闲、旅游观光、生态康养服务和产品。①

在攀枝花市发展阳光康养产业的过程中,针对发现的问题,也出台了相关政策、方针。与西南交通大学国际老龄科学研究院签订康养合作战略框架协议,编制《攀枝花市阳光康养产业试验区发展规划》和《攀枝花市康养产业人才发展规划》,出台支持养老服务业、促进健康服务业、扶持医养融合、鼓励养老地产等系列政策。攀枝花市人民政府也发布了《攀枝花市建设全国阳光康养旅游目的地的实施意见》,指出要做好创建全国阳光康养旅游目的地、创建国家全域旅游示范区、创建全国旅游休闲示范城市的"三创"工作,实施康养旅游精品工程。②

这些举措为攀枝花市发展阳光康养产业提供了强有力的政策支持与导向。

10.2.5 文化优势

攀枝花市是一座多民族杂居的移民城市,全市有 42 个民族,98%的城镇人口来自全国各地,其中汉族占全市人口的 86.6%。41 个少数民族中,人口较多的彝族占 8.89%,其次是傈僳族、苗族、纳西族、白族、傣族、满族等。③不同民族有不同的民俗风情和民风特点,各具民族特色的语言、服饰、饮食、节庆等汇集在一起使攀枝花市成为人文资源丰富、文化内涵浓厚的城市,也为阳光康养提供了具有民族特色的文化氛围。开放包容的多元文化更能使来攀枝花市的游客沉浸其中。

---

① 中华人民共和国国家发展和改革委员会. 中华人民共和国国民经济和社会发展第十三个五年规划纲要(2016)[EB/OL].[2019-06-19]. http://www.12371.cn/special/sswgh/wen.

② 攀枝花市人民政府. 攀枝花市建设全国阳光康养旅游目的地的实施意见(2018) [EB/OL].(2018-05-12)[2019-06-19]. http://www.panzhihua.gov.cn/zwgk/fggw/zcjmwd1/851238.shtml.

③ 攀枝花市人民政府. 建置人口(2015)[EB/OL]. [2019-06-19]. http://www.panzhihua.gov.cn/zjpzh/zrgk/jzrk/index.shtml.

10.3 攀枝花市康养旅游发展模式

10.3.1 "康养+农业"模式

攀枝花市因其气候适宜且拥有丰厚的阳光资源，一年四季鲜果、蔬菜不断，为攀枝花市发展"康养+农业"模式提供了资源、带来了需求。在发展该模式的过程中，攀枝花市政府主要制定了以下目标：首先，大力发展观光农业，改变农业发展模式，助力建设农业景区、产业基地景区，推动"产区变景区"；其次，大力发展体验农业，创新发展包括度假旅游、采摘、民俗体验，农耕文化在内的新型业态，推动"田园变公园"；最后，大力发展精致农业，大力开发特色农产品、农村特色纪念品等，并助其畅销国内外，推动"产品变商品"。如仁和区26度果园，"一果多吃"，不仅卖芒果，还推出芒果博物馆、芒果树认养、采摘体验等活动。攀枝花市依托特色农业产业，以康养为媒介，开拓出农业与第二产业、第三产业的新型融合道路，形成了农业为康养提供产品供给，康养为农业提供产品需求的发展模式，借助对农产品日益扩大的需求以及对其限定的更高标准，来促进农业生产水平提升，将农业和康养两大产业深度融合，实现共赢；打造集康养、旅游、休闲、生态观光于一体的康养旅游农业，进而带动农村发展，让农民增收致富。

10.3.2 "康养+工业"模式

攀枝花市最早因钢铁而兴，是传统的工业城市，在绿色发展和资源枯竭的问题面前，做出了城市转型的决策，实现了攀枝花市由钢铁之城向钒钛之都的转变，由工矿基地向阳光花城迈进。近年来，攀枝花市以减量化、无害化、资源化为导向，通过对"三废"资源进行二次回收利用，变"三废"为宝，落实相关激励政策，将灰色的"三废"投入具体的综合利用中，如道路建设、回填筑坝、水泥生产等，推进工业的绿色发展，持续提升康养"洁净度"；积极引导钢铁、钒钛、机械加工制造业向康养制造延伸，利用矿产资源优势及完善的工业基础设施，推动医疗、康复辅助器具与工业合理融合，使康养器具产业化，利用钒钛资源制造高档体育器材、高档医疗器械等产品，推进工业转型发展，提升康养"精品度"；以资源优势为基础，以实际发展需求为指导，以技术创新为动力，以市场需求为导向，加快发展钒钛特色康养工业，培育壮大康养智能制造新兴康养产业，推进工业智能发展，提升康养"温馨度"[①]；引导农产品加工企业进行一二三产业深度融合，将未经深度加工的农产品，开发为具有多种用途、迎合康养市场需求的深加工产品，如将水果深加工为果干、果汁、果酒等，蔬菜可作为半熟、全熟食进行国内外销售、生物提取物加工为保健品及药品等；促进康养工业快速发展，开发更多优质的特色康养产品。如西区一些企业制造的钛锅、钛杯子进入寻常百姓家，以品质优良、瓜甜汁多的芒果、葡萄等为原材料制作的一大批健康加工食品成为游客的热门选择。

10.3.3 "康养+旅游"模式

攀枝花市具有适宜人类休养生息的温度、湿度、高度、优产度、洁净度、和谐度，"六度"禀赋是其旅游特色所在，在发展"康养+旅游"模式的过程中，将旅游资源与"六度"有机结合，让游客在体会到旅游景观带来愉悦心情的同时，还能感受到其他地区的旅游活动所无法提供的"六度"禀赋，以此坚持"特色化"发展，在原有的旅游基础之上，走出攀枝花市的创新旅游发展道路[②]；依托现有的旅游景观资源，结合康养的内涵与特点，融入新元素、新观念、新模式，开发出适合各个年龄段游客的旅游项目，打破康养等于养老的单一想法，坚持"差异化"发展，创新康养旅游模式；以建设"阳光花城"为导向，突出"阳光"品牌，整合各地的特色资源，与阳光康养结合，开发出旅游路线品牌、旅游商品品牌等，坚持"品牌化"发展，强化康养旅游营销。如米易县推出了一系列乡村旅游路线，并在沿线打造农家乐。

---

① 廖梅先. 做好"两篇文章"探路"康养+工业"攀枝花模式[N]. 四川经济日报，2017-12-26（1）.
② 赵萍. 攀枝花阳光森林康养产业发展建议与对策[J]. 现代商贸工业，2017（3）：40-41.

10.3.4 "康养+医疗"模式

攀枝花市平均日照达 8 小时，年日照数达 2 700 小时左右，无霜期 300 天以上，年均温度 20.3 ℃ 左右。在这样的气候条件下长久居住，可以在一定程度上有效治疗哮喘、支气管炎等疾病，非常有利于人体健康。将康养与医疗结合是攀枝花市政府的又一举措。以政府扶持投资为榜样，积极鼓励和引导民营资本对康养医疗的投入，重点构建特色、高端专科医疗机构、健康管理和健康咨询服务机构，为不同人群提供项目齐全、档次不同的特色服务，为人民提供良好的医疗保障，扩大康养的辐射范围；发挥中医药特色康复优势，将中医药服务与健康管理相结合，开展"六位一体"社区中医药健康管理，推动基层医疗机构与社区养护机构、服务业全面融合，精准结合医疗与康养，延伸康养的产业链；加强与辖区大医院合作，促进医联体的纵深发展。进一步细化服务流程、服务项目，在专家多点执业、绿色转诊通道、检测检验、远程医疗、双向转诊等服务领域展开深度合作，建立互联互通的市、区一体化康养模式，扩大康养合作范围，构建康养的大联盟。如东区鼓励辖区医院到康养机构免费巡诊。

10.3.5 "康养+运动"模式

目前攀枝花市已经具备大力发展健康体育产业的政策、自然条件和品牌效应。高标准建设的训练基地、休闲健身设施、运动场馆等已经有一定的数量和规模，为体育事业发展打下了基础，提升了康养供给能力；通过举办高水平的体育赛事，带动"康养+运动"产业快速发展，借助体育赛事的聚集效应和带动效应，繁荣赛会经济，优化产业结构，彰显康养胜地魅力；吸引外来运动员来攀训练、参加比赛的同时，高起点地培养本市运动员，积极响应"康养+运动"，带动全市人民积极参与，不仅老年人要养生，壮年更要强身，激发阳光花城的活力，树立积极健康的城市形象。如盐边县打造红格训练基地，成为"冬训天堂"，吸引着全国各地的代表队来参赛、训练，也能体验一番攀枝花舒适的气候环境、香甜的瓜果美食、优质的保障服务以及和谐的人文环境，借势宣传攀枝花市作为康养胜地、阳光花城的品牌形象,同时拉动旅游消费的增长。

10.4 攀枝花市康养旅游发展局限

10.4.1 康养专业人才缺乏

"康养"是内涵极其丰富的一种产业模式,涉及康养与养老、旅游、体育、医疗、工农业、饮食的结合,需要的是复合型的专业人才。在发展过程中,攀枝花市政府忽略了阳光康养产业所需人才的专业性和复合性,以及当前人才的紧缺性。如攀枝花学院对人才的培养大多集中在酒店、餐饮、导游等单一方面,并非康养产业发展所需要的复合型专业人才。此外,还缺少对医疗保健、康养护理、康养旅游、经营管理、康养产品研发等方面的理论、技术复合型人才的培养。

10.4.2 康养基础设施滞后

2017年,攀枝花市接待旅游总人数2 317.69万人次,主要客源地为成都市。在交通方面,每天进出攀枝花市的列车车次较多,但从成都市始发到达攀枝花市的时间需要13小时左右,对省内的游客来说,路程时间相对较长;耗费时间短的航班班次较少,且仅开通了四个城市的航班,航班不稳定;高速公路的线路开通也较少。总的来说,攀枝花市作为一个旅游城市,其交通基础设施并不完善。此外,攀枝花市拥有丰富的阳光、森林、物种等资源,但政府对这些资源的开发力度并不够,与康养产业的结合点也不多。攀枝花市因为钢铁业的发展,工业方面的基础设施相对比较完善,但在发展阳光康养产业,全面实现五个"康养+"的过程中,在农业、医疗、旅游、运动等方面的基础设施建设、资金投入并不充分,缺少必需的配套康养基础设施和服务设施,发展相对滞后。

10.4.3 康养政策制度欠缺

在扶持阳光康养产业发展过程中,国家及当地政府出台了很多相关的政策方针、发展标准,但都相对零散、系统性不强。地方政府对国家层面的政策方针理解不透彻、实施方式不灵活，导致地方制定的各政策方针之间的关联性较弱，只针对个别问题；政府采取的有效举措、办法相对较少，缺少具有导向性的先行案例，对社会各层面共同致力发展阳光康养的导向作用不强。同时，相关行业的法律法规的制定不完善，市场规范不完整，缺乏法律对市场行为的监管与约束。对消费者安全保障的关注度不够，包括财产安全及人身安全等。俗话说"顾客就是上帝"，只有对消费者给予足够的关注，致力于提升消费者的满意度，才会有更长远的发展。

10.4.4　康养品牌知名度低

攀枝花市在转型发展旅游业之前，钢铁业是该城市经济增长的主力军，也因此作为"钢铁之城"而闻名；在城市转型后，攀枝花市也凭借其丰富的旅游景观资源和气候优势逐步发展旅游业，并不断壮大，但人们对它的认识大多停留在"钒钛之都"、瓜果香甜、气候舒适宜人层面，且人们对"阳光康养"的认知不够，同时缺少对自身康养品牌和康养旅游城市形象的营销宣传，使攀枝花作为"阳光花城""康养圣地"的形象并不深入人心，不能有针对性地吸引康养旅游爱好者，围绕"康养"主题进行品牌打造和形象策划的力度不够。

10.5　攀枝花市康养旅游优化路径

10.5.1　围绕发展需要，培养专业人才

针对人才培养，围绕康养产业发展需要，有针对性地实施阳光康养产业人才培养工程；主动与当地高校建立战略合作关系，设立符合阳光康养产业发展需要的专业，积极培养涉及医疗保健、康养护理、康养旅游、经营管理、康养产品研发等方面的理论、技术的复合型人才；对于已从业的人才，要进行定期培训与考察，不断发现问题、解决问题，以此提高从业人员的素质。针对人才引进，政府要出台相关优惠条件、倾向政策，以招徕优秀的专业人才；要开辟更多的人才招聘渠道，让相关

康养岗位空缺、岗位优待的信息到达更多符合要求的高质量人才手中；制定康养产业人才需求岗位说明书，促进康养人才供需的精准对接；树立热情开放的城市形象，加深专业人才对该城市的归属感和依赖感，减少人才流失。总体上要加大资金、政策的扶持力度，开展实施在岗从业人员能力提升项目、紧缺专业人才培养项目、紧缺专业人才引进项目。

10.5.2 迎合市场需求，完善设施服务

相关研究表明，基础设施与产业经济产出呈现同步增长的趋势，当基础设施存量增长1%，GDP就会增长1%。[①]可见，基础设施的完善在经济发展过程中有着不可忽视的作用。首先，攀枝花市政府应结合旅游发展的需要以及市场需求对自身的交通现状进行分析，在符合标准的基础上，对交通基础设施进行规划建设，增设攀枝花市与主客源地以外的城市的交通方式与线路，扩大交通辐射范围，整合并完善本地的各种交通方式，重新构建合理、高效、舒适的旅游交通网络，合理安排各交通方式的时间表，优化交通基础设施的结构；找准康养与攀枝花市特色资源的结合点，合理加大对现有气候资源、旅游景观资源等的开发力度，增加游客体验的舒适度和对服务的满意度；增加对五个"康养+"的资金投入，在"康养+工业"基础服务设施完善的基础上，加强建设农业、旅游、医疗、运动四个方面的服务设施，根据市场需求，增加相关医疗机构、养老居所、农业景观、运动场所等配套设施的开发建设。

10.5.3 结合实际情况，制定系统规划

地方政府在制定、实施康养产业发展扶持政策与规划时，要以国家层面出台的相关政策方针为基础，要深入理解、从实际出发，以政府投资为基础，紧密结合当地的实际和特色出台吸引社会投资、拉动产业发展的具体措施方针；要出台具有导向作用、操作性强的政策方针，制定康养产业发展标准，引领个人、企业、部门等社会各层面共同致力发展康养产业；要增强各方针、政策之间的关联性，形成系统的政策体系。

---

① 宫梅. 北京市基础设施投资与经济增长关系研究[D]. 北京交通大学，2012.

针对市场上的不规范行为提出具体的管理制度与措施，规范市场秩序，保障消费者的合法权益，确保可持续发展。

10.5.4　整合资源优势，打造康养品牌

攀枝花市具有丰富的气候资源、农产品资源、旅游景观资源等，利用"六度"禀赋优势，整合各项要素，以各类资源为基础，以康养为主题，开发具有攀枝花市特色的"食、住、行、游、购、娱"项目，借势对外宣传"阳光花城""康养圣地"的城市形象；借助"互联网+"的发展趋势，将康养产业与之结合，拓宽城市形象和康养品牌的宣传渠道；将资源转化为产品，加大对产品的开发与包装，培育名牌产品。政府及企业要树立品牌意识和营销观念，塑造城市康养品牌和企业康养品牌，通过多种媒体宣传方式对康养旅游城市形象进行营销宣传，加深本地人民及外来游客对攀枝花市的形象认知；鼓励人们树立康养意识，深化本地市民及外来游客对康养的内涵及和"阳光康养"的认知，促进攀枝花市阳光康养产业的稳定发展。

如今，我国的主要矛盾已经转变为人们日益增长的美好生活需要同不平衡不充分的发展之间的矛盾，可见，人们对于生活的要求不再局限于吃饱穿暖，而是对生活质量有了更高的要求，对自己的身心健康、生活质量越来越重视。这也为康养产业的发展提供了客源基础和动力。为应对人口老龄化趋势和人们对"健康中国"的响应，攀枝花市应该抓住此次机会，顺应时代潮流，迎合市场需求，满足游客愿望，有针对性地发展"阳光康养"产业。

要整合本地所拥有的各项资源和要素，加强政府的政策、资金支持，不断探索完善康养产业发展模式，开发出更具有吸引力的康养项目；制订突出康养特色的城市宣传方案，建立康养品牌，树立城市形象；积极借鉴其他康养城市的优秀发展经验，为攀枝花市阳光康养产业发展提供依据和示范。在发展过程中，不免会遇到各式各样的问题。只有结合实际解决问题，做到具体问题具体分析，攀枝花市阳光康养产业才能充满"活力"与"动力"，并坚持绿色开发，做到持续发展，从而走出一条具有攀枝花市特色的发展道路。

11　雅安市之康养旅游

康养旅游是以良好的物候条件为基础，以旅游的形式促进游客身心健康，增强游客快乐，以幸福为目的的专项度假旅游。[①]近年来，人口老龄化的加剧、庞大的亚健康群体以及不断增多的追求生活高品质的人群为康养旅游业的发展奠定了良好基础，康养旅游业在世界范围内发展得如火如荼。

国外的康养旅游起源于健康旅游（Health Tourism），如15世纪在欧洲比利时Spau小镇兴起的"温泉疗养"，19世纪40年代德国在巴特·威利斯赫恩镇建立的世界上第一个"森林浴"基地。目前，德国、美国、日本和韩国等发达国家的康养旅游产业发展较为成熟，已经形成市场规模。[②]而相对于国外，我国的康养旅游产业目前还处于起步阶段。2015年，"健康中国"战略被首次写入政府工作报告，并上升为国家战略；2016年，国家旅游局正式颁布了《国家康养旅游示范基地》行业标准（LB/T 051—2016），确立了5个首批"国家康养旅游示范基地"；同年，中共中央与国务院在《"健康中国2030"规划纲要》中明确指出了要积极打造具有国际竞争性的健康医疗旅游目的地和大力发展康养旅游业。这些政策的颁布与实施，一方面，反映出我国康养旅游业迅猛强劲的发展势头以及国家对康养旅游的重视；另一方面，也营造出良好的政策环境，为康养旅游业更加规范化和秩序化的发展做好了铺垫。

11.1　雅安市康养旅游发展概况

雅安市是四川省知名的历史文化名城和新兴旅游城市，素有"川西

[①] 任宣羽. 康养旅游：内涵解析与发展路径[J]. 旅游学刊，2016，31（11）：1-4.
[②] 何彪，谢灯明，蔡江莹. 新业态视角下海南省康养旅游产业发展研究[J]. 南海学刊，2018，4（3）：88-95.

咽喉""西藏门户""民族走廊"之称。丰富的自然资源以及多样的民俗文化使旅游业成为雅安市经济发展的支柱性产业,其中,生态旅游更是雅安旅游的品牌与核心。作为长江上游的重要生态屏障和水源涵养地,雅安市是国家在成渝经济区规划的唯一生态旅游城市,早在 2002 年就提出了打造"西部生态经济第一城"的目标;2011 年,雅安被中国气象学会评为当时国内唯一的"中国生态气候城市";2013 年芦山地震后,雅安建立了国家生态文化旅游融合发展试验区并大获成功;目前,中共雅安市委和雅安市政府已确定在雅安市大力发展生态旅游,突出生态优势,让城市旅游与景区旅游结合、精品旅游与大众旅游结合,要倾力把雅安市建设成四川省的旅游热点,建成中国西部的生态乐园。①虽然雅安市优渥的生态旅游资源以及政府的大力支持为雅安市发展康养旅游这一新业态奠定了良好基础,不过由于地理位置与城市自身经济发展状况等条件的限制,雅安相对于周边其他地区在旅游发展上仍存在很多劣势。因此,在当前我国供给侧改革、旅游业发展优势明显的大环境中,如何更好地挖掘出雅安市康养旅游业的发展潜力,使雅安的旅游业为城市经济建设做出更大的贡献,是非常值得探讨的话题。

　　SWOT 分析法是战略规划研究的一种分析技术,始创于 20 世纪 50 年代。由于它简捷实用,因此在许多管理学科的相关研究领域得到了广泛应用。②SWOT 分析法通过对行业(企业)所处内、外部环境因素的客观调查,对其内部具备的优势(Strength)、劣势(Weakness)和外部存在的机会(Opportunity)、威胁(Threat)进行全面、系统、准确的分析研判;然后在此基础上,遵循"扬长避短,趋利避害"的原则,制定针对性的营销策略。③④本书通过 SWOT 分析法,对雅安市发展康养旅游业的优势、劣势、机会及威胁进行分析,并根据分析结果提出针对性强

---

① 彭贵康,康宁,李志强,等. 青藏高原东坡一座充满神奇魅力的城市——雅安市生态旅游景观资源研究[J]. 生态经济,2010(5):128-134.
② 袁牧,张晓光,杨明. SWOT 分析在城市战略规划中的应用和创新[J]. 城市规划,2007(4):53-58.
③ 杨晓刚. 区域茶产业的 SWOT 分析与营销策略研究——基于四川省雅安市的实例调查[J]. 中国农业资源与区划,2013,34(2):81-85.
④ 孙万慧,尹健,张艳玲,等. 信阳市中药材发展的 SWOT 分析[J]. 中国农业资源与区划,2009,30(6):13-15.

和可操作性强的战略建议，为雅安市发展康养旅游业和整体旅游业提供借鉴与思考。

11.2 雅安市康养旅游发展优势

11.2.1 气候条件舒适，自然环境宜人

气候除了能影响其他旅游资源的形成外,本身也是旅游目的地的重要吸引物。因为从旅游体验角度,气候几乎影响了所有的户外旅游活动，包括：影响特定旅游活动的质量，如滑雪、漂流等；通过影响旅游者的体感舒适水平，进而影响其旅游体验的质量，如观光、度假等[①]。雅安市属于亚热带季风性气候，温度方面，冬无严寒，夏无酷暑，年均气温多在 14 ℃ 以上，气温年差较小，一年四季温度适中，宜人居住；在降水上，雅安市虽处于我国内陆地区，但由于地形原因所以降水量十分充足，又别名"雨城"。充足的降水加之雅市地处长江上游，使雅安市水系发达且水质优良，雅安市的地表水质达到了国家Ⅱ类饮用标准。同时，雅安不仅水好，空气质量也十分优良。雅安市 2017 年森林覆盖率达到 64.8%，对空气净化效果显著，使雅安市空气质量长期稳居全省第一且富含氧离子，素有"天府之肺"美称；而且，雅安市常年的空气相对湿度为 75%～80%，空气中的水分子对人的体表皮肤也能起到呵护作用。因此，山清水秀的雅安市十分宜居，是发展康养旅游的绝佳之地。

11.2.2 自然资源丰富，生态景观繁多

雅安市地表崎岖，山脉纵横，海拔最高点约为 5 793 米，最低点约为 516 米，整体地貌类型复杂多样，森林、冰川、温泉、溶洞、草原等层出不穷，造就了雅安市繁多的自然生态景观。全市拥有国家级和省级自然保护区 5 个，国家级和省级森林公园 5 个，省级和市级风景名胜区

---

① 马遵平，谢泽氡，吴青芸. 四川省主要旅游目的地气候舒适度研究[J]. 西南师范大学学报（自然科学版），2018，43（2）：57-63.

8个，国家4A级旅游区2个，国家地质公园1个[①]，众多的旅游景点可以根据不同人群的需求来定制旅游路线，也可以使人们拥有不同的旅游体验。此外，雅安还是知名的"天然生物基因库"与"动植物博物馆"，拥有陆生野生动物470多种，野生鸟类330多种，植物3 000多种；栖息着大熊猫、金丝猴、白唇鹿、黑颈鹤等近百种国家珍稀野生保护动物；拥有珙桐、叶光蕨、岷江柏木等几十种国家珍稀濒危保护植物，是名副其实的动植物天堂。并且，雅安还拥有全球最大的大熊猫保护与研究繁育基地——碧峰峡。大熊猫不仅是我国特有的"国宝"，同时在世界上还代表着广义的环境保护，受到了全球范围内人们的喜爱，是绝佳的生态旅游资源，也是雅安市发展康养旅游业的显著优势。雅安市若能合理且充分利用这些生态景观资源与动植物资源来开展特色康养旅游活动，便可将生态资源有效地转化为经济效益。

11.2.3 历史文化悠久，民俗文化多样

茶作为世界最主要的饮品，流行于世界主要的国家，据相关研究，全世界约30亿人饮用各类茶饮品。[②]雅安市作为茶马古道川藏线的开端，拥有着植茶历史最悠久的古老茶区，也是世界茶文化的起源地。雅安以蒙顶山茶和藏茶最为出名：蒙顶山茶历史悠久，古代一直作为宫廷"贡茶"而存在。相传长期饮蒙顶山茶能够延年益寿，所以蒙顶山茶又被世人称作"仙茶"。藏茶是藏族同胞的生活必需品，是黑茶的一种。雅安藏茶富含茶褐素、茶多糖、有机酸、膳食纤维和粗纤维等特征性活性成分，具有降脂减肥、护肝、抗氧化、助消化和调理肠胃、降血糖、降尿酸、抗辐射、抑菌等保健功能，并且兴奋性低，不会影响睡眠，[③④⑤]非常适

---

① 覃建雄，张培，陈兴. 雅安地区避暑度假旅游生态环境条件与舒适度研究[J]. 中国人口·资源与环境，2014，24（S1）：297-300.
② 何一民，李琳. 传承中华茶文化 助推茶文化产业发展——以雅安为中心的研究[J]. 中华文化论坛，2018（7）：31-37.
③ 胡燕. 雅安藏茶不影响睡眠与咖啡碱含量的关系研究[J]. 食品工业科技，2016，37（22）：131-136.
④ 胡燕. 雅安藏茶的主要活性成分及保健功能研究进展[J]. 食品工业科技，2019（5）：316-321.
⑤ 袁野，章斌，姚永秀，等. 雅安藏茶调脂保肝及抗氧化作用研究[J]. 扬州大学学报（农业与生命科学版），2017，38（1）：40-44.

合中老年人以及亚健康人群饮用。

此外，雅安不仅是茶马古道上的重要驿站，也是南方丝绸之路上的重要门户。雅安市地处青藏高原向成都平原的过渡地带，是沟通成都平原和西藏、云南地区的桥梁，无数文化在此处碰撞交流、融汇成百花齐放的盛大局面。雅安市共有18个民族乡，生活着侗族、纳西族、壮族等39个少数民族，又因不同民族有着不同的生活方式和文化习俗，所以雅安市的民俗旅游资源格外丰富，汉文化、藏文化、彝文化和纳西文化等都可以在雅安得以窥见。而且雅安市本身也因"三雅"文化出名，雅雨、雅女、雅鱼共同构成了雅安市独特的旅游吸引力，使其成为老少皆宜的旅游城市。

11.3 雅安市康养旅游发展劣势

11.3.1 地处西部地区，交通状况限制

虽然雅安市发展康养旅游业的生态及人文旅游资源优势十分显著，但因其在地理位置上处于我国整体社会经济状况较为落后的西部，城市本身发展相对于东南沿海发达地区还是存在一定差距，对城市旅游业的发展也有一定制约。此外，雅安虽是沟通川藏、川滇地区的重要桥梁，但其实整体交通网并不太发达。雅安市内无机场，距离最近的双流国际机场约135千米，需要90分钟车程；穿城而过的主要公路干线仅有三条，且支线较少，城际交通网络布局稀疏；铁路动力更是不足，成雅铁路作为接入雅安市的第一条铁路，2018年12月底才通车。并且，雅安市地形崎岖，多盘山公路，路途海拔变化也较大，对于驾车安全以及乘车舒适度都有一定影响，某种程度上也限制了雅安康养旅游业的发展。

11.3.2 缺乏基础建设，卫生质量堪忧

近年来，随着西部大开发的推进，虽然雅安市的基础设施在不断完善、更新，但是仍然不能满足康养旅游业的发展和康养游客的旅行需求。雅安市的知名景点多在山区，适合发展康养业的环境也多在乡村地区，

而这些地方的基础设施建设情况整体较差，如蒙顶山景区周围酒店较少，入住困难；碧峰峡景区周围的生活设施虽较完善，但因地处山区，有时会出现停电、停水以及信号差等情况，造成人们生活上的不便；古镇类景区的农家乐非常多，生活便利，可居住环境的卫生情况却令人担忧，厨房、厕所、浴室等简陋破败、充满污渍，容易让康养游客的旅游体验大打折扣，使其打消在此常住或第二次再来旅游的念头，从而影响雅安市整个康养旅游业的口碑、收入及发展。此外，雅安市针对康养旅游特殊性的基础设施较少，如旅游景区内专业的医疗服务点、保健休闲区等还比较稀缺，整个康养旅游业的发展缺少基础设施保障。

11.4 雅安市康养旅游发展机遇

11.4.1 国家政策扶持，产业前景乐观

2013年以来，国家先后颁布了《关于加快发展养老服务业的若干意见》《关于促进健康服务业发展的若干意见》《关于支持健康养生产业发展若干政策措施的意见》和《关于促进旅游业改革发展的若干意见》等指导性文件，通过上层理论来指导康养业和旅游业的基础实践发展的同时，也为康养旅游产业发展创造了良好的政策环境，提供了优渥的政策福利。

雅安市本身旅游业发展情况较好，城市旅游知名度较高，早在2006年雅安市就获得了"全国优秀旅游城市"的荣称；2013年芦山地震后又被国务院批复建立了"雅安生态文化旅游融合发展试验区"并取得成功；2016年又成为第一批国家级医养结合试点城市。随着这些政策的颁布和我国经济转型、升级，旅游业在雅安市经济社会中发挥的作用也越来越明显，逐渐成为雅安市的经济支柱性产业。而国家对于康养旅游业的大力支持以及雅安市政府对旅游业的重视，都为雅安发展康养旅游业奠定了良好的基础。

11.4.2 老龄人口激增，康养市场巨大

国民健康状况是一个国家社会经济发展的重要目标。随着我国城市

化进程提速、现代城市生活节奏加快，我国国民健康问题出现高发态势。一项调查数据表明，亚健康人群在我国人口中占比超过70%；大城市人群中亚健康人群比例高达80%，中老年群体患有三高、癌症等重度疾病的比例远远高于世界平均水平。①我国在1999年就正式宣布进入老龄化社会，截至2014年，我国60岁及以上的老年人口总数达2.12亿人，占总人口的比重高达15.5%，已经成为世界上老年人口总量最多的国家。我国老年人口不仅数量大、比重高，其老龄化发展速度也明显快于世界其他地区。而随着老年人口总量特别是高龄、失能半失能和患慢性病老年人口的不断增加，老年人健康养老问题也日益突出。雅安市发展康养旅游业不仅顺应了"健康老龄化"的刚性需求，潜力巨大、市场广阔，同时也适应了亚健康人群追求"健康养生"的新兴观念；不仅有利于民生福祉，也有利于满足整体社会经济发展的需要。

11.5 雅安市康养旅游发展威胁

11.5.1 缺少规划设计，周边竞争激烈

目前，雅安市对康养旅游业发展的规划还处于初级阶段，没有出台规范的行业标准来对康养旅游业的涵盖内容、包括范围、未来方向等进行约束与阐释，也没有开展相应的市场监管活动。在硬件环境方面，雅安市政府既没有建设专门的康养旅游景区，也没有打造专门的康养旅游项目；在软件环境上面，雅安市政府对于康养旅游业不仅宣传不够到位，也没有挖掘雅安市独有的康养文化和旅游文化，更没有开发出具有地区特色的康养旅游产品。雅安市政府对康养旅游业的整体发展没有发挥出应有的引领作用，导致许多旅游企业开发、参与康养旅游项目的热情程度不高。

并且，四川省作为旅游大省，旅游资源十分丰富，除雅安市外，西昌市、攀枝花市等地区的旅游业发展程度都比较高，其中攀枝花市更是发展阳光康养产业的探路者和先行者，这些激烈的竞争使雅安市在发展

---

① 程臻宇. 区域康养产业内涵、形成要素及发展模式[J]. 山东社会科学，2018（12）：141-145.

康养旅游业方面拥有广阔机遇的同时，也面临着巨大的威胁。

11.5.2 专业人才稀缺，服务质量不高

康养旅游业的开发不仅需要普通旅游服务行业中的一般性常规人才，如景区保安、售票员、清洁人员、旅游管理者等；同时也需要具有康养、医疗知识的专业性复合型人才，如医护人员、康复保健人员、营养膳食师、康养咨询师等。从目前的情况看来，雅安市康养旅游业的从业者与经营者多是农民、工人与受教育程度较低者，素质普遍较低，没有储备良好的康养旅游知识和旅游服务知识，整体服务水平较低。这些从业人员无证上岗的现象比比皆是，如：食品行业工作者经常出现缺少健康证的情况，许多小饭店、小旅馆也没有合格的卫生证与经营执照；服务人员在上岗之前也没有经过严格的培训与考核，通常是简单的口头培训与操作展示之后便立即投身岗位工作了。这就使雅安市康养旅游整体服务质量较差，城市旅游形象也受到了一定影响。而造成雅安市康养旅游服务质量低的另一个重要原因是雅安市康养旅游游客与从业人员之间的比例严重失衡，游客太多，服务人员太少，供需不平衡严重影响了游客的旅游体验与服务满意程度。此外，雅安市内的职业技术学校与高等院校开设康养旅游相关专业的较少，培养的旅游业人才通常也是基础性的酒店服务、旅游服务人才，针对康养旅游特殊性的"康养+旅游"复合型高级人才仍然不足。

11.6 雅安市康养旅游发展策略

11.6.1 整合各类旅游资源，创造新型康养模式

雅安市旅游资源十分丰富，无论是自然界存在的生态旅游资源，或是社会环境中形成的人文旅游资源，都是雅安市发展康养旅游业的巨大优势。而如何依托这些旅游资源更好地发展康养旅游业、创造更多的社会经济效益，可以从以下三个方面发力：

（1）充分发挥地理环境优势，开发多条精品康养线路。雅安市复杂

的地形地貌使其拥有了丰富的生态景观，如森林景观有龙苍沟国家森林公园、周公山国家森林公园等，雪山景观有夹金山、牛背山等，峡谷景观有东拉山大峡谷等。康养旅游企业可以充分利用这些生态景观资源，根据不同游客需求制定不同目的的旅游线路。比如：针对追求生活高品质的年轻人群体可以开发价格较高、行程以健康享乐为主的康养旅游线路，如蒙顶山摘茶之旅、周公山温泉之行等；针对年纪较大的中老年人应该制定价格偏低、平稳安逸、旅行周期长的旅游线路，如古镇农家乐夏季避暑游、冬季森林避霾活动等；针对缺乏锻炼的上班族和亚健康人群则应选择活动量大、游客参与程度高的旅游线路，如徒步露营登山行、森林模拟枪战游等。康养旅游企业和康养旅游线路策划师一定要审时度势，充分了解康养市场需求，进行市场细分，吸引并留住更多游客，以在竞争激烈的康养旅游市场上保持自己的核心竞争力。

（2）依托多种社会文化资源，交融其他产业共同发展。雅安市被誉为"民族走廊"，境内藏、彝等39个少数民族聚居或散居在全市8县(区)。不同的民族蕴含了不同的生活习俗及思想文化，其中，宝兴硗碛嘉绒藏族和石棉木雅尔苏藏族的文化，石棉、汉源等地的彝族文化等历史悠久、绚烂瑰丽。截至2018年4月，雅安市共有3个国家级非物质文化遗产，18个省级非物质文化遗产，硗碛多声部民歌、石棉环山鸡节等民族传统文化都榜上有名。多民族文化交融就使汉族的康养游客可以到雅安市的藏家做客饮一杯酥油茶温暖身体，或是去雅安市的彝家做客跳一场篝火舞洋溢身心，体验不一样的风土人情；而少数民族的康养游客也可以到雅安市的中心城区了解同样迷人美丽的汉族文化，感受高楼大厦之间的善良真诚与现代魅力。并且，雅安市独有的"三雅"文化更是吸引外地康养游客来雅安旅游的突破口。在烟雨蒙蒙的"雅雨"间，看婀娜多姿的"雅女"摘茶，再一品鲜嫩可口的"雅鱼"，空气清新，景色宜人，饮食生态，是雅安市发展康养旅游业的绝佳资源。雅安市政府不仅可以对这些社会文化资源进行大力宣传、吸引游客，也可以用这些资源联动其他产业发展，比如：第一产业可以发展以农家乐形式为主的乡镇康养旅游、果园采摘类型的庄园康养旅游等；第二产业可以构建专门化的康养产业区、康养设备生产带等；第三产业可以打造食宿行完善的康养休闲园区与康养性质明确的旅游景点等，使雅安市康养旅游业发展的同时，也能推动整个雅安市经济社会的建设和发展。

（3）联合四川其他旅游景区，打造新型候鸟康养模式。雅安市是四川省多条旅游线路交汇重合的黄金节点，东可前往乐山、成都，西可进入甘孜、阿坝，南可到达凉山、云南。雅安市政府在发展康养旅游业时应充分把握这种地缘优势，与其他景区建立相互协作关系，拓展更多的省内旅游线路，使雅安市的"中转驿站"作用发挥得更加明显；而雅安市的康养旅游企业也可以在规划旅游路线时增加在雅安停留的时间和比例，让游客能够更加真实地感受到雅安市的魅力，帮助进行口碑宣传和提升整体游客回头率。此外，由于雅安市冬季气温较低、光照较少，有时不利于康养旅游的进行，所以雅安市可考虑与四川省内冬季温度较高、光照充足的城市进行合作，如西昌、攀枝花等，与其共同打造新型"候鸟型"康养度假模式。夏秋季节让游客在凉爽的雅安品蒙顶山茶解暑热，冬春季节带游客去温暖的西昌、攀枝花晒太阳避雾霾，实现城市间的资源共享，促进共同发展。

11.6.2 加强基础设施建设，形成良好的康养环境

雅安市康养旅游业的发展离不开整个城市基础设施的建设与经济社会的发展，研究表明，基础设施与产业经济产出同步增长，当基础设施存量增长1%，GDP就会增长1%。[①]雅安市要想发展康养旅游业，首先要拥有完善的基础性设施和具有康养专业性的配套设施。

（1）雅安市政府应该加强对康养旅游硬环境的建设。首先，政府应加大对交通建设投入的比例，完善公路网络、发展多条铁路、争取建设机场，努力建成铁陆空三线合一的立体、高效、便捷式交通网，以方便康养游客出行、提高消费吸引力、扩大雅安市康养旅游服务的辐射范围；其次，政府应努力完善康养旅游景点周围的生活配套设施，主要是水电、通信、住宿、餐饮、购物等，保障山区信号良好，加大对乡村食宿环境卫生质量的监管，以提升雅安市康养旅游业整体的服务水平与服务质量，从而提高游客满意度。

（2）雅安市政府也应该加强对康养旅游软环境的建设。首先，雅安

---

① 宫梅. 北京市基础设施投资与经济增长关系研究[D]. 北京交通大学，2012.

市政府应该对国家出台的康养旅游相关指导性文件进行学习，然后结合雅安市具体环境来讨论相应举措，并且完善相应法律法规与监管体制，为康养旅游业的发展提供良好的政策环境与诱人的政策优惠，以刺激康养旅游企业的积极性，保障康养旅游市场的良性发展；其次，雅安市政府应加强对本地"三雅"文化和"生态旅游""康养旅游"的宣传，让所有雅安市民都能了解本地特色文化资源与旅游特征，拥有身为雅安市民的自豪感，成为推动雅安市康养旅游业发展的群众力量；最后，雅安市政府要强化康养旅游景点工作人员以游客为中心的意识，并对其进行专业康养、医疗知识的培训，让年龄较大或者身体不便的康养游客在雅安旅游时也能得到妥善的照顾，以保证游客安全，树立良好城市形象。

11.6.3　大力培养康养人才，提高康养服务质量

康养旅游的发展、创新与品牌塑造，人才是关键。雅安市的康养旅游业若想长远发展，就需要政府和企业共同努力，不断寻找和培养康养旅游专业人才。

（1）雅安市政府可以加深对康养旅游服务单位服务意识的强化和教育，并定期对各单位服务质量及游客满意度进行抽查，对不合格的单位加大培训力度直至考核通过才允许继续营业，对合格并且表现优良的单位给予奖项和荣誉以及一定的优惠政策，用宏观方式影响微观发展，推动整个康养旅游业在竞争中稳步前行。此外，雅安市政府也可以创新人才的培养方式与模式，形成一般型、专业型、管理型、科研型、创新型等职能分工明确的人才队伍，并且创新现有人才引进与激励机制，主要以市场需求优胜劣汰，必要时给予部分政策优惠，留住当下雅安市已有杰出人才的同时也吸引外地优秀人才进入雅安市工作，使雅安市康养旅游业发展的人才后盾不断拓宽。

（2）雅安市康养旅游企业也可以定期对工作人员进行康养或旅游的知识教育、技能培训，并进行考核和奖惩，用员工实际效益提升其工作和学习积极性，以此提高企业整体服务水平和质量，推动雅安市康养旅游业整体发展；各企业之间还可以相互学习，普通服务单位向优秀服务单位学习，了解别人的成功所在，弥补自身不足与缺陷；同时，对于中

高级管理层，企业还可以邀请康养旅游专业的大学教授或行业精英到公司开设讲座、论坛，提升管理层的专业素养，使其在策划、决策时更具有前瞻性和目的性，有利于公司与行业发展；此外，各企业也应完善人才招聘制度和计划，适当抬高入行门槛，从源头出发，打造高效的康养人才团队。

11.6.4 挖掘独特的康养内涵，开发配套产品体系

旅游目的地吸引力大小与竞争力强弱在很大程度上取决于旅游目的地是否有良好的形象。[①]雅安市发展康养旅游业应着重发挥其自然生态资源与社会人文资源优势，全方面塑造"生态和谐，自然共处"的良好康养旅游城市形象。

（1）在自然生态资源方面，雅安市可以用来打造独特康养旅游景点的突破口有两个：蒙顶山与碧峰峡。蒙顶山，又叫蒙山，因"雨雾蒙沫"而得名，是世界茶文化圣山。"扬子江心水，蒙山顶上茶"，赞扬的便是蒙山上产生的茶叶。截至2014年年底，蒙顶山所在的雅安市名山区拥有茶园面积33.2万亩（221.33平方千米），茶叶产量产值、茶苗繁育等指标均名列全国前茅，茶叶综合产值40多亿元。雅安市可利用蒙顶山茶现有名气以茶旅的形式来发展康养旅游业。"茶旅"是建立在茶叶的基础上的，以茶叶为最大的卖点，依托丰富的茶产区资源，参与其中的人们可以开展一系列活动，如游茶园、做茶、品茶等。[②]雅安市可大力打造蒙顶山风景区，将茶园中的产品线多样化，不仅做茶、卖茶，也推出其他文化型、技艺型的周边产品，让康养游客沉浸于蒙顶山绿茶与茶文化的世界，而康养游客们在蒙顶山进行消费时，也能助推雅安市茶业与工业的发展。碧峰峡野生动物园位于雅安市碧峰峡风景区内，由猛兽车行观赏区和温驯动物步行观光区组成，放养各类野生动物400多种，有国家一级保护动物30多种，二级保护动物50多种，极品珍稀动物4种。雅安市可利用碧峰峡野生动物园全方位体现"人与动物和谐相处"的生态、

---

① 赖启航. 攀枝花康养旅游产业集群发展初探[J]. 攀枝花学院学报, 2016, 33（6）: 6-9.
② 锋琳. "一带一路"战略背景下雅安茶旅融合发展路径研究[J]. 福建茶叶, 2018, 40（8）: 127.

休闲、绿色、天然的康养旅游理念，使雅安市"生态""绿色"的城市形象更加丰厚饱满。

（2）在社会人文资源方面，雅安市发展康养旅游业可挖掘的内涵更加丰富。除了刚刚提到的独特的茶文化，雅安市最出名的可能就是"大熊猫"。雅安是世界上第一只大熊猫的科学发现地、命名地和模式标本产地；雅安还拥有全球面积最大、生态环境最好的大熊猫繁育基地——碧峰峡大熊猫基地。作为我国"国礼"的大熊猫大部分是从雅安输出的。熊猫可谓是雅安市发展康养旅游业最具吸引力的亮点，雅安市可通过熊猫"国宝"的重要地位，突出整个城市生态环境的友好，以"熊猫城"的形象吸引大批康养游客来与"国宝"共呼吸、同生存。同时，雅安市的"三雅"文化更是展现雅安独特康养内涵的重点。雅雨、雅女、雅鱼，融会贯通、交相辉映，无一不体现着雅安这座城市"和谐""生态"的形象特点。雅安市可利用"三雅"文化，开发具有雅安地方特色的农产品、食品、手工制品等康养旅游产品，完善雅安市的康养产品体系。此外，雅安市特殊的少数民族文化和城市历史文化也是不可多得的，雅安市可大力挖掘这些文化内涵，将其融入康养休闲园区构建、城市康养品牌宣传以及康养产品开发等之中。比如：雅安市可利用少数民族的传统文化，开发民族餐饮、服饰的周边旅游产品；利用少数民族的长寿村、长寿乡，挖掘少数民族的医药文化，传播民族的养生文化，推出具有医疗、保健功能的康养旅游产品。此外，雅安市内的红军文化、非遗文化等资源，都可作为雅安市政府与企业发展康养旅游业的重要突破口。在园区构建和配套产品体系开发中加入人文内涵，全方位、高水平打造"生态和谐，自然共处"的康养雅安。

随着我国老龄化进程加快、亚健康人群增多以及人们物质条件的改善，我国的康养旅游业正在并将长期处于快速且繁荣发展的阶段。雅安市在发展康养旅游业的过程中，应充分利用自己的生态以及人文旅游资源优势，把握当下良好的政策环境，在康养旅游市场上以需求作为导向，并根据不同区域的地理环境、发展定位等采用不同的康养旅游模式和格局。雅安市政府和企业不能一味地模仿和复制别人的发展路径，要自己去挖掘、发现自身独有的康养内涵，如茶文化、熊猫文化、三雅文化和少数民族文化等。同时，要将这些文化内涵融入康养园区与康养产品的开发之中，使雅安市的康养产业从根本上区别于其他地方，从而对康养游客产生独特的吸引力。此外，雅安市发展康养旅游业不能仅仅关注经济社会发展的客观方面，如旅游业收入等，更应将康养游客本身的满意度和幸福感作为重要的发展指标，坚持以游客为中心的服务意识，以科技和人才作为支撑来不断完善自身服务体系，以人为本，以提高雅安市整体的康养旅游服务水平，打造雅安市"生态和谐，自然共处"的康养品牌，推动雅安市城市建设与经济转型。

第4篇 热点篇

12 康养旅游之小镇开发

随着康养产业的不断发展、特色小镇的不断创新以及人们对于个性化、多元化康养的追求，近年来衍生出一种新型康养产业模式——康养小镇。康养小镇集聚医疗美容康养、森林康养、温泉康养等热门的康养活动于一体，为康养需求者提供完善的配套设施以及系统的康养服务。作为一种新兴产业，国内康养小镇起步较晚，但却追求高速发展，因而小镇建设存在大而空、广而杂的问题，且国内针对康养小镇这一类课题的具体研究相对较少。为了对国内康养小镇事业的研究发展起到推动作用，可以从内涵、背景、现状、问题、对策五方面对康养小镇产业做出阐述和解释，以便为康养小镇的成长发展建言献策。

12.1 康养小镇概述

12.1.1 康养小镇的内涵

康养涵盖广泛的范畴，是一个包容性的概念。从学术界角度看，康养为健康和养生的集合，重点在于生命养护，用健康和养生的概念来解读；从产业界角度看，康养则倾向于大健康，重点把养解读为养老，认为康养是健康和养老的统称；从行为学角度看，康养被视为一种行为活动，是维持身心健康状况的集合，康是目的，养是手段；从生命学角度看，康养则涵盖了生命的三个维度：一长度，二丰度，三自由度。因此，结合康养的不同维度去理解康养行为十分多样，既可以是长期性、连续性的疗养、运动等项目，又可以是短暂性、针对性的医疗、美容等活动。

综合各学者的定义可总结出，康养小镇的含义为具备优质的生态环境，以"康养"为出发点和归宿点，融合健康、养老、旅游、疗养等多元化功能，而形成的以"健康"为核心的功能一体化特色小镇。[①]具体可以从以下几个方面来理解康养小镇的含义：

首先，康养小镇是康养产业同生活、生产的结合体。养老、养生、养病活动是存在于日常生产、生活环境中，是一种个性化、品质化、定制化的商品和服务。

其次，康养小镇是康养产业同文化、旅游的结合体。其以旅居的方式展现，以旅游的形式实现导流。融入小镇所在地的文化，形成独具特色的康养文化。

最后，康养小镇是康养产业同生态环境的结合体。乡村、田园、森林、湖泊和海滩等其他生态环境是其赖以生存发展的环境。以生态为基，以自然为石，形成同自然环境有机结合的共同体。

12.1.2　康养小镇的特点

（1）生态环境良好。

康养产业是在自然资源的基础条件下发展起来的，因此开发康养小镇项目的地区，必须具备良好的气候环境和生态资源。生态康养的"六度理论"明确从湿度、高度、温度、洁静度、优产度、绿化度对康养的生态环境提出了较高的要求。由此，康养小镇则在此要求下，依托良好的气候及生态资源，构建了阳光运动养生、乡村田园养生、温泉疗养养生、森林体验养生等产业。

（2）产业特色鲜明。

康养小镇产业自然是以康养为主体，并以其为核心产业开发建设配套的度假旅游产业、医疗康复产业、体育运动产业、康养食品产业、养老产业等，提供相关产品和服务，拓展和延伸产业链。如健身康养小镇是以提供运动设施和健身活动的产品和服务为主，从而满足消费者有关健身康养产品和体验的需要。

（3）地域特色。

康养小镇以当地城镇为基础，以所有资源为依托，凭借其自身独特的资源文化及民族特色，开发出契合自身的康养主题。如湘西红枫谷康

---

① 黄佩芝. 康养小镇开发模式初探[J]. 当代旅游（下旬刊），2018（4）：179+254.

养小镇依托土家族、苗族民俗文化特色将自身定位为"民族+健康"。

（4）功能明确。

康养小镇有异于一般的特色小镇，其更加强调对康养旅游者的功能性作用。以疗养小镇为例，其往往依托所在地的空气、植被、水质等自然资源，配备先进的医疗设备和专业护理人员，发展康复、养身、养神等康体养生产品及服务，推动康养小镇同疗养产业的深度融合发展，发挥疗养产业的针对性功能。[①]

（5）基础设施健全。

首先，为了吸引外地游客，康养小镇建设了完善的交通、住宿、餐饮等设施设备。其次，为了进一步实现疗养、康养的功能，需要医疗与休闲等相关硬件设施的支撑，因此建设了一系列相关的医疗健康设施及休闲娱乐设施。

（6）规模较大。

首先，康养小镇需要配备完善的配套设施，要将医学疗养、运动休闲、度假游览、文化学习、康养饮食等产业形态聚集起来。其次，为了建设更加安静舒适的空间，要有意缩小康养小镇的承载密度，因此康养小镇项目所需的区域面积通常较大，资金需求也相对较高。

12.1.3　康养小镇的功能

（1）康养功能。

作为康养小镇的基础功能，康养小镇以"养"为关键性要素，要完成从表及里，从物质到精神的全方位、各层面的康养，从而达到生命丰度的充盈。首先，自然资源作为康养旅游特色小镇建设的基础，通过优质的空气质量、水体、气候条件以及绿色植物等客观要素，对康养旅游者的身体健康起到积极作用。其次，康养旅游小镇拥有的医疗技术设备，包括结合自然条件的中医医疗技术及娱乐休闲等设施设备，通过人为方式客观上解决了康养旅游者的健康问题。最后，康养旅游具有社交属性。康养旅游者既可以通过与亲友结伴而行，满足彼此之间的情感交流需要，

---

① 丛大鹏，高岩. 游客满意度视角下康养旅游小镇模式分析[J]. 卷宗，2018（16）：261-262.

又可以通过广泛的康养社交活动促进陌生人之间的交流，满足康养旅游者社会交往的需求。[①]

（2）经济功能。

作为康养小镇开发的根本性目的，其经济功能主要表现在两个方面：一方面，康养小镇作为一个产业综合体，既依赖于一系列相关产业，同时也是产业综合体有效发挥作用的载体。其通过集农业、制造业、服务业三大产业于一体，向康养旅游者提供各类康养产品和服务，满足消费者的康养需求，从而从消费者方获得相应的经济报酬。另一方面，除了产业开发带来的直接经济利益，康养小镇的产业发展还能间接地带动当地劳动力市场的成长，为当地创造更多的就业机会，充分利用农村剩余劳动力，解决劳动力过剩的问题。

（3）文化功能。

康养小镇的文化功能既体现在小镇自身的建设上，又作用于康养旅游者情感的发展上。首先，针对康养小镇。在资源高效配置、城市均衡发展的基础上，文化+康养产业小镇成为康养城镇建设至关重要的环节。康养小镇的文化资源赋予小镇深厚的文化底蕴，有助于康养小镇的品牌建设。其次，针对康养旅游者。文化产业与康养产业有机融合，形成资源共享、短板互补的发展格局，通过传播现代的"演艺文化""创意设计文化""运动健身文化"等新兴文化的同时，传承中国的"家文化""天人合一文化"等传统文化，使游客在体验浓厚的文化氛围的同时，获得情操的陶冶、身性的修养。

12.2　康养小镇发展脉络

12.2.1　兴起原因

（1）政策支持。

作为新兴产业，康养小镇的开发具有未知性和风险性。此时，政府的政策支持起着前提保障作用。因此，政府围绕康养产业的各个方面制

[①] 何莘. 基于需求导向的康养旅游特色小镇建设研究[J]. 北京联合大学学报（人文社会科学版），2017（2）：41-47.

定公布了相关的方针政策。

其一,《国家康养旅游示范基地标准》。标准明确了康养旅游、康养旅游核心区、康养旅游依托区的定义,规定了康养旅游示范基地建设的必备条件,同时在环境、经济、设施、产业、服务等各方面做出详细的要求,为康养基地建设提供发展方向及统一标准。①

其二,《中国生态文化发展纲要(2016—2020 年)》。规划着力于推广和打造统一规范的国家生态文明试验示范区,创建 1 000 个全国生态文化村,20 个全国生态文化示范基地。依托传统文化与现代文化、自然条件与人文设施、本土特色与外来经验的有机融合,打造独特的生态文化城镇。②

其三,《"健康中国 2030"规划纲要》。纲要以"共建共享、全民健康"为建设健康中国的战略主题,普及健康知识、优化健康服务、建设健康环境、发展健康产业等,推动健康与旅游休闲、养老、医学疗养等业态融合,建设个性化康养项目。③

其四,《关于开发性金融支持特色小(城)镇建设促进脱贫攻坚的意见》。意见分别从小镇、政府和企业三个主体考虑,提出小镇建设要在政府的引导作用下充分利用社会企业资金因地制宜地开发特色小镇。同时,在建设过程中注意协同发展,通过特色小镇的建设完成脱贫攻坚任务。④

(2)市场需求。

首先,康养的特殊功能决定了老年群体及亚健康群体是康养产业的主要受众。据《2018 年中国人口老龄化现状分析》,2017 年中国 60 周岁及以上人口有 2.409 亿,占总人口的 17.3%,其中 65 周岁及以上有 1.58 亿人,占总人数的 11.4%。⑤并且我国的老年人口每年还以 3%的速度增加,预计到 21 世纪中期我国老龄人口将达到 4 亿。老龄化一方面是个难题,另一方面也是一个庞大的商机。中国老年产业的经济规模到 2030

---

① 国家旅游局. 国家康养旅游示范基地标准[S]. 国家旅游局,2016-01-05.
② 国家林业局. 中国生态文化发展纲要(2016—2020 年)[Z]. 2016-04-07.
③ 国务院. "健康中国 2030"规划纲要[Z]. 2016-05-20.
④ 国家发展和改革委员会. 关于开发性金融支持特色小(城)镇建设促进脱贫攻坚的意见[Z]. 2017-02-12.
⑤ 中国产业信息网. 2018 年中国人口老龄化现状分析、老龄化带来的问题及应对措施[EB/OL]. (2018-05-04)[2019-06-19]. http://www.chyxx.com/industry/201805/637022.html.

年可达到 22 万亿元，其中老年康养产业经济规模约 20 万亿元。除此之外，亚健康群体在中国也占据着较大比重，据《中国亚健康人群分布数据统计分析》显示，中国近七成的人存在亚健康问题，且"70 后""80 后"成为重大疾病的主要群体。①亚健康问题的日趋普遍化以及亚健康人群年龄层次的年轻化，决定了亚健康问题的预防和解决迫在眉睫。

其次，在全民旅游时代，观光式游览旅游所带来的感官享受已经不能满足游客的多方面需求，同时，走马观花式的旅游增加了旅行过程的疲惫感。因此，为了实现养身、养心、养性旅游，康养小镇应运而生，受到当代旅游者的广泛追求和热烈追捧。

（3）康养氛围。

首先，受上层建筑的政策推动、市场需求的强烈刺激，康养特色小镇开发建设工作在全国范围内积极开展。各地区政府通过主动开展、系统开发、统筹规划、全面投资全国 1 000 个特色小（城）镇。

其次，率先开发健康旅游产业的地区凭借其长期积累的经验教训以及探索过程中形成的独有的特色总结出了适合自身发展的康养模式，并以此为其他类似地区提供指导帮助。例如：海南康养基地依靠气候环境，开发了避寒度假康养小镇模式；江苏康养基地凭借示范性的中药科技园，发展了医疗康养小镇模式；长三角区域利用完善的服务体系，形成了养生综合型的康养小镇模式。②

（4）基层建设需求。

待开发的康养小镇基本都存在着自然、人文资源丰富、产业基础薄弱、农业占据主导、基础设施不健全的特点。尽管其具备优质宜人的自然环境资源，为小镇的开发提供了可能性，但是未经转化利用的自然资源无法发挥其独特的经济价值，甚至对当地的现代化发展起到阻碍作用。因此，为了带动贫困地区的发展以及改善落后乡镇的基础设施条件，康养小镇有建设的必要性。

---

① 中国产业信息网. 2017 年中国人口老龄化占比、亚健康人群分布、居民人均消费支出及健康管理融资数量统计分析[EB/OL]. （2018-04-16）[2019-06-19]. http://www.chyxx.com/industry/201804/630763.html.
② 国际医养产业服务平台. 特色小镇热潮下康养小镇的六大开发类型[EB/OL]. （2017-04-08）[2019-06-19]. http://www.ylky-gov.cn/nd.jsp?id=135.

12.2.2 发展历程

（1）萌芽阶段——康养旅游胜地形成。

随着生活水平的提高，老龄化问题以及亚健康问题越来越严重，人们对于旅游的追求慢慢倾向于康养的目的，不再是单一的观光游览。此时，出现了一系列的带有康养色彩的旅游景区。都江堰青城山是较早一批带有康养色彩的旅游景区。在养身方面，其自身的山体资源、森林植被、新鲜空气，为游客提供了优质的运动条件；在养心方面，都江堰青城山作为道教圣地，是我国道教十大洞天的第五洞天，道教养生文化源远流长，为游客身心的平衡提供帮助。①

总的来看，萌芽阶段的康养，是与现有的景区、旅游目的地相结合的产物，是将康养元素融入其中，形成康养旅游胜地，并最终使游客在游览的过程中获得康养的满足。这是康养小镇规模化发展的前提。

（2）发展阶段——康养小镇规范化。

进入 21 世纪，人们愈加追求生理、心理健康，游览式康养难以满足康养旅游者的需求，旅居式康养日趋大放异彩，成为休闲生活主流。各方主体也集中力量，投资建设康养小镇。例如，中央政府出台了《"健康中国 2030"规划纲要》、中央一号文件以及各级政府工作报告等一系列国家书面文件，明确提出发展康养基地、养老项目的要求，为康养小镇在新时期、新形势下的开发建设指明方向。同时，各类相关产业投入资金、技术、人力、物资支持康养小镇的兴办和建设，并为其后续运营提供保障，完善统筹管理流程，推动康养产业链的高效整合，从而使康养小镇规范化、专业化地持续发展。打造如湖南灰场温泉小镇、攀枝花红格康养小镇、江苏泰州医药小镇等完善的健身康养综合体。康养小镇的规范化只是小镇发展阶段的初步要求，但同时也是康养小镇发展的必要前提，没有规范化的建设，难以为康养小镇的建设引资引流，难以形成康养小镇的独有品牌以及实现后续的创新开发。

---

① 李巧. 关于青城山镇建设康养特色小镇的思考与建议[J]. 商业经济，2018（8）：46-49.

12.2.3 发展趋势

（1）康养+旅游+地产模式发展，旅居式康养形式逐渐完善。

康养小镇作为疗养和旅游的综合体，既发挥了治病、疗疾的功能，也起到了养心、养生的作用。现代人需要远离熟悉的圈子，换个陌生的环境；远离喧闹的城市，移居到安静的城镇，进行自我疗养。旅居式康养则在此基础上应运而生。旅居式康养是"候鸟式康养"和"度假式康养"的融合体，与普通的旅游不同，旅居式康养是一个涵盖多类元素的复杂系统，是在旅游资源的背景下，在小镇地产的基础上进行的一系列康养活动。新时代下的旅居式康养所涵盖的整个产业体系内的各种商品和服务协同强度更高，综合服务更加完善。

（2）特色康养小镇主题得以开发。

摒弃商业一条街、小吃一条街的康养小镇建设模式，未来的康养小镇主题是在充分挖掘当地文化内涵以及所有资源的前提下，结合独特的文化特色以及独有的自然资源，摸索出来的多样性、独特性的主题。同时，还应是顺应时代发展潮流、借鉴国外先进小镇案例，开发出来的创新性主题。

（3）产业联动效应明显。

康养小镇以所在区域为基地将医疗产业、养老产业、旅游产业、房地产等多业态集合起来，形成一个新兴的健康旅游综合体，等同于目前城市中心的商业综合体。即当核心的康养产品出售时，带动相关附属康养产品得以销售，实现旅游导流带动消费，推动区域产业转型升级。同时，围绕康养产品形成一条完整的产业链和生态链，实现从康养产品的生产、加工到销售各个环节的相互联系、协同发展。

（4）市场供给同市场需求相匹配。

新形势下的康养小镇适时建设，经过完整、深入的项目规划、项目调查、项目试验以及项目评估后投入实施。综合考虑康养小镇的受众范围、受众需求、受众年龄层次、受众消费水平等情况，准确结合市场需求提供相应的康养产品，减少资源浪费现象。

12.3 康养小镇发展现状

12.3.1 市场规模

（1）用地规模。

康养特色小镇项目是对康养产业的集合，康养产业不仅是涵盖诸多业态的产业链，更是涉及面广的生态链，它有利于盘活土地资源，促进土地开发产业化，保障产业链的延伸与完善。一般而言，项目对土地资源的需求可大可小，1～5 km² 的土地利用规模是康养特色小镇项目比较热门的土地面积需求，如图 12-1 所示。

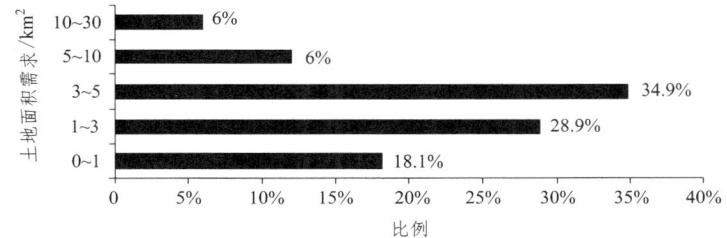

图 12-1　康养特色小镇的用地规模需求

资料来源：中国地标城策院，http://www.tipall.cn/a/dibiaoxinwen/dibiaoguandian/2018/0529/126.html，2018-05-29.

（2）投资强度。

综合投资在 20 亿～80 亿元的占据一半，平均投资强度为每平方米 5 亿～25 亿元。各地康养小镇项目投资规模一般较高，50% 左右在 20 亿～80 亿元，10% 左右在 120 亿元以上，如图 12-2 所示。

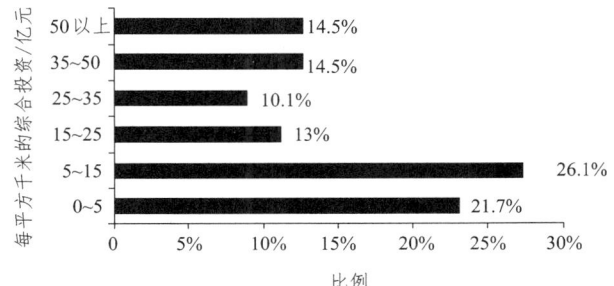

图 12-2　康养特色小镇的投资强度

资料来源：中国地标城策院，http://www.tipall.cn/a/dibiaoxinwen/dibiaoguandian/2018/0529/126.html，2018-05-29.

12.3.2 地区分布

（1）分布特征。

康养小镇总体分布相对集中，以东南沿海地区分布较多，东北、西北地区分布相对较少。超80%的项目依托景区，分布在4A级及以上景区或国家级城市群周边，城市群以珠江三角洲、长江三角洲、长江中游城市群分布最为明显。

（2）距离分布。

康养特色小镇项目的选址位置一般在距核心城市的80千米范围内（1小时车程内），占比高达96%，60%左右在40千米（30分钟车程）范围内，项目周边靠近高铁、高速、机场等交通枢纽，地理交通条件优越。[1]

12.3.3 发展模式

根据康养基地所依托的不同资源可将其分为：文化体验型、长寿资源型、中医药膳型、生态养生型、养老综合型、度假产业型、体育文化型、医学联合型八大类。体育文化型、生态养生型是目前康养特色小镇的主流开发类型，占比分别为37.6%、32.3%；其次是依托中医药产业或者医疗机构等发展的中医药膳型、医学联合型康养小镇，占比为16.1%[1]。具体内容如下：

（1）文化体验型。

文化体验型指深入探索康养小镇项目所在地独有的民族、风俗、宗教文化、历史传统，并融入现代生活生产之中。利用创意性的手段，打造有利于修养心性的精神康养产品，使游客既可以获得文化享受，又可以疗养身心。[2]

（2）长寿资源型。

长寿资源型指凭借当地长寿资源，大力宣扬发展长寿经济体系，形

---

[1] 中国地标城策院. 康养特色小镇全国发展状况独家解析[EB/OL].（2018-05-29）[2019-06-19]. https://www.tipall.cn/a/dibiaoxinwen/dibiaoguandian/2018/0529/126.html.

[2] 肖晓芳. 城乡生态资源分析与康养小镇规划管理[J]. 农家参谋，2018（10）：213.

成以饮食、环境、人文氛围等为基础的康养产品及活动，建立完善的健康养生养老体系。将天然长寿村打造成集健康餐饮、休闲娱乐、养生度假功能于一体的康养胜地。

（3）中医药膳型。

美食养生是康养活动中至关重要的一部分。可以以健康食品为核心，打造从生产、加工、销售到食用等各个环节的康养活动。发展绿色食品种植、农事体验、食品加工体验、绿色食品制作等活动。①

（4）生态养生型。

生态养生型指以原有的生态环境资源为根本，在休闲旅游胜地或者自然环境优越的地区发展休闲旅游、生态种植、健康养生等康养产业。打造阳光康养、温泉疗养、高山避暑养生、海岛避寒养生、田园体验养生等康养产品，完善生态康养小镇的产业链。②

（5）养老综合型。

养老综合型指为了满足当前广阔的老年群体需求，有必要利用各种各样的条件，如环境、医疗、文化、饮食等资源，发展旅居式养老、康复式疗养等养老产业，建设集养老服务、养老住宅、养老配套设施于一体的综合养老度假基地。③

（6）度假产业型。

度假产业型是一种以度假为引流点而带动康养产业发展的方式，在游客度假的过程中通过提供健康生活方式的指导以及完备的康养设施和服务，为人们的修身养性提供宁静、恬淡的空间与环境。④

（7）体育文化型。

体育文化型指充分利用当地的气候、山川、峡谷等自然资源，发展登山运动、冲浪运动、户外探险、极限挑战等康体运动。通过康养小镇针对性及规模化地发展，促进体育活动、赛事同养生、同大众有机地结合。⑤

---

① 韩树春. 以中医药文化为指导培育药膳康养小镇[N]. 特色小镇周刊，2017-04-18（A10）.
② 肖晓芳. 城乡生态资源分析与康养小镇规划管理[J]. 农家参谋，2018（10）：213.
③ 姜艳. 康养特色小镇建设发展分析[J]. 智库时代，2018（30）：25-26.
④ 肖晓芳. 城乡生态资源分析与康养小镇规划管理[J]. 农家参谋，2018（10）：213.
⑤ 史永，孙慧峰. 基于休闲视角下的体育小镇发展模式探析[J]. 曲靖师范学院学报，2018，37（3）：83-88.

（8）医学联合型。

医学联合型的康养产品是由医药学、营养学、心理学等理论知识及相应的药物康复、治疗手段组合而成，同时配合一定的休闲养生活动进行系统的康体医疗。[①]

12.4 康养小镇现实困境

12.4.1 特色不鲜明

随着物质生活水平的提高，人们的关注点不再仅仅是吃饱穿暖，而是吃好养好，对于健康养生的需求也随之飞跃提升。因此，康养产业迎来了重大的发展机遇。为了及时把握发展时机，各地争先恐后地建设康养小镇，片面追求建设速度，在项目定位、资源条件、文化基础、产业结构、市场需求等方面研究不深就进行开发工作；为了获得规模效应，盲目增加建设规模和数量，在市场需求不足的情况下增大供给；为了更容易获得回报，刻意效仿他人的成功案例，直接引用、移植不符合本地情况的康养主题。最终造成康养模式脱离地区根本，定位不准确，主题撞车现象多，同质化非常严重的问题。形似而神异，小镇发展没有文化基础支撑，没有康养灵魂贯穿，难以激起游客的体验欲望。

12.4.2 过度商业化

部分开发商为了追求经济效益，将康养小镇打造为商业街、小吃一条街。打着建设康养小镇的名义，大片土地被房地产商以招商引资的名义，进行圈地开发旅游产业，而实际上是以"别墅类"住宅的售卖为根本。通过康养的噱头炒热土地价格，进行土地销售获得经济回报，转而忽略小镇的康养功能，放弃对小镇康养项目的持续性建设运营。或者投入大量经济商品于小镇之中，使商品销售覆盖康养体验。过分强调小镇的经济功能，片面追求经济效益，简单地将康养小镇作为康养经济产业

---

① 肖晓芳. 城乡生态资源分析与康养小镇规划管理[J]. 农家参谋，2018（10）：213.

对待，一味地服从开发商和投资商不合理的要求，过度开发康养小镇的商业经济价值，忽视了小镇的康养作用。

12.4.3　产业支撑不足

康养地产项目，常常投资数十亿、占地规模几百上千亩，规模大，设施齐全，产业种类多。如今，大多数康养小镇单单依靠简单的养生度假娱乐，没有产业支撑，也没有形成产业链条，缺少立业根基，难以长久稳定地经营运作。严格来讲，康养产业里的休闲、餐饮、住宿、购物、度假、商业服务等，都是附加价值，都是锦上添花，不是主体，更不是康养产业的支柱。这些项目看起来眼花缭乱，但都不足以对康养产业的根本产生支撑作用。产业支撑作用不足，无法形成系统的产业链条，无法保证小镇运营周转的畅通，以致小镇的生命周期较短。

12.4.4　政企关系不协

近年来，康养小镇发展的态势愈演愈烈，各级政府都要求下属机构打造康养特色小镇，康养小镇建设成为政治考核，每个县都要求在小镇建设上搞出特色，一乡一个大特色，提出了很多概念。为了完成任务，一些地方政府提出有条件要建设，没条件创造条件也要建设的要求，完全不考虑市场需求情况。随意牵扯资源与康养的关系，任意拼凑，不考虑结果，以求达到政府的最终目的。

另外，康养小镇建设基地的政企关系相脱离，甚至相矛盾。一些政府主导康养小镇建设的地区，政府把控过于严重，小镇的开发、建设、运营等全部过程由其全权处理，忽视市场的调节作用、社企的支持功能，不懂得与企业协同。部分企业主导小镇建设的地区，企业不懂如何寻求政府的支持与帮助，对项目申办程序陌生，对项目的整体性规划欠缺把握，从而导致"千镇一面"，以致小镇寿命缩短。

12.4.5　破坏性开发

据调查显示，在云贵川交界的一些地方，大量极具民族特色的老百姓自住房，被迫"穿"上了统一的仿古建筑"服装"，"戴"上了灰瓦"帽子"，开发商却大张旗鼓地将其标榜为传统民族特色。这种康养小镇的开发方式不仅造成了不伦不类的仿古文化，而且也破坏了小镇自身的本土特色。与此同时，部分地区存在盲目性、掠夺式的开发，造成资源浪费、生态失衡等危害。大量扩张小镇规模，而忽略小镇的污染处理设施建设，造成环境污染等问题。①

12.4.6 经营压力过大

这里所需的成本主要包括两个方面。一是针对人力资源现状及要求所对应的成本需求较高。首先，在劳动报酬普遍上涨的国情下，劳动力成本全面增长，同时由于养老地产大多安排在近郊地区，用工成本自然也是高于偏远农村地区劳工成本。其次，康养产业现有的专业人才较少，大部分工作人员文化低、素质低、社会地位低，限制了康养服务事业的发展成长，为了改善用工比例情况，只能从专业培训机构、各大高校以及国外引进高成本人才。二是土地成本，也是基础成本。康养小镇的选址既要求有丰富的自然资源，又要具备完善的人文环境，因此对土地地域的标准要求较高，相应的土地价格也会相对较高，甚至达到数百万一亩。如此高额的成本，必然带来巨大的经营压力。

12.4.7 专业人才不足

预计，2020年所需养老护理员人数要达到600万人，但是目前实际拥有的还不足100万人。同时，在全部康养服务人员中，下岗职工及农民工人员就占了74%，高达七成的占比，这就决定了目前从事康养服务的人员大部分都是文化素质低、业余的服务人员，未经培训只能从事简单的、没有技术含量的后勤工作，无法适应专业化的康养服务需要，无法解决康养小镇建设、开发以及运作过程中的关键性问题。所以，当前的康养产业的专业人才匮乏至极。②

---

① 何萃. 基于需求导向的康养旅游特色小镇建设研究[J]. 北京联合大学学报（人文社会科学版），2017，15（2）：41-47.
② 刘江东. 关于加强康养人才培养、推进"健康中国"建设的建议[J]. 中国科技产业，2018（5）：19.

12.5 康养小镇优化路径

康养小镇客观存在的现实问题以及专业化发展的迫切需要要求我们提出相应的解决措施。

12.5.1 挖掘康养小镇特色

根据小镇的自身条件，决定小镇的模式类型。周边有丰富的森林资源的，适合发展森林康养小镇；有优质的温泉资源的，适合发展温泉休闲康养小镇；有充足的阳光资源的，适合开发阳光运动小镇；等等。如同湘西红枫谷康养小镇一般，该项目充分利用其国家级森林公园的自然区位优势打造了涵盖森林元素的康养特色小镇。如若没有明显的独特资源，则要进行文化挖掘以及文化引申，寻找本地区所有资源同历史传统文化、时代聚焦热点的关系，主动开发形成康养小镇新特色。

12.5.2 培养康养文化氛围

首先，康养产业机构应该通过定向、持续、系统地传播康养文化的方式，使康养理念贯穿于旅游、文化传媒、体育、科技、医疗、饮食等各行各业，引导消费者以及康养所在地的居民树立康养意识，营造全民养生的文化氛围，从而调动消费者的康养需求。

其次，康养小镇的建设应该结合中医药学、宗教信仰、民族风俗、饮食文化等文化资源，通过文化奠定康养的基础，赋予康养小镇丰富的内涵和情趣，从而形成自身的品牌特色，赢得良好的信誉。

12.5.3 寻找相关产业支撑

康养小镇有效运营的关键性要素是具备强有力的产业支撑，只有拥有了稳定的产业，康养小镇才能围绕其持续性发展。为了确定合适的支撑产业，首先，我们应该进行科学的调查研究，将自身的产业基础同市场需求相对比，初步选择核心产业；其次，制定产业发展目标，确定产业发展战略，利用龙头企业的带动作用建立完善的产、供、销的产业链条；最后，围绕核心产业整合发展附近区域相关产业，形成集聚效应，从而创立产业品牌，发挥品牌性效应，增强康养小镇的竞争力。

12.5.4　协调政府、企业的关系

对于康养旅游特色小镇的建设，政府应该主动做好引导者、补救者的工作，然后进行适当的管控工作。遵循规划的边界限制进行管控工作，避免干涉过度，管控过严。弱化直接控制作用的同时加强后续的监督作用，利用制定的方针政策协助、监督相关工作的运作，确保做好公共基础设施及服务等方面的补救准备，为康养小镇的运营维护提供基础条件。政府引导作用发挥的同时要充分尊重市场的调配作用，根据市场供求关系指导康养小镇项目的主题选择、内容开发；根据利润机制，使康养小镇建设的资源配置和经济结构进行自我调节，实现自我平衡；根据竞争机制，通过市场竞争的优胜劣汰规律淘汰低级的、守旧的，筛选出优秀的、顺应时代的康养小镇项目。

12.5.5　因地制宜地开发规划

康养小镇建设多存在于自然风景优美的地方，所以在对康养小镇进行开发时，首先应遵循"自然优先、生态营造"的原则，以保护自然环境为前提，因地制宜地利用康养基地的自然景观资源。同时，让人文设施顺应自然资源，充分融合当地文化，秉承历史传统，实现同原有文化资源的有机融合。然后，预先制定一系列环保预防措施，建设标准的污染物清理设施，合理处理生活、生产垃圾，有效避免因环境开发以及小镇运营对环境带来的不可修复的损伤。

12.5.6　产融结合，保证资金

康养小镇涉及康养产业面广，建设规模较大，成本高。仅仅依靠政府拨款无法支撑康养小镇的持续性发展，因此需要政府协同企业共同投

资支持。首先，国家通过投入部分项目资金以及出台一系列政策给予康养小镇建设优惠以及支持，从外部减轻小镇开发运营的压力。如《关于印发"十三五"健康老龄化规划的通知》明确表明，在土地供应方面支持、倾向于老年健康服务工作。然后，鼓励采取 PPP 模式建设，政府同企业相辅相成，以具体的康养小镇项目为合作载体，通过政府招商引资，牵引有资本、有意愿的企业加入康养小镇的建设运营项目，政府同投资主体的合作贯穿于全过程，并实现风险共担、利益均享。最后，政府可直接与工、农、建等金融机构直接合作，协议贷款进行融资建设。

12.5.7 培育引进产业人才

针对康养小镇对专业技术人员的需求类型、规模和要求，从社会层面、高校层面以及外部引进层面培养、开发和引进人才。首先，在社会层面，一方面，通过社会宣传推广，引导从事相关工作的青年志愿者主动参与康养产业的服务工作，较快地减轻康养小镇的人力资源压力；另一方面，在社区建立康养产业服务与管理专业机构部门，配备专业的技术人员对社区居民进行培训，提高本地居民的服务技能。其次，从高校层面，各大高校可以设置相关专业学科，有针对性地培育更多有关康养小镇开发、建设和运营的专业人才，提供充足的后备力量。最后，针对部分高难度的技术需求，可以通过直接引进外国专业人才，借鉴学习外国优秀先进的经验技术，帮助本地康养小镇的建设与管理工作。

综上所述，康养小镇以其不同的模式、不同的功效引领了特色旅游的新风向。作为新兴产业，康养特色小镇产业发展时间较短，开发模式和商业运营模式均处于探索阶段，有机遇同时也有挑战。市场需求的变化对康养小镇建设的要求越来越高，既有硬件设施的要求，也有服务的需求。因此，我们需要综合考虑区位环境、人文特点、经济水平、配套设施等要素，不断丰富产品形态，完善小镇康养服务，升级康养小镇模式。

13　康养旅游之目的地营销

随着经济的快速发展，人们的物质生活水平在不断提高，这使他们对"健康、长寿、快乐"的欲望越来越强烈，简单的旅游形式和内容已经无法满足大众的需求，为了迎合大众对健康养生的追求，养生旅游将会迎来重大的发展机遇。另外，国家对旅游业的重视和大力的资金、政策支持，加上现下人们对旅游的需求也越来越大，大众旅游时代已经到来。在健康和旅游的强烈需求下催生出康养旅游的新业态，这是切合大众需求的新形态旅游模式，而康养旅游目的地营销又是重中之重，我们现下需要了解什么是康养旅游目的地，什么是康养旅游目的地营销，有哪些营销策略，营销中存在的问题及相应的对策有哪些。

13.1　康养旅游目的地营销概述

13.1.1　康养旅游目的地的概念

从地理上来说，旅游目的地是指一个具体的地方，而且该地方不受任何限制，可大可小，可以大到一个国家，也可以小到一个城市，甚至是一个景区。国外对旅游目的地的研究始于20世纪70年代，英国学者霍洛韦在1997的《论旅游业》一书中并没有对"旅游目的地"的概念进行阐述，但对"旅游目的地"进行了范围的界定:旅游目的地可以是一个具体的风景胜地，或者一个城镇，一个国家内的某个地区，整个国家，甚至可以是地球上某一片更大的地方[1]。

若将旅游目的地从消费者的角度来定义，我们可以根据游客旅游的路线安排、宗教文化背景等的不同，将不同的消费者心中的旅游目的地分类概括出来，如整个欧洲可能都是日本的旅游消费者目的地，伦敦可

---

[1] 李天元. 旅游学概论[M]. 南开大学出版社，1991.

能是德国消费者的旅游目的地。

智慧旅游专家布哈里斯认为，旅游目的地是旅游产品的集合体，并且向旅游者提供完整的旅游经历。他从目的地营销的角度出发，把目的地定义为"一个被游客作为独特实体所感知的确定地理区域，并且可以为旅游营销和规划提供政治和法律上的保障"。他认为目的地是众多旅游产品和服务的融合体，它们有着自己的品牌名称。[①]

综上所述，我们可以把旅游目的地总结为一定地理空间上旅游吸引物与各种旅游设施的有机结合，以吸引旅游者停留和活动的目的地。而旅游目的地的知名度，除了它自身所拥有的旅游资源，还与其营销方式是否得当、旅游形象是否深入人心等密切相关。

康养旅游目的地则是能够使人在身体、心智和精神上都能达到自然和谐的优良状态的旅游目的地。[②]

13.1.2　康养旅游目的地营销

《旅游营销的新观念：旅游目的地营销》从文献检索的时间上来看，大约是国内最早以"旅游目的地营销"这一关键词命题的文章。该文中虽然没有明确对旅游目的地营销概念进行具体的界定，但其对于旅游目的地营销观念的理解从根本上解释了旅游目的地营销的实质内涵，即"旅游目的地营销是将旅游目的地作为一个整体所进行的营销活动"。这成为后来研究旅游目的地营销的起点，并为其研究提供了基本的理论支撑[③]。在此理念的指导下，学者们结合自身的理解分别对这一概念进行了具体的界定。其中比较有代表性的有：旅游目的地营销是以旅游目的地为营销主体，代表区域内各种相关机构、所有旅游企业和全体从业人员，以一个旅游目的地的整体形象加入旅游市场激烈的市场竞争中，并以不同方式和手段传播旅游信息，制造兴奋点，展示新形象，增强吸引力，引发消费者注意力和兴奋点的全过程。再有，目的地营销就是要在确定的

---

① 王晨光. 旅游目的地营销[M]. 经济科学出版社，2006.
② 夏林根. 旅游目的地概述[M]. 旅游教育出版社，2005.
③ 王磊，刘洪涛. 旅游营销的新观念：旅游目的地营销[J]. 旅游科学，1998(4)：28-29.

目标市场上，通过传播、提升、组合目的地的关键要素改变消费者的感知。建立目的地形象，提高旅游消费满意度，进而影响消费行为，从而达到引发市场需求、开拓旅游市场的目的。[①]尽管他们的具体表述不同，但这些概念都涉及目的地营销概念真正的基本内涵，即重视旅游目的地形象的建立，将营销宣传作为目的地营销的重点。

所谓康养旅游目的地营销，就是从国家旅游管理部门和旅游开发商的立场出发，确定康养旅游目的地产品和服务的一级市场、二级市场和机会市场，并建立目的地产品和服务于这些市场的管理系统，以便保持并增加目的地在这些市场上所占的市场份额。

Lundberg将康养旅游目的地营销概括为三个方面的内容：首先，确定目的地能够向目标市场提供的产品、服务和总体的形象；其次，确定该目的地能够到达的目标市场；最后，确定一条能使目标市场信任并且能够抵达该目的地的最佳途径。[②]

13.2 康养旅游目的地营销方式

营销是旅游目的地建设与发展的链条终点，但并非是停滞不前的。它在发展中利用各种方式对其进行营销，在营销中又不断地吸取经验、改进战略方法，最终会确定该目的地各个时段最有效的营销策略，该营销策略也将会成为目的地建设和发展的推动力。[③]

13.2.1 品牌营销

该策略被誉为引爆现代旅游业的"原子弹"，也是在目的地营销中起着关键作用的战略武器。在这个全球化的经济时代，品牌最具竞争力，故而旅游竞争的根本就是各类特色的品牌的竞争。一切旅游目的地营销

---

① 德村志成. 有关旅游目的地营销的几个看法[J]. 旅游学刊，2009（5）：10-11.
② 曲颖，李天元. 国外旅游目的地定位研究文献综述[J]. 旅游学刊，2011，26（2）：41-49.
③ 陶仕娟，张俊. 浅析旅游目的地的营销特性及其营销策略[J]. 科技创业月刊，2008，21（1）：41-47.

策划和相应营销手段的使用，都是为了打造一个充满魅力的、具有竞争力的强势旅游品牌，利用目的地的先天优势，并强化该优势，使其成为独具一格的、不可代替的目的地品牌。这种品牌必须是美誉度、忠诚度、形象力和知名度文化力、竞争力、联想力、吸引力和亲和力的完美结合。而现下的任务是强化康养旅游目的地营销的品牌意识，实施品牌战略，进行品牌规划，加强品牌宣传，创新品牌管理，提升品牌价值，塑造一个强势的旅游目的地品牌形象，并不断提升品牌的整体竞争实力。

13.2.2 概念营销

美名广流传，概念营销其实就是营销概念，像"昆明四季如春"所营销的就是"春"这一特殊概念。但这不意味着概念营销就只是概念炒作，它同样也是市场上的一种实战营销。康养旅游目的地所实行的概念营销，它是在发掘、提炼概念的基础上，找到目的地旅游品牌的核心理念与核心价值，然后采用一些比较形象生动的语言文字或是图案将其表达出来并传播到受众面前的一种营销形式。以此对我们目标游客的心灵和感官产生强烈的刺激，给他们留下深刻又难以忘怀的印象，这种刺激会引发他们到目的地旅游的冲动和欲望。在强烈欲望的驱使之下，他们最终会将欲望变成行动，在享受了旅游目的地的产品与服务之后，还会成为忠诚的消费者。

13.2.3 特色营销

在这个信息化的时代，当下流行什么或是广为宣传的东西几乎是人尽皆知，造成一些康养旅游目的地原本的个性化趋向同质化、雷同化。将原本的特色改为人们现下喜欢的特色,更有一些为了迎合大众的喜爱，将自己的目的地重建，但这注定只能赢得一时的利益。有价值的东西一定拥有自己的特色，雷同的东西注定只能兴起一时。目的地旅游品牌得以持续发展的基础就是它所拥有的特色，也是旅游业中的核心竞争力，甚至可以称得上旅游发展的生命线。培养旅游竞争力实质上就是塑造拥有个性化魅力的、差异化的、张扬的品牌。从目的地的旅游规划和设计，到旅游的开发建设，再到旅游的经营管理，最后到旅游市场营销，这其中的每一个环节都不能缺少特色的塑造与个性化的张扬。成功的特色塑造将会持续引发旅游者的冲动，成为在旅游业永恒的行动力，千篇一律的美已经让大众感受不到价值，甚至还可能厌烦，独特的、有特色的美才符合大众的需求。旅游目的地的特色越强，它的品牌竞争力就越强；所提供的产品与服务就越独特，其知名度和满意度也就越高，产生的品牌效应也会越大。

13.2.4　整合营销

康养旅游目的地的营销可以采用一种全新的营销策略——整合营销。整合营销就是公共关系、宣传广告、人员推广和业务促销等促销要素的综合运用，是软硬广告、新闻炒作、节事活动、展览型推销等多种营销形式的综合利用。在市场营销变革的大趋势下，它将会成为最有竞争力的营销策略[①]。例如在旅游的宣传中，我们最喜欢利用的新闻宣传，其不仅宣传费用高，而且宣传面也有限，如果是旅游目的地的宣传，同一时间和地点、同一事件是无法重复宣传的。而广告宣传就可以不受这种限制，可以不断地重复宣传，向目标受众强化品牌形象，增强宣传的效果。就康养旅游的发展现状来看，广告宣传是旅游广告的重要宣传形式，康养旅游目的地营销中的首要任务便是提高整合营销水平[②]。

联合营销的应用，在系统学的基本原理当中说到，一加一大于二，优化过的整体大于部分之和。现下康养旅游目的地的规模也越来越被看重，甚至已经可以成为一种品牌代表，浩大的规模也能成为竞争力，这已是旅游业发展的趋势。放眼望去，现如今各种各样的联合营销正因竞争激烈的旅游市场而诞生，其目的就是更好地占领旅游市场，赢得旅游者较高的忠诚度。而康养旅游是一种新形态的旅游形式，其不论是目的地的建设和规划还是市场的营销和宣传都是比较薄弱的，宣传效果自然

---

① 宋明曦. 旅游目的地网络整合营销传播研究[D]. 首都经济贸易大学，2012.
② 张宁娜，许必芳. 关于旅游目的地整合营销策略的研究——以诸暨西施故里为例[J]. 投资与创业，2017（11）：58-60.

也不尽如人意。所以其目的地营销的最优选择就是联合营销，与一些知名度较高的旅游品牌一起宣传，吸引旅游者并勾起其旅游的欲望，最终达到宣传的目的。

13.2.5 定位营销

定位营销的主旨在于打造"你是我的唯一"，这也是目的地品牌营销战略中的首要任务。世间本无弃物，关键在于如何定位。旅游目的地营销定位包括目标市场定位、品牌形象定位和产品线路定位。目标市场的定位是定位营销的基础，在此基础之上准确地定位其旅游品牌形象。例如香港的动感之都、杭州的休闲之都、大连的浪漫之都、云南的体验之都，都是旅游目的地定位营销中的成功典范，康养旅游虽是新兴的旅游形态，具有目的地知名度不高、受众较少的弱势，但于定位上却是优势，可以趁萌芽的发展期，准确地定位目的地形象，并将其宣传至旅游者，在时间的累积中打造自身的品牌，创造自身独有的竞争优势，以便在行业中脱颖而出。

13.2.6 节事营销

节庆营销是点睛之笔，是锦上添花。若是主打品牌营销，也可在此基础之上结合节庆营销，从而达到不可估量的宣传效果。节庆营销在过程中须得服从于品牌营销、服务于品牌营销。节庆营销是在会展业新起的时代最具效益、最经济的营销方式。康养旅游在确定自身品牌的前提下，以品牌营销为主，节庆营销为辅，向目标市场进行宣传。

事件营销，在经济时代信息泛滥成灾，不少人总是借助网络疯狂炒作，在这种情况下有效的注意力就成为最宝贵的资源。在旅游市场的竞争中，注意力就是生产力。拥有了市场就是拥有了资源，而得注意力者便会得市场。在康养旅游目的地的营销中可以借助当下发生的重大事件或者制造一些引人注目的重大事件来进行事件营销。[①]成功的事件营销，可以提高旅游目的地的知名度，还能创造品牌价值，带来经济收益。事

---

① 彭磊义. 国内旅游目的地事件营销策略研究[J]. 北方经济，2010(14)：36-38.

件营销是运气与策划组织的结合。因此，须得在于品牌营销相统一的原则之下，尽可能去策划更多的事件进行营销。

13.3 康养旅游目的地营销困境

康养旅游是"旅游+"的新形态旅游方式，其目标受众和目标市场都具有局限性和不确定性，加上其旅游目的地的规划建设也不完善。在经济时代下并未确定适用于对旅游较为挑剔的旅游者的营销策略，导致宣传效果也不尽如人意。因此，找到营销策略中存在的各种问题并制定相应的对策是当务之急。

13.3.1 营销目的地旅游核心吸引力不强

（1）旅游产品层级不高，规划编制不到位。

康养旅游在发展过程中，把发展的重点都集中在如何提高目的地知名度、吸引旅游者的问题上，难免顾此失彼，在目的地旅游产品的编制和规划上，体现出产品单一化，向不同受众提供的产品和服务都相同的问题。但是营销是服务于产品和服务的，所以产品和服务于营销的反作用，则是营销的核心。毋庸置疑，旅游产品是营销组合的重要组成部分。故旅游目的地营销与旅游产品的设计和发展密不可分，旅游目的地营销是一个经过归纳、整合后在整体形象统领下的旅游产品群的营销。因此，若将旅游产品分层规划，并将不同层次的旅游产品推向不同的受众，相信会达到很好的宣传效果。

（2）缺乏品牌特色。

在经济迅速发展的时代，国家和人民对旅游业越来越重视，大众旅游的时代已经打开了新大门，即使是康养旅游这样的新形态旅游，其发展也得到了大力支持。但快节奏的发展就免不了趋于一体的品牌形象，这是为了迎合当下大众的喜爱与诉求，以便能获得一时的利润。

首先，目的地产品的品牌建设意识非常薄弱。一是多数的康养旅游企业对其品牌的认识不足，没有树立一个正确的品牌观念；二是过度依赖于广告宣传，提高了品牌建设成本；三是企业着重强调短期营销效果，而不看重品牌的长期建设。

其次，目的地产品品牌打造千篇一律，缺乏创意，国内康养旅游产品出现同质化的现象。不仅如此，在品牌的建设上也同样体现出同质化，导致毫无新意、全无特色的旅游品牌盛行。而缺乏创意的品牌其竞争力薄弱是必然的，投入与产出不等，无法产生品牌效应。

最后，在品牌定位上容易脱离实际。康养旅游品牌的定位是为了创造鲜明的个性和树立独特的形象，以便在市场竞争中抢占先机。但现下康养旅游产品的品牌定位普遍存在盲目性，脱离了群众的实际需求，缺乏持续生命力，最终只会面临淘汰的命运。

"不积跬步无以至千里，不积小流无以成江海"，要想获得持续的发展，并且拥有自己独特的品牌，就得以自己的品牌为原则，不能丢掉最原始的东西，一切营销都是为了塑造和强化品牌形象。只有这样，在进行目的地营销过程中才能在受众接触到的信息中脱颖而出。

13.3.2　旅游目的地营销没有划分细分市场

在康养旅游目的地营销中，总是将相同的旅游信息传递到整个旅游市场当中去，并未对其进行具体的划分，这样不仅降低了营销的效率，还达不到营销的最终目标。我们进行旅游市场细分，以节省营销费用，提高效率为目的。试想如果将一条旅游信息传达给整个市场的每一个消费者将需要多么高的费用。另外，即使我们有能力支付如此高昂的费用，这种促销仍然是非常低效的，因为整个市场中消费者的需要层次差别很大。因此，我们必须根据不同类型的消费群体，设计不同的促销信息以鼓励潜在旅游者的购买行为。

13.4　康养旅游目的地营销案例

13.4.1　四川省德昌县案例

四川省德昌县的康养旅游发展已经初具雏形，并呈多元化发展。近年来，德昌县大力实施"旅游+"战略，始终坚持以景区建设为抓手，以推动文化与旅游深度融合为突破口，重点凸显德昌的天然特色，着力打造"休闲康养度假"特色文化旅游品牌，加快全域旅游格局建设步伐，全县旅游业厚积薄发，呈现出强劲的发展势头。德昌康养旅游目的地建设的康养项目有通透舒适的公寓、镜月湖畔的小别墅、康养中心的独栋别墅等。

成片的独立别墅、丰富的自助体验项目、原生态食品、地道的农家菜等是小高镇安宁旅游康养中心的特色。中心经营模式为农民专业合作社自主经营，全社成员严格遵守社会公德和商业道德，依法开展生产经营活动。图 13-1 为德昌所设的养老别墅，图 13-2 为康养旅游发展的俯瞰图。当前，德昌县旅游康养产业步入了快速发展时期，全县已有康养床位约 1 000 张，可接待人数 500 人，然而这一成绩即将被刷新。"争取今年突破 2 000 床位，至 2020 年形成 5 000 人的康养规模。"这是德昌县为康养旅游产业划定的新目标。

图 13-1　德昌养老别墅

图 13-2　德昌康养旅游规划图

13.4.2　四川省攀枝花市案例

攀枝花阳光康养发展势如破竹，有着年日照 2 700 小时左右、无霜期 300 天以上等得天独厚的气候优势，一年四季都盛产蔬菜和水果。攀枝花拥有特别适宜人类休养生息的"六度"自然优势，包括温度、湿度、海拔高度、洁净度、优产度、和谐度，被评为全国呼吸环境十佳城市、中国十大避寒名城、中国最佳养老城市 50 强和中国阳光康养示范城市。攀枝花强大的自然优势为康养旅游的发展提供了保障。

"阳光"得益于大自然的馈赠,攀枝花为了做好它,创造性地提出了"阳光康养"这一新概念,旨在促进"康养+旅游"融合发展,建设一个年轻人强生健体,中年人锻炼心智,老年人修身养性的康养品牌。攀枝花根据自身气候资源优势,明确了"康养+农业""康养+工业""康养+医疗""康养+旅游"和"康养+运动"5个"康养+"的发展路径,围绕建设全国阳光康养旅游目的地,充分发挥比较优势,将攀枝花的优势资源加以整合,打造阳光康养的"金字招牌"。

2012—2016年,康养目的地的招牌使攀枝花市的游客总量急速增加(见表13-1),从853万人次增加到2063万人次,年均增长24.7%;其旅游总收入从66.9亿元增加到242.6亿元,年均增长38%。近几年来,平均每年来攀枝花过冬的"候鸟"老人在5万人次左右,养老服务业需求旺盛。2018年春节黄金周,攀枝花全市共接待游客174.5万人次,实现旅游总收入17.34亿元,与2017年春节黄金周相比,分别增长10.49%和25.67%。

表13-1 攀枝花2012年和2016年的游客数量及经济收入表

类别	2012年	2016年	增长率
游客数量	853万人次	2063万人次	24.70%
总收入	66.9亿元	242.6亿元	38%

13.4.3 案例启示

(1)德昌与攀枝花的康养旅游都得益于其得天独厚的地理资源优势,有特色的项目还能将其优势扩大。所以,在建设发展一个康养旅游目的地时,不能一味地遵循当下群众的喜爱模式,而忽略目的地本身的自然特色。世间万物的存在都是独一无二的,要充分利用其特色打造别具一格的旅游目的地。

(2)两个康养旅游目的地都重点实施"康养+"战略,始终坚持以景区建设为重点,以推动文化与旅游深度融合为突破口,努力彰显多姿多彩的特色优势,着力打造"休闲康养度假"特色文化旅游品牌。"康养+"战略中的合作伙伴,不仅要有一定知名度,还要与康养旅游相契合，不显突兀，这样才不会让游客厌烦，才能避免产生负面效应。

（3）德昌和攀枝花的康养旅游的发展中，都注重旅游品牌的建立，致力于康养的可持续发展，而不仅限于当前的一时利益。一时的利益固然充满诱惑，但作为一个康养旅游目的地来说，能够持续性发展才是重点。故而，我们应当以品牌建设为重点，将眼光放得长远些，明白品牌才是游客们心中最容易接受的。

13.5 康养旅游目的地营销对策

13.5.1 强化康养旅游发展理念

（1）强化全域理念，做大康养旅游产业。

一要以全景理念统领康养旅游业发展。深度整合资源，把"珍珠"串成"项链"，形成地域特色鲜明、配套齐全、融合发展的康养旅游产业发展专题规划。

二要以全局理念强化生态保护发展。绿水青山就是金山银山！发展康养旅游产业，最重要的就是强化生态保护性发展。利用好生态资源，提供生态产品。

三要以全新理念推动项目招引发展。坚持产业发展规划明确的重点发展方向，加大在旅游休闲、运动康体、养老服务等方面的招商引资力度，着力引进更多有实力的大企业，助推当地康养旅游产业发展。

四要以全业理念推进产业融合发展。做好"旅游+健康养生养老产业"，做好"旅游+文化"，做强"旅游+农业"，做精"旅游+特色小镇"建设等产业融合。通过"旅游+"加强旅游与农业、林业、工业、商贸、金融、文化、体育、医疗等产业的融合力度，形成旅游发展新引擎。

（2）强化资源优势，做全产品体系。

一是开发生态环境养生产品；二是开发医疗保健养生产品；三是开发运动健身养生产品；四是开发膳食健康养生产品；五是开发心灵静修养生产品。

（3）强化创新驱动，做活旅游机制。

一要创新领导工作机制。要加强组织领导，强化顶层设计，各成员单位要加快编制推动康养产业发展的具体实施方案，并纳入议事日程，逐一落实，整体联动推进全区康养旅游产业发展。

二要创新政策支持力度。加快出台推进当地康养旅游产业发展的政策意见，加大在税收优惠、土地供应、资金保障、贷款优惠、人才引进、技术创新和市场开拓等方面的政策支持力度。

三要创新人才引进培养制度。积极引进国际一流的领军人才和创新团队，领衔实施康养旅游产业龙头项目、重大项目。

四要创新全域营销模式，发挥其宣传推广的作用。首要任务是增强当地旅游的市场影响力，采取由政府主导、利用媒体宣传、企业联合的"三位一体"营销模式，形成多部门、多层次联合协作的强大合力，发出旅游好声音。

要创新营销方式，结合现下流行的交流模式，利用微信、微博、QQ、游戏植入、影视植入等手段，全面加强康养旅游产业宣传教育，积极引导大众旅游者树立康养管理理念，提高康养保健意识，激发康养旅游消费需求，营造良好的健康旅游产业发展环境。

13.5.2 细分康养景区营销市场

所谓旅游目的地营销市场细分是指根据旅游者的一个或几个特点，将整个旅游目的地潜在旅游市场细分为不同的群体的过程。这种细分可以根据旅游者的外部特点，如年龄、性别、收入等，也可以根据旅游者的内部特点，如心理因素等。此外，我们还可根据旅游者的地区分布以及旅游者的旅游目的进行市场细分。

（1）按旅游者人口统计因素细分。

在市场细分中，应重点考虑的人口统计因素为年龄，因为不同年龄段往往会对旅游活动有不同的要求。儿童喜欢的活动与少年相比就要浪漫童真许多。同样，年轻人期望的旅游经历与老年人也会有很大不同。

性别也常常会成为旅游产品细分的重要依据。不同性别考虑问题的因素不同，对旅游目的地和旅游活动的选择也不同。当然，我们也要注意避免因一些性别上的成见而导致失去或得罪潜在的旅游者。如我们都觉得女士喜欢购物，而男士喜欢观看球赛。但事实上，这也具有片面性，有时女士喜欢观赏一些运动项目而男士也可能喜欢购物。所以考虑性别不同的同时也要考虑此细分市场的其他特点。

（2）按种族划分。

确定潜在旅游群体的另一个方式是按种族进行细分，原因是我们认为同样的种族在价值观念、兴趣和生活方式上有着共同之处。但我们同样要注意不要受成见的影响。设计历史文化古迹可能会使具有相应历史的种族群体产生兴趣，但是正如性别不是唯一进行市场细分的手段一样，种族也不能作为唯一的细分标准。因为在同种族内的人也是各种各样的，有的人会对自己的历史关心，有些则不关心。

（3）按收入划分。

在对价格敏感度高的旅游市场中，我们应更多地考虑收入因素。如果针对一个目标市场开发的旅游目的地产品超过旅游者的支付能力，那这个旅游产品的存在则是毫无意义的。实际上，根据旅游者的支付能力，我们可以设计出不同价位的旅游产品来满足不同收入水平的旅游者。如对于一个旅游目的地来说，它可以提供豪华游所需的奢侈行程、酒店及服务；同时，此旅游目的地也可以为低收入人群设计一些方便实惠的旅游活动，如汽车旅馆、露营等住宿设施。

（4）按家庭阶段划分。

处于不同家庭阶段的旅游者在旅游中会表现出不同的需求。旅游目的地应为单身、夫妇同游或带孩子的家庭设计不同的旅游产品。如果旅游目的地的考虑细心周到，提供的产品和服务能够满足不同家庭类型旅游者的需求，就会吸引更多的旅游者。

（5）按旅游者心理特点划分。

由于心理特点是旅游者的内在因素，在研究和把握上较外部因素要难一些。心理特点大致可以从旅游者的生活方式、价值观和社会阶层几方面进行研究。

13.5.3　丰富康养旅游景区产品

（1）核心产品。

核心产品指目的地的主打产品或拳头产品，即对旅游者最具吸引力的产品。核心产品在某些具有特殊资源卓赋的地区尤其明显，这些产品通常是该地旅游业发展的"发动机"。而核心产品在综合型的目的地或者资源容易被模仿的情况下，其作用就相对弱化。

（2）形式产品。

形式产品，顾名思义是实现核心利益的产品形式，目的地提供的旅游设施和旅游线路为综合形态的"实物"，即旅游者在行程中的吃、住、行、游、购、娱乐各方面的实现形式。形式产品还包括整个目的地的品牌、风格、地理位置、环境等帮助旅游者实现核心利益的外在形式。

（3）附加产品。

附加产品泛指增加的服务和利益，具体指游客在目的地所获得的包括目的地提供的一些非常规性的节事活动、良好的游客服务接待体系、友好的居民态等。

13.5.4　倡导康养企业建设品牌

（1）国家制定相应的政策引导，增强康养企业的品牌意识。

鼓励企业建设自己的品牌，通过品牌来营销康养。丢掉完全依靠广告、报纸进行短期宣传的理念，广告宣传不仅效果微乎其微，还会增加营销费用。虽然建设品牌是一个漫长的过程，但能让企业在市场站稳脚跟，品牌建设成功后的营销费用会大大降低，营销效果也会提高。

（2）政府可作为主办方，举办康养旅游特色品牌展览会。

邀请拥有特色品牌的企业参展，不仅可以促进企业之间的商业交流与学习，还可以增加企业与群众的接触机会，让企业不得不注重打造特色品牌来吸引受众，以实现营销的目标。

（3）康养企业在建设品牌之前，应先对康养市场进行调研。

先确定自己的目标受众，根据市场数据分析和了解目标受众的实际需求，再结合目的地的特色和资源来打造符合受众需求的品牌。只有这样，企业建设的品牌才具有吸引力和持续生命力。

14 康养旅游之互联网协作

随着经济社会的快速发展，人们对高品质生活的诉求越来越强烈，而单纯的旅游活动已经不能满足人们的需求，人们开始追求健康、幸福的生活，融合当下快速发展的休闲旅游，康养旅游也随之受到高度重视并开始在中国蓬勃发展。在 2015 年 3 月 5 日十二届全国人大三次会议上，李克强总理首次提出了"互联网+"行动计划，将移动互联网、云计算、大数据、物联网等和包括传统行业在内的各行各业结合起来，从而在新领域创造一种新生态。"互联网+各个传统行业"，代表一种新的社会形态，即充分发挥互联网在社会资源配置中的优化和集成作用，将互联网的创新成果深度融合于经济、社会各领域之中，提升全社会的创新力和生产力，形成更广泛的以互联网为基础设施和实现工具的经济发展新形态。[①]利用"互联网+"发展康养旅游，实现了康养旅游产业的促进，带动了康养旅游的发展。

14.1 "互联网+"康养旅游类型

14.1.1 "互联网+"森林旅游

森林旅游是一种在特定的森林区域内为旅游者提供游览观光、休闲度假、探险健身、商务会议产品与服务的特色旅游，是满足人们回归大自然愿望的一种休闲方式。[②]森林旅游利用独特的环境、优美的景观和自身的森林资源，为人们提供了享受，也为林业部门带来了经济效益。它因追求健康、释放压力和缓解疲劳而越来越受人们的喜爱。

---

① 搜狗百科. 互联网+[EB/OL]. （2018-12-05）[2019-01-22]. https://baike.sogou.com/v76281348.htm?fromTitle=%E4%BA%92%E8%81%94%E7%BD%91%2B.
② 李华. 人本导向的海南热带森林旅游开发与管理建议[J]. 琼州学院学报，2016（1）：41-42.

近年来，随着森林旅游的兴起，越来越多的地区开始经营森林旅游，人们由于对森林旅游缺乏科学的理解，使森林旅游业发展面临一系列的问题。第一，许多地区在开发森林旅游资源时，缺乏全面的调查和评估，盲目进行开发，造成森林生态资源损害，而且也无法盈利，收不抵支，难以维持经营。第二，森林旅游的服务质量不高。由于森林旅游不重视人才培养，使森林旅游缺乏管理和经营人才，缺乏系统的科学知识和技能，导致整体素质不高，在为游客带来服务时，只能为游客进行简单表面的介绍，致使森林旅游无法引起游客的兴趣，导致游客败兴而归。第三，森林旅游设施的建设造成生态环境问题。有些森林旅游景区热衷于建设餐厅、旅店，盲目修建旅游设施，导致森林景观遭到破坏，违背了森林生态环境保护原则。而随着互联网技术在森林旅游中的应用，这些问题得到了极大的改善，促进了森林旅游发展。

"互联网+"森林旅游更多的是在现有的森林旅游资源和基础设施的基础上，通过互联网平台实现对森林旅游的管理，推动森林旅游转型升级。应用互联网技术，把森林旅游与生态教育相结合，使森林旅游利益相关者明白森林资源的重要性，提高全社会传播生态文明的意识。发挥互联网的创新集成优势，为森林旅游服务提供科技支撑服务和宣传引导服务，强化森林旅游信息化的功能，通过实现互联互通来增强对森林旅游的紧急处理能力和管理能力。利用互联网技术加强对森林旅游基础设施的核查监管，全面提高森林旅游的服务质量和管理水平。

14.1.2 "互联网+"温泉旅游

温泉旅游是为了达到养生和休闲的效果，将原先单一疗养的物化享受，提升到符合现代消费的文化和精神层面，以感受温泉沐浴文化为目的，成为一种以健康为主体的时尚体验旅游。[①]旅游者通过体验温泉，达到温泉康体、休闲的目的。温泉旅游是集旅游和温泉于一体的旅游方式，旅游者通过体验温泉水，获得精神上、生理上、身体上的享受，这是心灵、精神、灵魂的升华。近年来，温泉旅游客流量的增长越来越快。

纵观我国温泉旅游业的发展，温泉旅游还存在许多问题，如盲目开

---

① 阮炜. 温泉旅游开发现状及综合开发的措施[J]. 品牌，2015（6）：22-23.

发、文化内涵不足、同质化严重、管理混乱、缺乏特色、服务质量欠佳等。主要表现在：一是竞相开发，但创新不足，存在大量同质现象。温泉旅游投资者和经营者为了规避风险，模仿其他已经成功经营的温泉旅游产业，缺乏自身特色，坐享其成。二是重视名声上的宣传，但品牌建设的意识不强。目前，温泉旅游在品牌建设和营销过程中，不重视质量和服务，过分追求媒体上的一些炒作。三是追求装饰上的豪华，但其温泉文化内涵不深。现如今，温泉旅游价格和劳动力成本正在上涨，游客过于追求温泉旅游设施和设备的豪华，缺乏对温泉文化的挖掘。

要解决以上温泉旅游的问题，需要进一步加大力度，保护开发有限的温泉资源，注重文化传承、因地制宜地开发温泉旅游，突出温泉旅游个性，恰如其分地树立温泉旅游品牌，而基于互联网技术则能更好、更有效、更快速地解决上述问题。

通过利用互联网技术来分析温泉旅游开发需要满足的旅游者体验需求，确定旅游者对温泉旅游的需求，提升温泉旅游工作人员的知识讲解能力和服务技能，尽可能地提高温泉旅游体验的质量，扩展温泉旅游的丰富度和深度，确保满足旅游者的基本需求。然后，利用游客信息数据库，分析游客的消费偏好、消费水平、喜欢的温泉旅游产品类型，进一步发现旅游者的潜在需求，设计满足这种需求的方案，给旅游者带来意外的体验和收获，进而提高旅游者对服务的满意度。利用互联网技术，把握市场动态、游客需求，不断进行创新发展，找到自己的品牌定位，塑造独特的品牌理念，以在同行业中脱颖而出。

14.1.3 "互联网+"医疗旅游

根据世界旅游组织的定义，医疗旅游是在以医疗护理、疾病与健康、康复与休养为主题的范围内寻求更加优质的医疗服务，而全球化进程的加快使各国之间的联系更加紧密。[1]因此，将旅游观光和医疗服务相结合的医疗旅游成为全球范围内的潮流趋势。医疗旅游作为一种新型的旅游形式，近年来的发展十分迅速，并且带动了很多国家的经济发展。

---

[1] 侯胜田，刘华云，张永康. 中国医疗旅游的发展前景与挑战[J]. 中国医院，2013（5）：27-28.

我国在旅游和医疗方面都具有较广阔的发展前景，在发展医疗旅游方面具有丰富的资源、开阔的市场和发展的潜能，但是由于中国的医疗旅游起步较晚，可以我国医疗旅游发展的级别比较低，其主要原因是医疗和旅游两个行业的契合度不足，医疗和旅游不能较好地融合，导致医疗旅游资源缺乏。目前我国的医疗旅游资源主要是植物园等，没有进一步开发和利用。另外，是对医疗旅游市场开发的不充分，没有形成系统的医疗旅游产业链，医疗旅游中"医疗"和"旅游"处于两极状态，着重于治疗，而不是在旅游上。而"互联网+传统行业"的出现则很大程度上降低或者消除了这些影响，利用互联网技术可以推动医疗旅游产业链升级，为旅游者随时随地提供在线咨询、在线诊治、电子处方等服务；"互联网+"医疗旅游的出现推动了医疗旅游行业逐步科学化、市场化，如"春雨医生""平安好医生"等 APP 的运用，都表明在不断拓宽市场的同时又在精心培育互联网医疗消费市场，为旅游者提供更加便利的服务，促进我国医疗旅游的发展。

14.1.4 "互联网+"养老旅游

我国正处在一个老年化进程越来越快的状况，根据全国老龄办政策研究部测算，2020 年我国的失能老年人人数将达到 4 200 万，80 岁以上老年人预计达到 2 900 万，2015 年中国 65 岁及以上人口为 14 434 万人，养老问题的严重性和必要性浮出水面。[①]人口老龄化已经成为许多国家广泛关注的重大问题，也是亟待解决的重大问题。我国深处于老龄化社会中，人口老龄化给国家带来了一系列的社会问题。养老旅游是建立在旅游的基础之上发展的，是老年人为了寻找更为舒适的养老环境，在其他地方休闲、度假、养生的活动。养老旅游把养老和旅游活动结合起来，使旅游活动成为老年人的生活方式。

随着人口老龄化加速，老年人对养老旅游的诉求不断增加，但同时养老旅游存在的问题也逐渐显现。第一，很多地区对养老旅游的开发意识不强，养老旅游产品结构单一。很多地区没有形成为老年人服务的意

---

① 吴耿安，郑向敏. 我国康养旅游发展模式探讨[J]. 现代养生（下半月），2017（6）：293-296.

识，旅游路线和旅游产品沿用以前的内容，没有结合养老养生的核心，无法满足养老旅游者的个性化需求。第二，养老旅游设施相对滞后，使养老旅游者缺乏体验感。因此，利用互联网技术，可以采用以下措施来改善养老旅游：一是构建医养结合模式。建立医养结合服务网络，支持居家养老、社区养老、养老机构与医疗机构的医养结合，从而实现医疗资源与养老资源的互通共享，达到资源利用的最大化。二是构建智能化养老系统。通过建设大数据综合服务平台，实现多部门老年需求数据共享，最大限度地整合老年需求和管理资源，从而设计出更符合老年人养老需求的智能化养老服务。三是构建设施连通系统，不断完善养老产业相关的投融资政策以吸引社会资金，并采取多种经营模式，大力发展建设养老服务的基础设施，进一步壮大养老服务产业集群。[①]

"互联网+"养老旅游作为一种新型的养老方式，将互联网优势和传统的养老旅游产业相结合，加快了资源整合，促进利用养老资源，进一步改善了人们传统的养老养生观念。利用互联网技术，推动养老旅游的信息传播，将互联网融入养老服务体系，使养老旅游信息化，从而推动养老旅游的发展。

14.2 "互联网+"康养旅游分析

14.2.1 发展优势

第一，可以满足游客便利化的需求，提高服务效率。康养旅游出行前的第一个环节就是车票、机票、酒店等的预定和购买，利用移动互联网，游客可以在出行前从网上购买这些物品，在给游客提供便利的同时，还有利于提高康养旅游的管理质量和服务质量。康养旅游以互联网为中介，使游客足不出户就可以了解康养旅游目的地的情况、旅游路线等信息，游客也可以根据自己的实际情况来安排出游时间和选择出游目的地，还可以在网上随时随地查询不明白的问题等。康养旅游基地的管理人员可以利用互联网技术对基地进行智慧管理，以及时解决基地出现的问题。

---

① 刘静丽. 人口老龄化背景下"互联网+养老"模式探索[J]. 哈尔滨师范大学学报（社会科学版），2018（4）：42-43.

管理人员也可以将康养旅游基地的旅游信息和康养产品发布到互联网上，以此加大康养旅游的宣传力度。

第二，在"互联网+"背景下，康养旅游的创新性不断增强。康养旅游业借助互联网可以吸引更多的游客、提高康养旅游目的地的互动性以及增强旅游便捷性。互联网可以帮助康养旅游业与餐饮、住宿、交通等其他产业的融合，为康养旅游发展提供更多的机会和帮助，进而促进康养旅游的升级优化。

14.2.2 发展机遇

第一，政策的支持。随着康养旅游产的兴起，国家相关部门为此相继出台了一系列与康养旅游相关的政策：国家旅游局局长在《2015年全国旅游工作会议报告》中首次提出旅游"新六要素"，之后在拓展的旅游发展七要素中，提出了康养旅游。2016年以来，国家相继出台的《国家康养旅游示范基地标准》《关于启动全国森林养生基地建设试点的通知》《"健康中国2030"规划纲要》等都明确提出了对康养旅游的相关要求和指导意见。康养旅游业在这些政策的鼓励和支持下，不断满足游客对健康养生的多元化需求，逐步成为未来旅游行业发展的潮流。

第二，新技术的支持。物联网、云计算、移动互联网、大数据等新一代信息技术的应用与发展，推动了康养旅游的升级优化，创新出更能满足新消费者时代需求的发展模式。

第三，人们对康养的需求。康养旅游市场拥有良好的市场环境和巨大的发展空间。随着物质生活水平的提高，人们对健康、愉快、长寿的欲望越来越强，然而，简单的养生已不能满足人们的需求，整合当下快速发展的休闲旅游，康养旅游也随之受到高度重视并开始在中国蓬勃发展。同时，中国已步入老龄化社会，到2050年，中国老龄人口将达到总人口的1/3，而老龄人口更倾向于养生旅游。

14.2.3 发展局限

第一，缺乏宣传力度和知名度。康养旅游景区的管理人员由于不擅长利用互联网技术来提高景区的宣传力度和知名度，因此导致很多游客不清楚景点的实际情况，阻碍景区快速发展，致使出现康养旅游发展不平衡的现象。

第二，不能很好地为游客提供服务。在康养旅游发展过程中，服务质量起到很大的作用，如果服务质量不佳，会影响游客对康养旅游目的地的好感和兴趣。景区为游客提供的服务是单向的，景区管理人员若不能充分利用互联网技术来调查游客喜欢的服务类型、想要体验的康养项目等，则可能导致不能满足游客的需求，还可能阻碍康养旅游的发展。

第三，同质化严重。随着康养旅游的兴起，康养旅游景区的数量也不断增加，但景区的相似性较高，景区与景区之间的差别较小，缺乏创新，独特性不明显，这使康养旅游发展受到限制，以致对游客的吸引力较低。

14.3 "互联网+"康养旅游路径

14.3.1 丰富康养产品，服务康养游客

移动互联网为康养旅游发展提供了机遇。康养旅游和移动互联网的结合，创新出新的生产方式和消费方式，加快了互联网和康养旅游的融合。移动互联网让游客能更便捷、更不受地域限制地链接到互联网中。随着智能手机的普及，游客越来越喜欢使用智能手机来获取航班、酒店、景点等信息，并直接在手机上支付所选购的商品和服务，让康养旅游前、中、后的各种需求大多都可以用移动互联网来实现。康养旅游企业可以利用移动互联网让游客随时随地了解康养旅游产品和服务，也可以让游客随时随地与商户联络、交易、获得服务。

康养旅游企业利用移动互联网发展康养旅游，可以有效地改善康养旅游产品单一的缺陷，改进以观光为主的旅游方式，使社交的方式也更为广泛，让游客在旅行的过程中可以随时随地用微信、微博分享旅行经历和体验，使康养旅游服务更加人性化、标准化，与游客沟通也更加方便。游客在体验康养旅游产品后，用互联网分享自身体验并对康养旅游产品进行评价，康养旅游企业可以通过这些评价来了解游客的消费行为、

价值取向以及游客在体验康养旅游产品后的问题反馈，以此来改进和创新康养旅游产品，制定合理的销售价格，提高服务质量，促进游客康养旅游体验和满意度的提升。而且在一定程度上可以改善康养产品过于单一的现象，丰富康养旅游产品，为游客提供更加优质的服务，促进康养旅游的发展。

14.3.2 平衡服务资源，发展康养旅游

随着康养旅游不断发展，越来越多的人和企业投身到康养旅游业中，从以前单一的在线预订、旅游路线到现在康养旅游产品开发和康养旅游景区的建设，云计算技术可以使线上和线下、虚拟与现实有机地结合起来，在云端海量旅游资讯的基础上，根据游客的行为、位置和其他信息，为游客提供更优质的服务，以便更好地满足游客的需求。

旅游业具有明显的淡旺季，康养旅游业也是如此，在一些节假日期间，大多数旅游景区都人山人海，而在非节假日期间游客又很少，所以平衡服务资源非常重要。利用云计算，可使旅游服务企业根据实际需要动态调度和平衡各种服务资源，做到伸缩自如、保障有力，确保各项业务活动实现可持续发展。[①]

康养旅游属于体验型商品，具有无形服务性、异地消费性、生产和消费统一性、不可移动性的特征。体验式的康养旅游已逐步替代了过去的观光旅游，游客对旅游目的地的吃、住、行、游、购、娱各方面的要求不断提高，游客希望按照自己的喜好进行体验。利用云计算，不断强化旅游六要素，开辟新的康养旅游方式，突出康养旅游的个性化体验。康养旅游景区可以向游客提供 AR 或 VR 的体验式应用，在缺乏康养资源的情形下，让游客切身感受康养的过程。基于云计算，康养旅游企业还可以将与康养旅游相关的渠道、产品、平台、技术、信息进行融合，为游客提供康养旅游服务，促进康养旅游相关产业的发展。例如，酒店可以利用云计算直观地向游客展现酒店的相关信息，不再是用单一的图片展示和用户评价来向游客提供信息。这样不仅能提高效率，也更加方

---

① 姚国章，赵婷. 利用云计算技术推进智慧旅游发展研究[J]. 电子政务，2013（4）：81-83.

便游客。而且互联网的运作成本比较低，不仅可以降低设施设备的投入成本，还可以降低康养旅游服务和管理成本，使康养旅游企业能更好地运作和发展。

14.3.3　建立信息系统，拓宽宣传渠道

大数据不仅具有数据量大的特点，还具有发现和理解信息的特点，以此帮助康养旅游解决问题。康养旅游企业建立内容丰富的、实时更新的动态康养旅游信息数据库，通过对收集的游客数据进行分析来获取游客的消费习惯和偏好信息，为每一位游客量身定制旅游路线和适合的康养产品，向游客提供人性化的服务，并可以对收集的游客消费趋势、旅游资源和自然环境变化等数据进行综合分析，以便能及时调整对应方法，为游客提供更加优质的服务。游客利用大数据整合的信息可以解决旅行面临的问题，例如：通过获取到的机票车票销售信息、酒店预订信息、景区门票预订信息，以及在百度等网络平台上搜索游客数据，对多元渠道数据进行整合，实现对康养旅游目的地客流量的准确预测。大数据可以为游客提供景区舒适度、客流量数据预测、推荐康养旅游目的地最合理的进入路线、时间以及周边交通情况、停车场空位预测和进入停车场的路线图，甚至还可以预计排队的时间，帮助游客最有效的出游。

大数据具有数据量大、类型繁多、处理速度快、时效高、价值密度低等特点，利用大数据发展康养旅游，不仅可以拓宽宣传渠道，还可以促进信息的传播。以前的宣传方式比较单一，康养旅游企业和旅游者之间的信息不对称，传播途径往往是单向的，主要通过电视、报纸、杂志等一些传统的媒体来进行宣传，游客受众面积小，不利于信息的传播。互联网为康养旅游企业、旅游者的信息交汇互动搭建了平台，能使信息更透明、反馈更及时，有助于康养旅游信息的传播和健康发展。基于大数据整合的信息，康养旅游企业可以利用多种渠道在线上进行宣传推广，如可以利用微博、微信等平台上进行宣传。这些平台使用人数多，并且使用的频率也相对较高，康养旅游基地的管理人员可以把康养旅游产品放到此类平台上进行宣传推广，旅游者也可以将自己对康养旅游的体验

经验分享在此类平台上，而这种经验分享，催生了网络人际传播的渠道，由不同的分享经验构成了康养旅游产品的网络口碑，成为一种促进信息传播的重要方式，会极大地促进康养旅游的发展。

14.3.4 提升管理水平，提高游客体验

物联网是以互联网为基础，借助信息传感设备，通过对人、物、人与物、物与人、物与物之间的信息采集和信息交换，最终借助移动智能终端实现对物品的智能化识别、定位、跟踪、监控和管理的网络体系。[1]

首先，物联网技术的应用，提高了康养旅游业的运营效率。康养旅游景区通过引入电子票务系统，不仅促进了低碳环保的社会要求，而且大大提高了景区购票、验票进入的效率，使整个购票验票流程变得更加准确而有效。例如，康养旅游景区可以向游客提供"一卡通"服务，游客在一卡通充值后，可以将一卡通用于景区内乘车、餐饮、住宿、购物、娱乐等，在结束旅游前还可以将一卡通内剩余的金额返还，从而提高了康养旅游景区的服务质量和管理水平。

其次，物联网技术的运用，不仅节省了康养旅游景区在各类监控和报警设备上的使用成本，而且提高了景区资源与环境的保护力度，在起到威慑防御作用的同时，又能在景区出现重要旅游资源的破坏或失窃现象时帮助挽回景区损失。应用物联网技术后，可以将康养旅游景区内的康养产品和服务连接成为一个整体，形成科学、有效的监测管理系统，使康养旅游可持续发展。

此外，物联网技术还提高了安全管理水平。在景区内，游客遇到危险或者走失时，景区工作人员可以通过游客随身携带的电子门票，利用GPS定位技术以最快的速度、最有效的方法救援游客，帮助游客解决问题。网上交易的安全性和保密性对买卖双方利益具有重大的影响，安全问题在康养旅游发展中具有重大作用。通过防火墙等技术手段来预防"黑客"的攻击，确保康养旅游业在互联网上的支付安全。建立互联网信用体系，一方面，对康养旅游开展的业务进行评估，监控康养旅游企业发

---

[1] 刘红军. 物联网在现代旅游业发展中的应用初探[J]. 现代商业，2013（7）: 90-91.

布的旅游信息，加强康养旅游企业诚信建设。另一方面，提高游客的网络安全意识，增强游客的诚信观念。互联网信用体系的建设能有效地保证康养旅游的互联网信息安全。

最后，物联网可以给游客带来更优质化的服务。现如今，越来越多的人喜欢自驾游和自助游的出行方式，而由于游客对选择的旅游目的地的情况不够熟悉，往往导致游客旅游体验变得单调、无趣，而强大的物联网则可以大大改善这些不好的外在影响。游客可以利用 GPS 定位，来准确地了解康养旅游目的地的地理位置，并且为车和人导航、提供路线。康养旅游景区可以在景区范围内为游客提供电子导览，Wi-Fi 无限电子智能导游终端为游客提供电子导游解说服务，游客可随时了解景点的概况，避免旅游过程中受导游左右。还可根据射频识别技术（RFID）与传感器实景了解原计划安排的旅游资源，机动灵活地调节旅游行程，尽情享受优选旅游资源，提升旅游体验的质量。①

---

① 尤蓉蓉. 浅析物联网在智慧旅游中的应用[J]. 经济研究导刊，2015（26）：122-123.

15　康养旅游之民宿开发

随着现代经济的发展和人们消费水平的提高，人们也不再满足于传统的农家乐、农庄、旅游景区提供的服务，转而投向精致高品位的民宿休闲旅游。现如今我国民宿产业蓬勃发展，但行业内部松散，服务水平参差不齐，没有合理的规划布局。康养旅游作为旅游的新业态、新模式，满足了消费者对健康养生的多元化需求，成为未来旅游行业发展的潮流。这就需要我们将康养旅游和民宿开发结合起来，在国家政策的大力支持下，发展康养产业。在康养民宿的建设中突出特点，拥有自己的特色，不要千篇一律。康养民宿在发展的时候应该抱团发展，制定规范的行业规则，不断完善经营体制。

15.1　康养旅游民宿的内涵

康养是一个更具包容性的概念，比健康、老年、养生和疗养等一般概念涵盖范围更广。相应的康养行为也很宽泛：康养既可以是一种连续、系统的行为，也可以是一种临时性、针对性和独特的健康和医疗行为，如休息、疗养、康复等。从生命的角度来看，康养应考虑生命的三个维度：一是生命长度，即寿命；二是生命丰度，即精神层面的丰富性；三是生命的自由度，即用来描述生活质量的国际指标体系。

康养的核心功能是尽可能延长生命的长度、提高丰富性和自由度。目前，人们普遍认为，康养的主体是老年人和亚健康群体，但在生命长度、富足和自由三个维度上，每个人都可以根据自己的状态在这个体系中找到特定的位置。也就是说，从健康到亚健康，再到病人甚至需要临终关怀的群体，从孕妇和年轻人到中老年人和其他各种年龄的人，都有不同程度和不同类型的康养需要。所以我们有必要将所有社会群体纳入康养的范围。

有康养旅游的需求，随之产生的就有住宿的需要。近年来，我国民宿产业快速崛起，无论从增长速度还是总量来看，都具有明显的中国特色和重大的现实意义。这些影响远远超出了住宿业和旅游业本身，并且正在渐渐辐射和分散。这更加说明了在康养旅游的背景下进行民宿开发，存在着无限的可能性。①

民宿一般指私人经营的小旅馆，大多由业主以家庭副业的形式管理，使用自有房屋或闲置房屋的备用房间，结合当地的文化、自然景观、生态、环境资源、农林渔业、畜牧业等生产活动为游客提供住宿。与传统的酒店不同，这里可能没有豪华的设施，但它能够让人们体验当地的风俗、主人的热情和服务，体验与过去不同的生活。民宿不是一种现象或是一个话题，而是现代人们对生活方式的一种自觉选择，是对自由和个性的尊重，是对生活的敏感，对人与人之间的舒适距离与真诚的探寻和随遇。民宿作为一种全新的生活方式，诠释的恰恰就是个性、自由、舒适、便捷、随性的生活态度。高级酒店的归宿是资本，而民宿归宿于人。

民宿又可分为投资型民宿和体验型民宿。投资型民宿强调地缘优势，在有较大人流量的地方开"民宿"，为的是尽快收回成本。这些民宿虽然有家的氛围，但客人并不能体验到民宿主人的生活方式，民宿经营者只是在家中设计了几个酒店房间。所以，有人会认为这是精品酒店、客栈或者农家乐。体验型民宿则是在我们旅行的过程中，真正融入民宿主人的生活，假如在川藏线上有人家开了民宿，我们可以通过入住他家的民宿走进草原，和民宿的主人一起放牧、骑马，体验一下牧民的生活方式。这种体验型民宿，他销售的不是他家的几间客房，而是他的生活方式，完全区别于精品酒店。综上所述，民宿依托于民宿主人的生活场景，旅客通过入住民宿，体验民宿主人的日常生活。②

民宿在我国本身就是一种新鲜产品，康养旅游亦是，这两者相互碰撞将会产生别样的火花。康养在与酒店结合的时候，会显得稍微刚硬一些。但如果与民宿结合的话就更容易被大众接受，而且更容易结合。民

---

① 中国报告大厅. 中国民宿业的发展现状[EB/OL]. (2018-08-03)[2019-06-19]. http://www.chinabgao.com/k/minsu/37801.html.
② 张城琳，王苗. 浅谈民宿在中国的发展现状与策略[J]. 智富时代，2017（1）：38-39.

宿和康养旅游结合有很多方法，康养旅游加入民宿后，可以解决民宿普遍存在的同质化问题，此外还可以提升民宿的标准化和国际化水平。只有进一步地植入康养旅游这类型的特色产品，才能改变民宿当中的传统弊端，实现双方的互利互惠。

15.2 康养旅游民宿的作用

15.2.1 促进经济结构调整

休闲生态康养产业对突破旅游业、农业的发展瓶颈，提高农民收入、繁荣城市经济、促进养生服务业的发展具有重要意义，康养民宿在这其中起着不可或缺的推动作用。康养产业既与生态环境、节能环保相关，具备低能耗、低污染、低排放等低碳经济属性，又与生命科学、信息技术等联系，拥有高技术含量、高附加值的特点。[①] 发展康养产业同时还是调整产业结构、转化生产方式、促进区域经济协调发展的重要措施，是符合"十三五"规划发展的战略性新兴产业。新时代下，作为兼具低碳经济属性与绿色发展理念的朝阳产业，康养民宿迅速发展，是国民经济体系中愈发重要的一个综合产业体系。康养产业的发展有望成为老龄社会条件下的基础性、支柱性和战略性产业，能够实现扩大生态优势、产业优势、经济优势等各项发展优势，促进各产业互相融合、共享发展成果，已成为长期支撑国民经济发展的重要战略性支柱产业。

15.2.2 推动城市产业转型

开发康养旅游产品，将康养民宿打造成为集康体疗养、养生养老、休闲度假等功能于一体的康养胜地。与星级酒店相比，民宿对农村和农民的影响更为全面、直接和有效。通过将其住房改造成可出租的民宿或增建旅游接待用房，可以方便地吸收更多家庭成员就业，从而明显提高农民参与旅游管理的深度和广度，使农民直接面对旅游市场。学习和从

---

① 任宣羽. 康养旅游：内涵解析与发展路径[J]. 旅游学刊，2016，31（11）：1-4.

事宣传、营销、招待、烹饪、管理，在走出去、由农民向现代服务提供者转变的过程中，积极进入与现代服务业融合的发展轨道。农民发展民宿经营后，家庭成员在不同的地方工作，夫妻分居，老年人和孩子留守，土地荒废等问题，都将成为极少数，能进一步促进农民脱贫致富，解决农村城市化进程中的一系列问题，从而促进城市转型。

15.2.3　提高群众幸福指数

新常态下，我们把对经济增速的关注，回归到促进社会公平正义和增进人民福祉上来，康养民宿的发展无异于在促进康养旅游发展的同时带动当地的经济发展，实现互利共赢。消费者可以在参与康养旅游的过程中，体验当地的风土人情和自然风光，享受民宿提供的服务，而民宿的经营者也能够获得收益，有利于提高群众的幸福指数。①

15.2.4　康养民宿"中国化"

近年来，我国民宿产业快速崛起，无论是增长率还是总体数量都具有明显的中国特色，都具有重要的现实意义，这在很大程度上大大超过了住宿业和旅游业本身。它是逐渐辐射和发散的。由此可见，我国旅游住宿业一直与国际市场接轨，最显著的标志是星级酒店标准的成功引进和实施，其必要性和渐进性意义不言而喻。虽然一些标准化酒店也点缀了一些中国文化元素，但从设计、功能和服务上看，它们都是现代旅游产业化、标准化的产品，属于西式进口商品范畴。在中国传统文化中，理想的居住不仅要有住宿的功能，而且要从建筑的外观、结构、功能、装饰、服务等方面体现居住场所的文化内涵。目前，我国的民宿，特别是更高层次的康养民宿，在旅游住宿文化的本土化、民族化和个性化方面迈出了可喜的一步，使人们能够从旅游住宿文化中了解传统文化、历史文化、区域文化和民族文化。消费市场的杠杆作用也表明，在文化上，舒适度和住宿条件越合适，就越受旅游者的欢迎，从而促进中国旅游业的发展。这不仅是文化自信的体现，也是旅游业信心的回归。

---

① 蔡家成. 康养旅游的重大意义和性质特性[EB/OL]. （2018-01-15）[2019-06-19]. http://www.cctp.net.cn/Item/Show.asp?m=1&d=16932.

15.3 康养旅游民宿的现状

15.3.1 康养旅游民宿发展过程

民宿最早起源于欧洲，是乡村地区的一种旅游业态，最初以提供简单的住宿与早餐为经营模式。经历百余年的发展，民宿从乡村走进城市、从农场走向景区，成为区域性旅游品牌及核心吸引物的重要构成。

国内民宿起步于 20 世纪八九十年代，最初由当地农民自发创办，以迎合游客需求。随着经济、政策的不断完善和发展，我国民宿正逐渐由缓慢发展阶段转向快速发展阶段，民宿市场行情也越来越火爆（见表 15-1）。

表 15-1 中国民宿发展历程

发展方向	时间	发展内容
国营住宿产品	1980 年以前	住宿产品以国营饭店、招待所为主
外资高端酒店	1980—1988 年	外资进入中国，给中国带来了先进管理经验和服务标准，合资或外资单体酒店成为高端酒店的市场主体
星级标准酒店	1989—1998 年	市场经济的发展催生高端酒店标准化需求，外资、合资和民营酒店数量迅速增加，酒店评星体系逐渐完善
经济标准化酒店	1999 年后	大众雏形需求迅速增加，经济型酒店盛行；商务出行是主体，对服务标准化的需求催生经济连锁酒店迅速扩张
个性化住宿	近年来	近年来，我国旅游度假消费需求增长迅速，大众出行主体由商务转向个人，消费的主体由"60 后""70 后"转向"80 后"乃至"90 后"，年轻一代在出行时对客栈等个性化住宿的需求明显增加

资料来源：《中国客栈（民俗酒店）业发展报告》。

15.3.2 康养旅游民宿发展案例

雅安万森康养庄园坐落于中国碧峰峡熊猫山谷旅游度假区，是雨城区北线融合发展精品环线核心区中的明珠之一,以康养旅游景区、现代农业园区、农村新型社区、新型业态培育"四合一"融合发展为路径,重点打造碧峰峡、黄龙湖、红豆相思谷、红色中里、上里古镇、白马泉度假区等一批精品项目,培育"旅游+"新型业态,推动了雨城区旅游的转型升级。"中国碧峰峡熊猫山谷旅游度假区"目前已经成为广大游客的目的地。

万森康养庄园依托于雨城区上里镇独特的生态优势和旅游产业基地。它是一个综合性、专业性的健康与维护项目,集医疗保健、医疗保健、旅游、农业、林农和森林保育于一体。它也是雨城区第一个社会投资的健康示范项目,项目充分发挥专业规划管理团队的综合规划制作优势,拥有林业用地 3 200 亩(2.133 平方千米),农业用地 20 余亩(0.0133 平方千米),包括万森康养庄园酒店、生态农业园、森林木屋、森林小径、森林旅游等,涵盖了保健、医药、旅游、农业、林业等,是榆城区最具特色、规模最大的保健基地。

万森康养庄园按照四星级酒店标准设计改造,2017 年 5 月正式营业,总建筑面积 3 224 平方米,康养床位 100 余个,着力于打造"中医康养""旅游康养""亲子康养""养老康养""禅修康养""森林康养"等康养旅游项目综合体。同时,还通过生态有机农业、林下种植等项目前期建设和后期管理,为当地群众特别是贫困群众提供就业岗位,直接有效增加贫困群众经济收入。

根据万森康养庄园的经营模式,进而对我国的康养民宿进行分析,由于康养民宿是一个新兴产业,所以我国大部分地区还处于不断积极探索中。据调查我国现如今的康养民宿模式可大致分为四种。第一种是独立运营模式:这也是目前最为普遍的模式之一,自家的康养民宿小而美,有个店长或者管家基本就可以,所有事宜都由自己负责,也无须委托他人。第二种是村委会领导的统一管理模式:村民住宅改造后,以大规模经营的方式面向游客。游客们想入住康养民宿,进村后到村宾馆的前台预订房间即可。第三种是专业酒店为主导的连锁经营模式:以专业酒店为依托,精心打造成熟的管理经验和平台,通过其庞大的会员制、营销体系、管理体系、品牌影响力、渠道先行优势、连锁经营,实现康养民宿的品牌连锁。第四种是专业化托管模式:不同于连锁发展,这种模式,如聘请专业物业管理公司，只在康养民宿经营层面上合作，不交叉持有产权层面。

15.3.3 康养旅游民宿发展前景

近年来，社会经济结构的调整和传统酒店的转型，促进了民宿业的蓬勃发展，民宿的住宿方式更符合社会结构调整的方向。21世纪以来，中国社会发生了深刻的变化。受过教育的人在社会结构中所占的比例越来越大，年轻一代逐渐成为社会的主力军。这些群体普遍受过高等教育，对健康和幸福有自己独特的看法和追求。他们消费合理，追求内涵、品质和服务，对生活了解更多，平时工作压力很大，民宿这种住宿模式符合他们追求自我解放的需要，可以使他们从日常压力环境中释放出来，投入自然，享受生活。

民宿具有个性化管理的特点。在乡村或风景名胜区，人们通常依靠当地的旅游资源或人力资源来管理一些特色项目，并与其他旅游产品合作，相互融合互补。同时，民宿将综合餐饮、咖啡、酒吧等相关业务，这也是一大趋势。

目前，我国的大部分民宿主要集中在北京、浙江、福建、广东等东部地区，以及云南、四川等西南地区。西北和东北地区的数量相对较少。民宿集中分布在旅游业较发达的地区，丽江、大理、西安等古城、古镇区域数量较多。古城和古镇的文化遗产和文学氛围与酒店必须展现的感受相吻合。古镇深受广大居民的喜爱，已成为民宿选址的热门地区。因此，它也带来了古城和古镇区的快速生根和繁荣发展。[①]

随着国家各项鼓励民宿发展政策的继续实施，我国民宿市场将越来越繁荣。民宿行业顺应时代潮流，将商业与互联网相结合。现如今，民宿老板都会将自己的房源登记在某个网站或者 APP 名下，贴出房源的详细信息以及真实照片，消费者只需通过互联网，便可在线浏览选择预定自己心仪的民宿，这些都是康养民宿发展的机遇。

---

① 何莽.中国康养产业发展报告（2017）[M].社会科学文献出版社，2017.

15.4 康养旅游民宿的困境

15.4.1 缺乏合理的区域规划

民宿分布较为分散，尚未形成规模较大、知名度高的民宿聚集开发区。民宿的存在必须依赖于当地的区域经济、自然环境和人类历史。由于民宿的高度依赖性，民宿的区域规划自然是非常重要的。[①] 从表面上看，我国存在着不同的思想、不同的战术、不同的形式、不同的操作或相互模仿，并逐渐融合。但由于我国尚未出台有关民宿的发展规划，民宿及民宿旅游相关产品、设施等没有总体规划，民宿经济处于自主发展状态，出现"遍地开花"现象。在这种无序状态下建造的房屋大多不符合区域科学布局和合理适度发展的要求。

15.4.2 缺乏配套的基础设施

民宿基础设施不仅包括道路、公用设施、网络、停车场、厕所、消防设施、安全监管系统，还包括社会服务和政府法律法规。根据调查，满足这一要求的地区不多。换句话说，绝大多数民宿开发区都存在基础设施不健全的问题。

民宿，是一个依赖性很强的集群性产业，因此，对民宿必须进行综合开发，在同一地区共享基础设施。但是，如果公共设施不健全，个别民宿肯定会单打独斗，自立门户，自己想办法解决所有的问题。这不仅增加了民宿的成本，而且增加了民宿消费的单价，以致同一地区的民宿，不能形成合力，甚至产生恶性竞争。

15.4.3 缺乏品牌意识和创新

大多数民宿更注重模仿而非创意，主题不突出，特点不明显。无论是建筑风格、室内装饰还是其他硬件设施，以及食宿服务，体验分享都非常相似，缺乏自己独特的经营理念。缺乏地方特色，同质化现

---

① 创行合一休闲农业创意中心. 乡村民宿的发展现状与问题思考[EB/OL].（2018-05-14）[2019-06-19]. http://www.cxhyplan.net/nlzn_page.aspx?id=850.

象严重。

个性化是民宿的灵魂,但产品与服务的同质化现象却悄然蔓延。过度和不当的设计违反了民宿服务的基本规则,会降低客人的体验。法律法规的滞后也成为制约民宿业发展的制度瓶颈。此外,民宿的概念还没有统一,对民宿业内外的认识也很混乱。农场、农舍、乡村旅馆和旅店都被称为民宿,行业鱼龙混杂、多形态发展、地方法规法律也处于缺失状态。

在日本和其他地方,大多数民宿主人本身就是当地居民。他们可以在自己的家里生活并长期发展自己的民宿。因此,他们能够经受住缓慢的发展,运用多年积累的人气和经验,打造品牌。①但中国的民宿则不同,民宿经营者素质不统一,有些人完全是一腔热情进入这个领域,个人情感占据主导地位,前期不考虑品牌培育问题;有些人是为个人情怀着想,想到某种风格就开始做,完全没有考虑结合当地习俗,想到哪就做到哪儿;还有一些人做农村房地产,大规模模仿,没有什么新鲜可言。这些经营模式无法建立良好的品牌。

15.5 康养旅游民宿的对策

15.5.1 精准选址

决定一个康养民宿成功的因素有很多,建造和经营都是依靠后天的控制,而选址是先天性极强的因素。一般来说,选址一经确定,市场方向就大致确立。可以说,好的选址是成功的一半。选址不理想,后期其他方面做得再成熟也会事倍功半。②成熟的民宿及民宿聚集区都具备极佳的选址条件。而民宿的选址又受到以下诸多因素的影响:

作为一个需要到达目的地才能消费的行业,交通的便利性对于民宿是一个重要的衡量因素,距离市场的远近决定了潜在消费群体的数量。交通的可达性对定位不同的民宿来说,有不同的要求。对于康养民宿来

---

① 范丽娟. 日本乡村民宿旅游特色经营对中国民宿发展的启示[J]. 河南机电高等专科学校学报,2016,24(6):23-25.
② 民宿选址十要素,经营民宿第一步[EB/OL]. (2017-09-11) [2019-06-24]. http://www.sohu.com/a/191348414_778107.

说，自驾的时间不宜超过两个小时。现在我国康养旅游的主体以老年人和青少年为主，他们也并不适合长时间的舟车劳顿。随着我国各种交通网络布局的完善，特别是高铁和机场建设的推进，时间距离和物理距离都是影响旅游消费者的重要参考项。

区域环境是选址当中最为重要的因素，消费者群体选择民宿作为住宿的目的地，首先是对其区域环境的认可。区域景观的独特性尤为重要，意味着先天性带来的客流量的多少。区域周边或自身具有一定的旅游属性，自然资源或人文资源突出，有可形成较强吸引力的地点。如果民宿选址处在世遗景点或一个有着某种象征意义的地区，对应的客流量会比普通景区更有竞争优势。

在确定良好的区域环境之后，具体地理要素及地质地貌也有一定影响。地质与周边水系、景点、交通干道的关系都影响着民宿的质量。依山傍水的绝佳位置、古树、文化遗迹以及绝美的观景视野都会给民宿加分。

资源对于民宿来说没有固定的范围和界定，但基本可以划分为两种类型。一类是能带来美好境遇和体验的环境事物，周边方便可达的景区，地块周边独特的草木山水，都是这类资源，地区文化氛围也是这类资源重要的要素。这类资源具有鲜明的先天性，选址的时候占有资源越多，资源禀赋也就越强。在项目设计建设中也要充分利用这些资源，发挥各资源价值，让这类资源最终成为吸引游客的重要载体。另一类则是能完善补充民宿功能的相关业态。旅游产业六大供给要素吃、住、行、游、购、娱，民宿为代表的非标住宿主要承担的是"住"这一项，在建设中，民宿可适度延伸承担其他要素功能。实际建设过程中，民宿很难把其他要素都囊括，难以建立整个旅游服务体系。但在一定范围内，具有一定的其他配套业态对于民宿无疑是很重要的，这不仅能增加民宿的吸引力，也能减少民宿建设的公共服务投入，如医疗、安保等社会服务类的配套给旅游消费者乃至民宿自身都提供了保障。

民宿体量较小，设计及布局上灵活性强，而作为经营主体，给水、排水、强弱电、消防、污染处理等方面都需要细细考虑。如果民宿所建区域配套设施不全面，建设成本及运营成本也会增高；如果电容量不够需要增容，或是缺乏稳定健康的生活用水，可能电力增容或增加生活用水供给设施比改造民宿的成本还要高。特别是在一些距离城镇较远的村落，所有基础设施都要在确定选址之时就做系统的规划。

康养民宿的选址也要考察所在地区的政府态度与相关政策，这是行业最不可控的一个因素。民宿属于新兴的旅游住宿方式，很多地方政策法规并不明朗，不同地区政府也有着不同的态度，这就决定了所需办理证件的难易程度。民宿选定地址之前必须要和当地的行政单位进行沟通，确保各级行政机构和当地居民的支持。签订租赁合同的时候应确认土地属性和房屋的权属，避免纠纷。目前，大多政府都扶植民宿产业，尤其是康养旅游业，会提供政策、资源甚至资金方面的支持，另外也会根据当地特色给予适当引导。

15.5.2　精心策划

在民宿设计之前必须要有长远的规划。例如：为什么客人要来这里？这里的吸引力是什么？除了住宿，客人还能在这里做什么？所有这些问题都应该被了解。如果一个康养民宿除了住宿之外没有其他辅助服务，那么它是非常不可靠的，没有任何可取之处。①

设计方面，民宿的核心应该是表达出一种不一样的生活态度，如何将这种生活态度体现在民宿的方方面面上，就是设计要考虑的问题。比如在保留老房子原貌的基础上，再融入一些个性化的设计，通过细节来提升民宿的品质。另外，客人来了之后，除了看、听、吃，还需要实际感受，安排一些传统的有趣活动、田园体验等，这些也需要在设计的时候进行考虑。当然，这所有的一切都是建立在个人投入的基础上。简而言之，民宿的设计，不是简单的一栋房子的设计，而是要设计一种生活形式。生活则是一种体验。

换位思考，人们不远万里到这个地方来，想要的是什么样的生活状态，想要体验什么样的生活方式？这些都是需要考虑的问题。尤其是有旧居民的时候，设计不要太多，而是恰到好处。

对于康养民宿而言，"康养"无疑是重中之重。怎样才能使客户在入

---

① 李夏，杨伊琳，占旖琼. 贵溪欲打造省级康养民宿度假新标杆[N]. 贵溪报，2017-03-03.

住的过程中感受到这是一次心灵的放松与身体的享受，民宿的配套设施建设也是十分重要的，处处都应该体现"健康"之道。

"家人"是客户关系最好的诠释。住民宿，就是"回家了"，放松怡然，轻松自在。民宿与酒店的本质区别在于民宿彰显的是"民"，而酒店的主角是"客"。因此，怎样才能让客人有"家"的感觉，是康养民宿别于其他康养酒店的重要标准。民宿的主人也力求营造的是"宾至如归"的家园，这其中蕴含一种精神境界，追求的是个性个体的和谐和自我。民宿"家"的情怀也将成为其长久的竞争力，这些都是策划时需要考虑的因素。

15.5.3　用心经营

康养民宿的经营无疑是围绕康养这一主题展开的，因此处处都应该体现"健康"的理念，民宿环境是否宜居，食品是否绿色无污染都是重要的衡量依据。因此在后期经营的过程中，应该着力于打造健康生态的民宿环境，也可通过种植蔬果等方式，让健康触手可及。[1]

情怀这个词虽然在现在的民宿中已经太过普遍，但永远不会过时。人们看到老房子怀旧是因为老房子唤起了人们对童年生活的记忆。这里的东西不是冰冷的，而是现实的温暖和记忆的味道。人是一种很感性的动物，情感是最能刺激人心的东西。在康养民宿中，同样可以打情怀牌，让消费者有归属感。康养民宿之所以吸引人必定是有自己的特色，有温度有感情。民宿的内涵和内容表明，传统的标准化酒店已无法满足人们多样化的住宿需求，特色化和个性化是未来民宿经济的天下。

在经营的过程中，要着力于打造品牌文化，品牌文化是品牌在经营中逐渐形成的文化积淀，代表着一种价值观、一种品位、一种格调、一种生活方式。这就要求康养民宿要与当地的文化人文、民俗风情相契合，一个没有故事、没有人文的民宿，是没有生命力的，可以结合主人志趣、地域传统和特色服务等打造一个有故事、有场景的民宿。客户体验落实下来的具体表现，就是极致的细节。不同于标准化的布置和服务，民宿

---

[1] 韩彩霞. 论全域旅游视域下乡村旅游的发现路径[J]. 重庆电子工程职业学院学报，2018，27（3）：13-16.

更倾向于将硬件和服务的细节做到极致,从每一个细节感受到民宿主人的良苦用心,体会到主人积极向上的生活态度,进而感同身受。

康养民宿在经营中也要注重宣传推广,但一个好的故事,没有倾听者也是枉然。运营者除了做好日常的线下运营推广外,还要做好线上运营工作。在这个"互联网+"的时代,线上持续的内容输出将会为康养民宿带来更多曝光的机会。

有了充足的宣传推广,提升康养民宿的价值属性也是十分重要的。民宿产品的价值是指周围地理环境、民宿的建筑设计品位、房间硬件设施的档次、消防安全及卫生清洁状况、服务流程等综合因素之和是否等于这个房费价格。

除此之外,还要能提供附加价值,如接送、包车、代订机票等软性价值。调查显示,约有60%的民宿经营者仍然采用传统的营销模式。因此,如何充分整合现有资源,制定先进的互联网和移动互联网技术营销模式已成为民宿管理的当务之急。"互联网+住宿"的发展空间非常大。康养民宿要着重建设民宿的网络平台,不仅要为游客提供便捷的网上交易,还要为住宿、餐饮、娱乐、购物和文化衍生产品提供一整套解决方案,为进一步拉动康养产业链注入生机和活力。

15.5.4 优质服务

现如今,中国具有理性消费观念的人主要关注康养服务本身的性价比,"是否划算"是其选择的主要标准,只要价格可以接受,消费者大多不会有更多消费诉求,因此康养民宿在定价时应考虑各方面的因素,合理定价,吸引更多的消费者。具有感性消费观念的人由于生活水平处于改善和提高阶段,注重同类康养服务在质量上的差异并对创新型更有兴趣,重品牌、重外观、重体验,把"是否喜欢"作为主要选择标准,商家和消费者处于均势,坚持营销导向,在满足顾客需求的同时又要和顾客进行博弈。

具有感性消费观念的人重视心灵的充实,消费者会更挑剔,对康养服务的要求不再是质量、价格、品牌,而是在消费过程中能否实现内心的满足,"是否满意"是其取舍标准。这时商家处于买方市场,必须坚持需求导向，一切为了顾客。

消费观念还具有日益细分和差异渐增的发展趋势。我们还要看到"自给自足"、"万事不求人"、"注重储蓄"、"量入为出"、养儿防老等传统消费观念对当前康养产业可能产生的不利影响。很可能，在未来相当长一段时间内，愿意住进商业性养老机构养老的老人都是少数，增幅也不会太快；信用消费在短时间内也难以具有欧美国家的增幅、规模和普及性。

随着我国经济的快速发展，旅游市场格局发生了巨大变化，我国旅游业正面临着前所未有的新时期。我国康养民宿发展空间广阔，也已经初步收到了积极的社会和市场反应，取得了良好的经济效益。然而，真正的康养民宿不应该仅仅是一个住宿的地方，也不应该是农家乐的替代品，而是一种新的、健康的生活方式。①每栋设计独特的民宿都承载着开发商的理想。它不需要豪华的设施，但可以让人们体验当地的风俗和主人的感受。体验一种不同于以往生活的新生活方式。康养民宿产业无论如何发展，都应当立足当地特色文化，利用乡村的民俗资源和环境资源等为游客提供有人情味的旅游体验。

康养服务中的人文关怀是一个很关键的因素。在产品设计、宣传推广、服务提供、争端调处等过程中确保消费者的人身安全和财产安全，尊重消费者人格尊严和风俗习惯，对于康养服务机构及其从业人员不仅是一种法律义务，更是一种竞争软实力。若康养民宿想获得可持续发展，升级换代是必由之路，适应发展合理运营，针对问题合理解决，开创康养旅游的新时代，为康养民宿掀开新的篇章。

---

① 刘以雷. 培育新动能，拓宽新思路，促进康养产业发展新突破[EB/OL].（2018-11-26）[2019-06-24]. https://xin.baidu.com/yuqing?yuqingId= c784b1c876d436fc091ca9c544bb44f2.

16 康养旅游之民族节庆

随着我国人口老龄化的日益严重，养老问题越发凸显，这既是我国康养产业的挑战，也是我国康养产业的机遇。我国针对老年群体的康养市场相对短缺，存在诸多有待开发的市场。康养旅游指通过养颜健体、营养膳食、修心养性、关爱环境等各种手段，使人在身体、心智和精神上都达到自然和谐的优良状态的各种旅游活动的总和，①这与养老市场的需求不谋而合。与此同时，在乡村振兴、传统文化复兴、"健康中国2030"等国家战略下，形成了康养旅游与民族节庆协同发展的契机。民族节庆是以民族传统节日庆典为表现形式，以民族传统文化精髓为承载内涵的节庆活动，存在着文化魅力性、地域特色性、大众参与性等特点，是当下及未来旅游发展的重要方向。探索康养旅游与民族节庆的结合之路，创造一个集文化弘扬、经济发展、身心康养于一体的康养旅游产业，对我国经济结构转型、文化传承保护、乡村经济发展以及人民生活幸福感提升都能起到重要的推动作用。

16.1 康养旅游与民族节庆融合发展的基础

康养旅游与民族节庆是两个既有不同点，又有相同点的旅游新业态，二者的不同点互补，能提高服务水平、游客体验并且扩大辐射范围；二者的相同点为康养旅游与民族节庆的融合发展目的一致、发展要求相似、发展背景吻合。正是这三者的一致，为这两个不同行业提供了融合共进的理论基础。

16.1.1 发展目的一致

（1）经济目的一致——招商引资，发展经济。

在经济方面，康养旅游作为旅游产业的一个分支，隶属于第三产业，

---

① 国家旅游局. 国家康养旅游示范基地标准[S]. 国家旅游局，2016-01-05.

对国家和地方来说有提升地区知名度、拉动经济发展、优化产业结构、吸引资本投入的作用。同时，康养旅游因其具有休闲娱乐减压、增长知识阅历、温养身心体魄的功效，容易引起人们的消费欲望，具有刺激大众消费、带动经济发展的作用。民族节庆作为具有大众性的传统节庆活动，也属于第三产业。节庆活动能将文化资源转化为经济资源，有通过集会活动吸引人流与关注、提升地区知名度，以达到招商引资、带动地方经济发展、提升基础设施建设的作用。康养旅游与民族节庆的经济目的一致，旨在吸引资本投入、拉动地方经济发展和提升地区知名度。

（2）文化目的一致——传承文化，净化心灵。

在文化方面，康养旅游的目的在于使人们在身体、心智和精神上都达到自然和谐的优良状态，其旅游活动既要求有益身体健康，又要求蕴含文化内涵，通过历史记忆、文化底蕴、民族特色等方面的文化输出使游客达到精神与心智上的和谐享受。民族节庆是以民族传统文化精髓为承载内涵的节庆活动，其目的在于纪念、传承和弘扬本民族的传统文化、精神观念，传播优秀文化思想、提高个人思想觉悟、洗脱浮躁、净化心灵以及增强民族凝聚力。康养旅游与民族节庆的文化目的一致，都以文化作为内核，通过文化熏陶使游客浮躁的内心得以安抚，精神思想境界得以提高。

16.1.2 发展要求相似

（1）基础建设要求相似。

发展康养旅游与发展民族节庆对于地区的公共基础建设要求相似，主要体现在交通运输、能源供应、公共服务方面。交通便利不仅是旅游相关产业发展的必要条件，还是民族节庆活动举办选址时必然考虑的因素之一。交通业作为经济发展的基础性先导产业，是旅游业必不可少的先决条件，对旅游资源的开发、旅游服务质量的提高等都具有重要意义。①充足且稳定的能源供应是康养旅游与民族节庆的基本要求，电力、水力、天然气等能源的供应需要满足相关旅游活动的需求。此外，

---

① 王兆丰. 旅游交通对旅游产业发展影响的实证分析——以张家界为例[J]. 财经理论与实践（双月刊），2009，30（4）：112-116.

良好的公共服务是两者发展不可缺少的要求，康养旅游与民族节庆都是提供给游客一种身体上和心理上的体验，旨在使游客满意。良好的产品和优质的服务必不可少，公共服务需要达到较高水平。例如，公厕、环卫、道路指引牌等公共服务设施，均要能够满足游客的需求。

（2）环境要求相似。

建设康养旅游项目或开展民族节庆活动对地方的环境要求相似，主要体现在自然环境和治安环境。自然环境方面，国家旅游局发布的《国家康养旅游示范基地》对环境的要求包括三个方面：一是近三年空气质量呈持续改善趋势。二是建有生活污水集中处理设施，生活污水集中处理率≥80%，按 GB 18918 规定的一级标准的 A 标准要求排放。三是生活垃圾无害化处理率应≥85%，并符合 GB 16889 或 GB 18485 的要求。同时，节庆活动举办地有空气质量良好、水体质量良好、无严重污染等要求。在治安环境方面，康养旅游和民族节庆都具有参与者多、人员流动频繁等特点，要求严格管控地方危险物品、严格查处地方违禁物品、设有特殊治安政策以及安全稳定的地方社会环境。

（3）资源要求相似。

康养旅游与民族节庆在资源要求上相似，主要体现在文化资源、经济资源、自然资源的需求相似。康养旅游可以通过文化熏陶来使人达到心智、精神上的和谐，其涉及的文化领域十分广泛，包括璀璨的民族文化和特色鲜明的地方文化，这与民族节庆对在文化资源的要求相似。经济资源需求相似是指二者对地区基本建设、市场资本投入、员工服务水平等人类经济活动及产物的依赖程度相当。自然资源需求相似指两者都可以利用温泉、雪山、湿地、江河、森林等独特的且具有地方标签的自然景物作为活动特色产品，并依托这些资源进行开发建设。

16.1.3　发展背景一致

（1）政策背景一致。

在中国，康养旅游作为一个新兴行业，由一开始的民间资本尝试逐渐转变为如今的国家发展新方向，这不仅是市场对这个行业的肯定，还是大众对康养旅游需求的体现。伴随着产业规模的壮大，政府出台了一系列政策和规范来扶持康养旅游行业的发展，以保证整个市场的有序化和规范化，如《国家康养旅游示范基地》《关于启动全国森林体验基地和全国森林养生基地建设试点的通知》《中国生态文化发展纲要（2016—2020年）》《"健康中国2030"规划纲要》等政策文件。又如2017、2018年的中央一号文件中都提到要推进康养产业与乡村休闲旅游产业融合，加快发展健康养生服务。一系列政策的提出，意味着康养旅游行业上升到国家需求，为该行业的发展提供了良好的政策环境。就民族节庆而言，国家从始至终就十分重视与支持传统文化的保护与复兴，近年来在"文化自信"的号召下，先后出台了《保护非物质文化遗产公约》《中国民族民间文化保护工程实施方案》《关于实施中国民族民间文化保护工程的通知》《关于实施中华优秀传统文化传承发展工程的意见》等政策，由上至下地进行全面保护和复兴传统文化，承载了优秀传统文化精髓的民族节庆自然备受青睐，为其发展提供了良好的政策基础。

（2）文化背景一致。

养生文化在中国源远流长。在封建社会时期，由于大众的物质资源缺乏、统治阶级压迫等原因，养生文化与养生行为仅在贵族阶级流行。现代社会，人民群众在基本物质生活上得到了保障、人均寿命持续增加、人口老龄化越发严重，健康养生的主题与文化逐渐进入大众的视野，人们开始对旅游、养生、休闲、养老给予更多的关注并愿意投入更多的金钱和时间。国内旅游人数从1984年约2亿人次增长至2014年国内旅游约36亿人次，增长了17倍。由于生活节奏紧张、社会竞争激烈导致的城市居民生活枯燥压抑、工作加班加点等原因，中国亚健康人群比例涨至70%，渴望参与休闲、养生的旅游活动的人数逐年上升，康养文化的兴起已势不可挡。近年来，民族节庆文化活动兴起，社会群体对民族特色文化的好奇程度和渴望程度高涨，因而民族节庆活动越发受到人们的欢迎，参与人次越来越多。例如，四川省凉山彝族自治州举办的彝族火把节，2017年火把节期间，全州共接待游客366万人次，同比增长12.1%。①康养旅游与民族节庆两个行业的发展目的一致，为二者的融合发展提供了理论

---

① 2017年"凉山彝族传统火把节"完美落幕,期间游客接待量再创新高[EB/OL].（2017-07-24）[2019-06-24]. https://www. sohu. com/a/159570355_162063. html.

基石。拥有一致目标是同道共行的前提基础。正是因为这一原因，康养旅游与民族节庆在市场规律下能找到合适的接洽点，走上合作发展的道路。康养旅游与民族节庆两个行业的发展要求、发展背景一致，为两者融合提供了现实可能。两者对现实环境的要求一致使它们的现实本体能够同时同地出现，这是融合发展的必要条件；两者发展背景的一致使两个处于成长期的"同龄"行业能够在同样的社会环境下展开真正的合作。

16.2 康养旅游与民族节庆融合发展的误区

康养旅游与民族节庆是两个不同的行业，要做到有机融合，共同繁荣，需要方向正确、方式合理、定位准确。康养旅游与民族节庆融合发展需要避免过度侧重某一方，让融合发展有名无实；避免商业性质过于浓重，让融合产物缺乏文化内涵而有形无实；避免自身定位高端奢华，让大众难以参与其中，使活动成为"富人游戏"而失去初衷。只有规避这些发展误区，康养旅游与民族节庆才能真正健康有效地融合发展。

16.2.1 过度单侧偏重，融合有名无实

康养旅游与民族节庆的融合可能走入过于偏向某个行业的误区，最终导致融合发展有名无实。无论是过度偏重康养旅游，还是过度偏重民族节庆都不可取。例如，在民族节庆活动中仅形式上加入一两个康养版块的活动，其余活动与文化内容全然无关，这就只是挂了康养旅游的名头，尚未做到两者形式、内容的全面融合。游客在民族节庆活动中不仅难以让身体得到养护和放松，还无法在充满康养文化的环境中领悟身体康养需求。这样康养旅游还只是康养旅游，民族节庆还只是民族节庆，两者在本质上没有融合，两者融合的互补效果无法体现，庆典狂欢后的身体疲惫不能通过康养项目得到缓解，游客可能做出"玩得开心但很累"或者"并不好玩还很累"的评价，甚至对整个项目产生消极的口碑效应。若两者融合得当，让游客在活动中能够学习到健康知识与技巧，在狂欢之后游客身体最疲惫的时期给予温泉、汗蒸、按摩等身心恢复活动，消

除其疲劳感，民族节庆活动就容易获得一个较高评价。

16.2.2　仅重经济收益，缺乏文化灵魂

旅游开发普遍存在一个通病，即商业开发与文化保护之间的矛盾。如今的旅游古镇千篇一律，满街的商业店铺、生硬的民俗表演等成为很多商业开发古镇的标配，古镇原有的文化内涵、质朴面貌被冲击得支零破碎。而以民族文化为核心之一的康养旅游与民族节庆的开发亟须注意这一点。资本投入的目的是盈利，当地经济需要发展，商业化是必然道路，如何挖掘地方特色与民族文化，关键在于扎根传统文化，挖掘、保护并展现文化精髓。传统民俗表演不能仅趋于形式、流于表面，对当地风俗面貌与重要特征也要进行保护，对纪念品的开发要从本质上结合民族文化或节庆文化，商业化发展应避开核心区域，实行开发与保护并存的发展策略，让地方风貌得以保留，从而为旅游景区赋予文化灵魂。

16.2.3　消费成本过高，大众难以参与

康养旅游与民族节庆的融合还存在活动定价过高的问题。设置高昂的进入门槛会导致普通收入人群难以承受其成本，从而选择消费水平较低、容易承担的娱乐活动进行休闲活动。当民族节庆与康养旅游变成一个仅供高收入水平群体消费的"高端"产品时，它会因不接地气而失去生气，只徒有形式。民族节庆作为有大众性特点的活动，其本身的性质决定了整个活动需要大众参与，所以不能设置过高的进入门槛。这样才能带来庞大的人流，带动每一个参与者，让节庆有热闹的气氛。当然，进入门槛低并不意味着一切消费都低廉，在附属活动上应当分层，针对不同群体推出不同消费水平的产品，用差异化策略来获取不同消费群体的市场份额，以实现最大盈利。

保证项目的健康发展还需要避免诸多误区，无论是结合方式、开发策略，还是产品定价，都需要因地制宜，采取合适的策略，以"可持续发展"为发展标准，以"保护优于破坏"为发展准则，以"高品质体验"为发展目标，在实践中不断摸索和改进，最终实现康养旅游与民族节庆的融合发展。

16.3 康养旅游与民族节庆融合发展的路径

新时代，民族节庆康养旅游的发展需要找到一条合适的路径，明确发展方向，合理搭配产品，结合"前台、后台"理论，根据当地实情制订发展计划，平衡旅游商业开发与民族文化保护，做到目标市场的选择合理、保护与开发的有序发展。

16.3.1 首要方向协同

康养旅游与民族节庆的融合发展，需要明确活动结构、明确目标市场、明确产品类别。

一是明确活动结构。由于节庆活动举办的时限性以及康养活动的闲适性，民族节庆适合打造成一个"点"，而康养活动适合铺开成一个"面"，用宏大、热烈、激情的短期狂欢庆典带动闲适、雅致、亲近的长期康养活动，以点带面确立文化性人文群体节庆活动的主打产品带动团体养生活动。比如，将每年的民族节日庆祝期间设为景区的狂欢时期，结合民族节庆文化、节庆庆典活动和景区养生活动，进行自我宣传，提升知名度，并以热烈的现场气氛、古老的仪式行为、神秘的民族文化来让游客抛开俗世、敞开心扉、乐在其中，让其拥有见识到、学习到、参与到、享受到的旅行体验；除开节庆期间的其他时期便以景区的康养项目作为旅行产品，利用以亲朋好友为团体进行的康养活动的恬淡性、亲近性、私人性为游客提供在身体、心智和精神上都达到自然和谐的优良状态的旅行体验。

二是明确目标市场。营销学者杰罗姆·麦卡锡提出应当把消费者看作一个特定的群体，即目标市场。通过市场细分，有利于明确目标市场，通过市场营销策略的应用，有利于满足目标市场的需要。即目标市场就是通过市场细分后，企业准备以相应的产品和服务满足其需要的一个或几个子市场。康养旅游民族节庆也需要进行市场细分，明确目标市场，做到拥有适合目标市场且价格梯度完整的产品库。针对不同收入旅游群体提供不同产品或同一产品不同服务，既要有几十块钱就能参加的平价活动，也要有需要消费数百上千的高价活动，按照"进入门槛低，消费上限高"的原则开发产品。特别是节庆活动的进入门槛不能设置得过高，需要定到一个可以让大众接受的价格。

三是明确产品类别,就是确定产品的种类以及产品要发挥的作用。这本是属于目标市场涵盖的内容,但由于康养产品受现实因素影响较大,难以完全依照理论来准备和生产各类各样的产品,于是将其单独划出来讨论。例如,针对亲近自然、喜欢清新空气、热爱森林的消费群体理应准备森林康养产品,但若当地环境并不适合树木生长,即使人为移植,也难以推出该产品,这就是自然环境因素的限制。所以,在康养产品类别的选定环节,不仅要考虑目标游客的需求和产品项目的收益,还要结合当地自然资源和自然环境等现实因素,因地制宜,合理选择和策划产品项目。有独特自然资源的便利用资源打造特色康养产品,没有资源的便结合实情开发可人为打造的康养产品,尽量做到产品功能全面且一年四季都有康养产品,如春天森林度假、夏天游泳健身、秋天户外骑行、冬天温泉盐浴,尽量不让产品的搭配出现空缺,明确并搭配好各种类别的产品,为游客提供更多、更全的选择和体验。

16.3.2 次要模式科学

康养旅游与民族节庆融合发展需要选择科学合理的发展模式,要集经济获利、文化弘扬和康养身心三种功能于一身,在经济与文化之间找到商业开发与民族文化保护的平衡点,在文化与康养之间建立起民族文化对游客心灵净化的窗口。

项目取得经济效益需要"政府搭台,资本唱戏",充分发挥我国社会主义市场经济体制的优越性,以"无形的手"和"有形的手"共同推动民族节庆康养旅游的发展。政府起到牵头和搭建平台的作用,牵头成立项目主办组织并为各个组织相互沟通交流搭建平台。当项目较为成熟后,政府放手将其交给市场,减少行政干预,加强监督引导。此时,资本和企业起到策划运营作用,项目的市场化进而提升自我生存的能力。在组织结构建立、运行模式合理的同时,旅行活动和民族文化的结合也要深入、创新。据统计,我国年举办的各种节活动已经超过 5 600 多个,绝大多数规模小、影响差、档次低,没有产生应有的社会效益和经济效益,主要原因是产品的文化内涵挖掘不够,活动项目拘泥于开幕式、招商会、洽谈会等表面形式，而忽视了活动内容本身。[①]只有真正深入挖掘民族文化的内涵，并将其与项目结合，保持民族文化的原味风情、保持民族节庆的优秀精神，才能让项目活动拥有民族文化的魅力并起到弘扬文化的功能。同时，节庆活动也需要与康养活动合理结合，可以在保证没有动摇节庆原本的核心文化内涵的情况下将康养文化融入其中。例如，在节庆活动中期加入运动类康养活动，在节庆活动的尾声安排恢复类康养活动。让整个民族节庆康养旅游既有民族节庆带来的心智和精神上的和谐，又有康养活动带来的身体上的和谐。

平衡商业开发与民族文化保护矛盾的关键在于，开发程度与保护力度的界定，界定哪些区域是可以作为地区发展的代价而牺牲掉的，哪些又是必须保留且保护下来的区域。此前有学者就"古镇的保护与开发"提出了"前台、后台"模式的探索。当以"改造居民的生活环境"为目的的改造完成后，进行商业化开发时，将古镇划为前台与后台，即将保护价值较低的地方划为前台，进行高强度的商业开发，保护价值较高的地方，进行强度较低的开发，寻求一种"凝望"式、"体验"式的旅游模式。这种"静"与"动"分区的旅游开发模式，可以满足不同层次游客的需要，可以丰富游客的旅游体验，也可以在后台保存古镇的传统文化和生活氛围，可谓一举多得。[②]这种模式的优点在于，找到了古镇的旅游开发和古迹保护的一个平衡点，选择牺牲部分次要区域而重点保护核心区域，使古镇能够发展又得以保护。这种模式下，既保证了商业开发，又确保了地方文化不会受到过大损坏，可以借用到民族节庆康养旅游的开发、保护中来，对保护价值较低的地方高强度商业开发，而核心区域则选择低强度商业开发或不开发，将受商业化影响较低的文化进行商业转化，而对核心文化则重点保护。

而还有一种方法无须界定开发程度和保护力度，这便是"复制"模式。"复制"模式的含义是尽可能保留原有的文化事物，不对其进行刻意的商业开发，不对地方建筑实施留皮换骨的行为，不对原来的居民实行

[①] 余丹. 民族节庆旅游开发与非物质文化遗产保护互动模式研究[J]. 西南民族大学学报（人文社会科学版），2009，30（9）：5-8+297.

[②] 张剑文，杨大禹. "宁静致远"与"人声鼎沸"：云南古镇商业化旅游开发的迷思[J]. 华中建筑，2014，32（10）：107-111.

迁移政策，不对地方艺术做出商业改动，然后在该地附近进行仿照修建，在外形上做到和原物相似，最后按照需求进行商业化打造以及创新，将现代商业和历史文化、历史古迹隔开却不隔远。如泸州市尧坝镇便是"复制"模式的一种，不对古镇的核心街道开发，而是在附近仿照古街，并加上了自己的创意，修建了城墙，其取得的效果良好。"复制"模式能够尽可能地保留真实的民族文化氛围和原本的地方风貌形态，让复制品的开发和创新也更加自由，让游客可以在真实古街感受原始与传统，体验纯正民族文化的熏陶，在仿造古街感受繁华与现代，体验吃喝玩乐的肆意，在原始与繁华的强烈反差中获得新型体验。

康养旅游与民族节庆融合的成功与否取决于两者的活动形式、内容、文化能否真正融合在一起，只有针对特定民族节庆和当地旅游资源进行深入研究后，有机搭配活动中的文化属性和康养属性，在不同阶段实行不同策略，对不同收入群体打造不同价格产品，并制定合理的发展模式，平衡旅游商业开发与民族文化保护的矛盾，才能实现康养旅游与民族节庆的融合发展。

16.4　康养旅游与民族节庆融合发展的前景

近两年，康养旅游作为新兴旅游产品，越来越受到市场的青睐。目前，世界上有超过100个国家和地区开展健康旅游，2013年全球健康旅游产业规模约为4 386亿美元，约占全球14%的旅游产业总体规模经济。2017年预计将产生6 785亿美元的收入，占世界旅游收入的16%。《大健康十大投资热点市场规模预测》显示，2016年，我国大健康产业的规模近3万亿元，居全球第一位。预计到2020年，大健康产业总规模将超过8万亿元。然而，包括养生旅游在内的一些细分领域还是一片蓝海。据统计，养生旅游占旅游交易总规模的1%左右，2015年中国旅游市场总交易规模为41 300亿元，养生旅游的交易规模约为400亿元。截至2016年年底，60岁的老人超过了2.3亿人，我国老龄化情况加剧，生活水平上升，康养市场需求将会逐步扩大，完成从旅游到旅居的过渡。现阶段，养生旅游市场拥有良好的市场环境，发展空间巨大。未来5年，养生旅游的市场规模将呈快速增长态势，年复合增长率有望达到20%，

2020年市场规模将在1 000亿元左右。①

以民族节日为中心的传统节庆活动蕴含了丰富的民俗文化，能充分彰显当地文化的魅力。与传统节庆活动相比，一些新打造的现代节庆活动，往往因为缺乏文化内涵只有短期生命力，而传统节庆活动则具有旺盛的生命力。传统节庆不仅仅体现了各个地方和民族的当地文化，还能够起到传承地方文化、展现地方风土民情的作用。传统节庆已成为人们日常生活的一部分，民众对其有着深厚的情感，认为它们是中华文明的精髓所在。这些人文思想有利于传统节庆的旅游开发，对其进行旅游开发，不仅可以继承地方文化，同时还富有一定的经济价值。②近几年，在国家大力号召弘扬传统文化以及大众普遍追求精神文化获得的背景下，节庆活动越来越受到政府、企业以及大众的欢迎。我国地方节庆旅游的发展前景广阔，因为它具有符合现代人旅游需求的新特点，同时又能为主办地带来丰厚的经济效益和社会效益。③特别是我国节庆活动整体上正脱离小打小闹，开始"登堂入室"，无论是在举办规模上，还是观众参与上，都有了极大的提升，节庆活动开始走向品牌化，这使节庆活动更容易获得经济收益和社会收益。随着人们的精神文化意识的不断觉醒以及政府越来越大力度的宣传和扶持，民族节庆活动的市场将更加广阔。

康养旅游与民族节庆融合发展，其政策背景有保障、资本投入有保障、消费市场有保障、服务水平有保障，既填补了大健康市场的空缺，也满足了人民大众的物质需求与精神需求，同时还响应了国家的政策方针，是一个顺应大势、大有可为的产业。

---

① 康养旅游，一个规模达千亿的蓝海，掘金机遇已经到来[EB/OL].（2018-02-17）[2019-06-24]. https://www.sohu.com/a/223014176_100015809.html.
② 赵念念. 传统节庆民俗旅游资源的创新开发策略[J]. 东南大学学报（哲学社会科学版），2014，16（S2）：49-51.
③ 裴蓓. 我国地方节庆旅游现状与前景分析[J]. 安庆师范学院学报（社会科学版），2004（6）：45-47.

17　康养旅游之空间布局

党的第十九大报告指出，新时期的中国特色社会主义奋斗目标是满足人民群众对美好生活的新期待。伴随着经济的发展，人民生活水平的提高和人口老龄化的到来，人们对于就医、健身、养老和旅游等与健康相关方面的需求越来越多，发展健康产业，实施健康中国战略，也已经成为带动整个国民经济增长的强劲动力。[①]

随着人们健康意识的提升和我国各地旅游业的蓬勃发展，康养旅游作为一种新型旅游方式应运而生。《生态扶贫工作方案》指出，要想生态旅游业健康发展，就需要完善生态旅游开发及其资源保护衔接的机制，加大其扶贫指导与扶持力度，依法加强我国自然保护区、国家森林公园、湿地公园、草原和沙漠公园等旅游基础配套设施的建设，完善行业生态旅游的标准；同时，要高速地建设多层次化的生态旅游产品，推进生态与旅游、康养文化等产业深度融合，大力发展体验式生态旅游、科考、康养等，倡导智慧型旅游、低碳环保旅游；在经济不发达的地区打造具有较高影响力的精品森林旅游地 50 处、森林旅游线路 20 条、森林特色小镇 30 个、全国森林体验 10 处和森林养生试点基地等 10 处。[②]

当前，旅游者已从最初的观光旅游转变为"养生"与"养心"相结合的身心结合式旅游，康养旅游逐渐成为旅游发展新趋势。[③]四川省攀枝花市率先进行了"康养旅游"探索，随后四川、海南等地的康养旅游也迅速发展。作为现代旅游业发展的新宠，康养旅游的发展如火如荼，但其学术研究却相对滞后。目前国内学者对康养旅游的研究主要集中于

[①] 任宣羽. 康养旅游：内涵解析与发展路径[J]. 旅游学刊，2016，31（11）：1-4.
[②] 《生态扶贫工作方案》要点[J]. 中国合作经济，2018（4）：22-23.
[③] 赖启航. 攀枝花康养旅游产业集群发展初探[J]. 攀枝花学院学报，2016，33（6）：6-9.

概念界定、森林康养旅游等方面,[①] 鲜有学者进行康养旅游地空间布局的相关研究。本章以四川省康养旅游为例,揭示四川省康养旅游空间布局特征,为进一步优化提供建议,促进康养旅游深入发展。

17.1 研究区域

四川省位于中国西南部,总面积48.6万平方千米,辖18个地级市、3个自治州,其中包括54个市辖区、17个县级市、108个县、4个自治县,截至2017年年底,四川省常住人口8 302万。作为拥有全国第二大藏族聚居区、最大的彝族聚居区和唯一的羌族聚居区的省份,四川省的地貌以山地为主,具有山地、丘陵、平原和高原4种地貌类型。

四川康养旅游因其资源富集、类型多样在全国首屈一指,且康养资源分布极为广泛,四川21个市(州)均有康养旅游资源分布,以大凉山—龙门山为界,西部为高原山地,集中了森林、草甸、湖泊、温泉等各种自然和少数民族宗教文化资源;东部的四川盆地、丘陵集中了传承多年的历史人文景观和文化精粹。同时,四川自然资源品质优良,中药材资源和养生文化开发历史悠久,康体疗养功效较好。四川现有世界级旅游资源5处,世界生物圈保护区4个,世界地质公园2处;有国家A级旅游景区374家,国家级森林公园37处,湿地公园24个。四川省委省政府高度重视对康养旅游资源的开发,目前已整合相关的中医药康养资源,规划出一个核心(成都)、两大区域(川南和三州地区)、三大中心(青城山、峨眉山和攀西旅游区)、四大板块(产业文化旅游板块、中医健康养生旅游板块、民族医药生态旅游板块、中药资源科考旅游板块)、五条精品线路("阿坝藏羌医药文化与健康养生探寻""甘孜藏医药文化与健康养生探寻""攀西彝族、摩梭医药文化与健康养生探寻""中医药与佛教、彭祖长寿文化体验""中医药与道教养生文化体验")的四川全域中医药健康养生旅游框架。[②]

[①] 丛丽,张玉钧. 对森林康养旅游科学性研究的思考[J]. 旅游学刊,2016,31(11): 6-8.
[②] 四川省统计局. 四川康养旅游业发展研究[EB/OL]. (2017-11-30)[2019-06-19]. http:// money. sohu. com/20110922/n320212934. shtml.

17.2 研究设计

17.2.1 数据来源

随着康养产业的发展，国内学者对于康养旅游的研究逐步深入，从不同角度界定了康养旅游。刘庆余等视康养旅游为一种"旅游+"模式，"旅游+"森林、温泉、养生等模式能够充分施展旅游产业的凝聚力和联动效应，催生出新的旅游产业。[①]任宣羽认为，康养旅游是以良好的物候条件为基础，以旅游的形式促进游客身心健康，增强游客快乐，达到幸福为目的的专项度假旅游。[②]《国家康养旅游示范基地》（LB/T 051—2016）指出，康养旅游是通过养颜健体、营养膳食、修身养性、关爱环境等各种手段，使人在身体、心智和精神上都达到自然和谐的优良状态的各种旅游活动的总和。[③]康养旅游目的地的选取主要按照阆中市统计局和四川省康养旅游规划对四川康养旅游资源划分，将四川省康养旅游目的地划分为大成都康养旅游片区、川西北康养旅游片区、大川南康养旅游片区以及大巴山康养旅游片区。根据四川省康养旅游规划数据，通过百度拾取坐标系统（http://api.map.baidu.com/lbsapi/getpoint/index.html.）对各康养旅游目的地进行坐标定位，然后通过ArcGIS建立四川省康养旅游景区数据库。

17.2.2 研究方法

（1）最邻近系数法。

生态学家克拉克和埃文斯（Clark & Evans）于1954年提出最邻近分析法，该方法被认为是最适用于特定空间里的大量的点，呈不规则分布的情形。公式如下：

---

① 刘庆余，弥宁. 全域旅游视野下健康养生旅游发展对策[J]. 旅游学刊，2016，31（11）：4-6.
② 任宣羽. 康养旅游：内涵解析与发展路径[J]. 旅游学刊，2016，31（11）：1-4.
③ 国家旅游局. 国家康养旅游示范基地标准[S]. 国家旅游局，2016-01-05.

$$R = \frac{r_1}{r_e} = 2\sqrt{D}$$

式中：r_e 为理论最近距离；D 为点密度。当 $R=1$ 时，表明点状分布为随机型；当 $R>1$ 时，点状要素趋于均匀分布；当 $R<1$ 时，点状要素趋于集聚[①]。

（2）基尼系数。

基尼系数（G_{ini}）不仅可以用于刻画空间要素的分布，还可以对两个空间要素的分布进行对比，是地理学中用来描述离散区域空间分布的重要方法，[②]计算公式如下：

$$H = -\sum_{i=1}^{n} P_i \ln P_i \qquad H_m = \ln N$$

$$G_{ini} = \frac{H}{H_m} \qquad C = 1 - G_{ini}$$

式中：P_i 表示第 i 个行政区内康养旅游地数量占四川省康养旅游地数量的比重；n 表示四川省康养旅游片区的数量；G_{ini} 表示基尼系数；C 表示康养旅游地内部空间的分布均衡度。$0<G_{ini}<1$，若值越接近于 1，则说明不均衡性越大。

（3）地理集中指数。

地理集中化指数是一个描述地理要素分布集中化程度的指数，公式如下：

$$G = 100 \times \sqrt{\sum_{t=1}^{n}\left(\frac{X_i}{T}\right)^2}$$

式中：G 为景区的地理集中指数；X_i 为第 i 个市区景区数量；T 为景区总数；n 为市区总数。地理集中指数是衡量研究对象集中程度的重要指标。G 取值在 0~100，G 值越大，景区分布越集中；G 值越小，则分布越分散。[③]

---

① 王洪桥,孟祥君,孙浩亮,等. 吉林省旅游资源的基本特征及空间结构分析[J]. 干旱区资源与环境，2012，26（7）：190-194.
② 吴必虎,唐子颖. 旅游吸引物空间结构分析——以中国首批国家 4A 级旅游区（点）为例[J]. 人文地理，2003（1）：1-5+28.
③ 常直杨. 南京市 2A 级以上景区空间结构特征分析[J]. 中国商论，2018（30）：137-140.

（4）不平衡指数。

不平衡指数反映了研究对象在不同区域内分布的齐全程度或均衡程度，[①]公式如下：

$$S = \frac{\sum_{i=1}^{n} Y_i - 50(n+1)}{100n - 50(n+1)}$$

式中：n 为区域的个数；Y_i 为各区域内某一研究对象在总区域内所占比重从大到小排序后第 i 位的累计百分比。不平衡指数 S 介于 0 和 1 之间，如果研究对象平均分布在各区域中，则 $S=0$；若研究对象全部集中在一个区域中，则 $S=1$。[②]

（5）紧密度指数。

$$C = \frac{T}{D}$$

式中：T 为与研究区域同面积圆的直径；D 为研究区域中相离最远的两点之间的距离。一般 $0 \leqslant C \leqslant 1$，如果区域形状为一条直线，则 $C=0$；如果区域形状为一个圆，则 $C=1$；当 C 值越高，越趋向于 1 时，区域越紧凑。

17.3 空间布局特征

17.3.1 空间分布类型

将康养旅游地看成是点状目标。点状目标一般有随机分布、均匀分布和集聚分布三种空间分布格局。一般来说，从地图上可以直观地了解某个资源要素的分布状况，但均匀、随机、集聚几种情况往往会同时呈现出来。相比四川省的面积来说，单个康养旅游地的面积小，可以将各个旅游地近似为点要素。利用 ArcGIS10.2 测算出康养旅游地最邻近点指

[①] 杨中标，石培基，程红芳. 甘肃省城镇化地域差异研究[J]. 干旱区资源与环境，2008（1）：21-26.

[②] 张永平，吴健生，黄秀兰，等. 海峡西岸经济区旅游景区（点）空间结构分析[J]. 资源科学，2011，33（9）：1799-1805.

数为 0.62，相邻近景区之间的平均距离为 19.1 km，得出 $R<1$，所以四川省康养旅游地在全局上呈现集聚分布。这有利于四川省康养旅游的开发，因为集聚分布既可以降低游客的旅游成本，又可以促进旅游资源的整合，形成特色鲜明的旅游专区、专线。① 这一结论仅契合四川省旅游发展现状，便于形成多条文化主题和经典线路，具体如表 17-1 ~ 17-4 所示。

大成都康养旅游片区包含中医药、美食、现代医学和道教文化等四个大类，含有四川治未病中心、温江中华养生园、成都国际医学城等特色项目，每个旅游项目均有其独特的旅游地，如四川治未病中心有青羊宫、通惠门、宽窄巷子、永陵博物馆等景点，如表 17-1 所示。

表 17-1 大成都康养旅游片区项目简况

分区	类型	项目名称	康养旅游地
大成都康养旅游片区	中医药类	四川治未病中心	青羊宫、通惠门、宽窄巷子、永陵博物馆
		荷花池中药材专业中心	成都大熊猫繁育研究基地
		温江中华养生园	国色天香、温江公园、国际非遗博览园
	美食类	一品天下	金沙遗址博物馆、欢乐谷
		琴台路	青羊宫、通惠门、宽窄巷子、百花潭花园
		文殊坊	文殊院
		锦里	武侯祠
	现代医学类	成都国际医学城	国色天香、温江公园、国际非遗博览园
	道教文化	鹤鸣山道源圣城	鹤鸣山、西岭雪山、花水湾温泉旅游度假区、安仁古镇
		青城山养生小镇	都江堰景区、青城山景区
		龙泉驿阳光体育城	龙泉湖、洛带古镇、桃花故里景区
		金马国际体育城	国色天香、温江公园、国际非遗博览园
		津港湾水上世界	花舞人间、净水楼台水景公园
		西岭雪山	鹤鸣山、西岭雪山、花水湾温泉旅游度假区、安仁古镇
		白马关户外运动旅游	白马关景区、三星堆博物馆

---

① [美]王法辉. 基于 GIS 的数量方法与应用[M]. 商务印书馆，2009.

川西北康养旅游片区包含温泉、藏医药、羌医药、禅文化、茶文化和长寿文化等五类，涉及的项目主要有海螺沟温泉小镇、古尔沟温泉小镇、南派藏医药传承创新基地、汶川羌医祖传骨疗项目、彭山长寿新村等，具有代表性的景区有贡嘎山、跑马山、泸定桥等，如表17-2所示。

表 17-2　川西北康养旅游片区项目简况

分区	类型	项目名称	康养旅游地
川西北康养旅游片区	温泉类	海螺沟温泉小镇	贡嘎山、海螺沟冰川森林公园、燕子沟、红石公园
		古尔沟温泉小镇	木亚罗风景区、毕棚沟、昌都寺
		木城沟温泉欢乐谷	
		日底塞温泉度假村	毕棚沟、甘堡藏寨、木卡张寨、陶萍羌寨、羌人谷
		榆林宫温泉度假区	跑马山、木格措、甘孜非遗博物馆、康定情歌园区、康定影视基地
		二道桥温泉休闲点	
		牟尼沟温泉度假酒店	牟尼沟风景区、松州古城
	藏医药类	南派藏医药传承创新基地	贡嘎山、海螺沟冰川森林公园、燕子沟、红石公园
		甘孜州藏医院	跑马山、木格措、甘孜非遗博物馆、康定情歌园区、康定影视基地
		泸定金珠药业园	泸定桥、海螺沟
	羌医药类	汶川羌医祖传骨疗项目	汶川博物馆、西羌文化街、姜维城
		中国羌医药博物馆	
	禅文化类	禅修学校	峨眉山风景区、峨秀湖国际度假区、大佛禅院、大庙飞来殿
		黄湾武术文化小镇	
		中华药博园	

续表

分区	类型	项目名称	康养旅游地
川西康养旅游片区	茶文化类	蒙顶山茶道养生度假区	蒙顶山风景区、碧峰峡旅游区
		夹江天福茶园	天福茶园
		竹叶青生态茗园	峨眉山风景区、峨秀湖国际度假区、大佛禅院、大庙飞来殿、仙芝竹尖生态园
		仙芝竹尖生态园	
		洪雅观音山茶旅度假区	观音山岩茶景区、柳江古镇、槽渔滩
	长寿文化类	彭山长寿新村	彭祖山、东坡宋城、黑龙滩景区
		嘉州国际健康城	乐山大佛、东方佛都

大川南康养旅游片区包含盐卤类、生态休闲类、阳光类、温泉类等四个大类，有卧龙湖盐卤康疗旅游度假区、青山岭·天池湖生态休闲旅游区、大坪子阳光康养、灵山温泉小镇等项目，著名旅游地有恐龙博物馆、蜀南竹海景区、岩神山风景区等，如表17-3所示。

表17-3 大川南康养旅游片区项目简况

分区	类型	项目名称	康养旅游地
大川南康养旅游片区	盐卤类	卧龙湖盐卤康疗旅游度假区	恐龙博物馆、盐业历史博物馆、飞龙峡风景区
	生态休闲类	长宁竹海生态康养度假区	蜀南竹海景区
		龙茶花海国家生态旅游示范区	龙茶花海、蜀南竹海、兴文石海
		青山岭·天池湖生态休闲旅游区	青山岭、天池湖
		黄荆老林旅游度假区	古蔺黄荆风景区、黄荆老林、红龙湖
		荔香花海现代生态开发示范区	笔架山风景区、尧坝古镇

续表

分区	类型	项目名称	康养旅游地
大川南康养旅游片区	阳光类	普达阳光国际度假区	岩神山风景区、苴却砚博物馆、亚热带植物标本园、苏铁自然保护区、宝鼎生态旅游景区
		阿署达花舞人间	
		攀枝花运动休闲基地	
		欧方营地国际度假区	二滩国家森林公园、桐梓林风景区、菩萨岩风景区、大黑山森林公园
		大坪子阳光康养	
		岐黄养生大院	龙潭溶洞、国家级皮划艇竞训基地
		米易县城运动度假旅游区	
		阳光车旅项目	
		凉山彝族民族运动中心	泸山、邛海、西昌卫星发射中心、土林景区
	温泉类	红格温泉度假区	二滩国家森林公园、桐梓林风景区、菩萨岩风景区、大黑山森林公园
		迷易·温泉城	龙潭溶洞、国家级皮划艇竞训基地
		螺髻山温泉度假区	螺髻山、螺髻·九十九里风景区
		灵山温泉小镇	灵山风景区、灵山寺
		川兴温泉度假村	泸山—邛海、西昌卫星发射中心、土林景区
		花园温泉度假村	
		喜德温泉度假村	喜德古遗迹
		竹核温泉度假村	昭觉古城

大巴山康养旅游片区包含山珍类、温泉类、乡村农业类和养生类等四个大类，主要有大巴山山珍类康养旅游综合示范区、光雾山山珍类康养旅游基地、光雾山红叶温泉度假区、南充嘉陵江两岸乡村康养旅游产

业带、中华养生谷国家休闲度假区等项目,涉及通江银耳博物馆、镇龙山森林公园、昭化古城、升钟湖风景区等景区,如表17-4所示。

表17-4 大巴山康养旅游片区项目简况

分区	类型	项目名称	康养旅游地
大巴山康养旅游片区康养项目	山珍类	大巴山山珍类康养旅游综合示范区	通江银耳博物馆、镇龙山森林公园
		光雾山山珍类康养旅游基地	小巫峡风景区、大坝森林公园、光雾山桃园景区
		广元青山山珍康养旅游综合示范基地	唐家河风景区、青川县博物馆
		广元天曌山山珍养生馆	天曌山森林公园、皇泽寺、千佛崖
		达州万源山珍博物馆	龙潭河风景区、百里峡风景区、鱼泉山
	温泉类	达州海鸣湖温泉康养度假小镇	五峰山、净土寺、龙潭风景区
		广元昭化古城温泉康养度假区	昭化古城
		光雾山红叶温泉度假区	光雾山桃园景区、小巫峡风景区、大坝森林公园
		御临河温泉度假区	白龙峡景区、九龙洞、御临河小三峡
		大英死海旅游度假区	大英死海、东方生态博览园
	乡村农业类	广安观塘现代农业生态康养农业园区	华蓥山森林公园、华蓥山大峡谷、天池湖景区
		南充嘉陵江两岸乡村康养旅游产业带	西山风景区、凌云山景区、凤垭山生态农业旅游区、南门坝生态公园
		升钟湖垂钓旅游度假区	升钟湖风景区
	养生类	中华养生谷国家休闲度假区	观音故里旅游区、灵泉风景区、席吴二洲湿地公园、西部水上嘉年华景区

17.3.2 空间分布均衡性

最邻近指数从总体上探索了康养旅游地的空间分布类型，引入基尼系数，进一步探讨四川省各区域内部康养旅游地的分布类型。基尼系数是描述离散区域空间分布的重要方法，该值介于 0~1，越接近 0，说明数据越趋向均衡；越接近 1，说明数据差距越大、越不均衡。运用公式计算得出，其中，n 为 4，结果为 $C = 0.592$。计算结果表明，四川省康养旅游地在各个片区分布较为均衡。根据不平衡指数，四川省康养旅游地的不平衡指数 S 为 0.76，表明康养旅游地在四川省内的空间分布较均衡。

17.3.3 空间分布集中性

从统计数据看，当前四川省四大片区的康养旅游地数量不平衡（见表 17-5），主要原因是不同片区的传统文化、自然条件和社会经济发展水平等多种因素不尽相同。利用地理集中度指数探究康养旅游地分布的集中程度，四川省康养旅游地总数 133 处，地理集中指数 $G = 44.510$，表明从片区划分的康养旅游目的地空间分布看，康养旅游地空间分布相对集中。

表 17-5 四川省各片区康养旅游地统计

片区	数量/处	比重累计/%
大成都康养旅游片区康养项目	26	19.549
川西北康养旅游片区康养项目	39	29.323
大川南康养旅游片区康养项目	34	25.564
大巴山康养旅游片区康养项目	34	25.564

17.3.4 空间分布密度

对四川省 4 个康养旅游片区的密度分析发现，四川省康养旅游地分布密度最高的是川西北地区，该区域为成都平原以西的地区，即四川省阿坝州和甘孜州等高原藏区。川西北地区的景点包括康定古城、九寨沟、黄龙、桃坪羌寨、卧龙国家级自然保护区、四姑娘山、色达佛学院、米亚罗风景区、黄河首曲等。历史文化底蕴丰厚，有许多丰富的自然康养旅游景区，这些康养旅游地形成了集群优势，为四川省的游客近距离出游提供了较好的条件。此外，川东北康养旅游景点的分布情况相对分散，难以形成集中趋势。总体看来，四川省康养旅游地在西北地区最为集中，在东北地区相对分散。

17.3.5 四川省康养旅游地紧密度分析

旅游网络节点之间的流畅通顺，是保障旅游区优质、高效的旅游经济流动的前提，旅游景点应具备良好的可达性。[①]紧密度是对旅游区域可达程度的简单有效测量。在相同的条件下，区域的形状越紧凑，该区域的游客交通越容易，可访问性越好。[②]计算得出，四川省同面积圆的直径为 382.650 千米，两点间最远距离为 906.576 千米，四川省康养旅游地的紧密度指数为 $C = 0.422$，说明四川省康养旅游地紧凑程度适中，为各康养旅游目的地提供了良好的保障。

17.4 空间分布建议

17.4.1 研究结论

旅游目的地的布局还会受到运输路线、水系、地势、经济等因素的影响，[③]这些要素对四川省康养旅游地空间分布的影响有待进一步的研究。四川省作为西南地区重要省份，其旅游业经历了近 30 余年的发展，取得了明显的成效。同时，旅游经济效益差异显著，极化现象突出，空

---

① 徐菁，黄震方，靳诚. 南京市环城旅游景区类型及其空间结构特征分析[J]. 南京师范大学学报（自然科学版），2012，35（2）：125-130.
② 张永平，吴健生，黄秀兰，等. 海峡西岸经济区旅游景区（点）空间结构分析[J]. 资源科学，2011，33（9）：1799-1805.
③ 肖光明. 珠江三角洲地区旅游空间结构分析与优化[J]. 经济地理，2009，29（6）：1036-1041.

间网络结构紊乱，地区间联络协作不紧密，出现空间分化、各行其是的局势，从而导致区域旅游发展不均衡加剧。[①]这在一定程度上对康养旅游发展造成不利影响，究其原因：一是四川省各地区的康养旅游资源、社会经济发展和交通便利性差异较大；二是康养旅游空间结构不合理。因此，要适应新的康养旅游的发展变化，提升四川全省康养旅游的竞争力，改善和调整四川康养旅游的空间结构至关重要。

对四川省 4 个康养旅游区域、133 个不同类型的康养旅游地的空间结构布局特征进行分析得出：第一，四川省康养旅游地的空间分布类型为集聚型，最邻近指数 R 为 0.62<1；四川省康养旅游地在不同的行政区域之间差异较大，整体布局相对均衡，部分地区的聚合效应显著，特别是在成都、甘孜、阿坝等地，康养旅游地的空间分布高度相关，川西北片区和大成都片区是康养旅游热点片区，川东南属于过渡区，未来四川省康养旅游发展潜力仍然十分巨大。第二，四川省大巴山康养旅游片区、川西北康养旅游片区的通达度及可进入性相对较低，进而制约了当地的康养旅游发展。第三，四川省康养旅游地的紧密度指数 $C=0.422$，紧密程度适中，为四川各康养旅游地的连接提供了较好的基础。

17.4.2　研究建议

（1）发挥自身优势，建立特色康养旅游目的地。

近年来，四川省的康养旅游不断发展，形成了一定的康养旅游发展特色与特点。依托四川省的旅游资源与良好的生态环境基础，对康养旅游游客进行充分调研，有目标地挖掘游客的各类需求，将旅游基础设施、设备的建设与康养旅游产品开发相结合，有计划地开展四川省特色康养旅游。围绕四川省康养旅游规划的战略部署，对四川生态区位、地理区位条件的独特性进行充分详细的挖掘，突出四川特色的道教文化、熊猫文化、佛文化和长寿文化等文化资源，在全球化视野下考虑四川省康养旅游的发展，打造具有国际影响的特色康养旅游地。如充分利用四川省中药资源分布集中、丰富多样的特点，在中药材生长集中的少数民族地

---

① 杜丹. 四川省旅游空间结构研究[D]. 陕西师范大学，2015.

区，开展康养旅游的康体养生旅游；借助四川省广泛分布的地热资源，具有较高医疗保健价值的地热水，打造四川特色温泉康养；凭借四川埋藏接近 1 000 米深处的卤水，配合传统秘方制成的护肤品，发展四川特色美容康养；依托川菜，结合彭祖所提的"春生、夏长、秋收、冬藏"养生法，建立四川特色膳食养生等。

（2）加强康养旅游基础设施建设，构建便捷交通网络。

对四川省康养旅游基础服务设施进行优化，健全康养旅游交通网，构建便利的康养旅游交通网络。加快四川省国际化康养旅游目的地建设进程，比如：加强对四川公路网络的建设，加快城际快速铁路与高速公路的建设，积极开通贯穿成都、绵阳、攀枝花等康养旅游密集分布地的线路，完善旅游公共交通的发展，注重旅游经济发展的耦合协同效应；加快四川省内各机场的枢纽建设，扩建火车站，积极提升交通现代化水平与国际化水平；积极发展沿江水运，开通水域旅游线路。此外，建立相应的旅游集散中心，构建旅游交通无障碍换乘体系，增强旅游便捷性，从而使旅游经济与交通发展成一种协调互动效应。[①]

（3）建立康养旅游产品体系，注重目标计划。

利用国家康养旅游产业的各项便利政策，充分发挥四川省康养旅游资源优势，深入挖掘开发潜力，在稳定周边省份客源的基础上，瞄准更加广阔的其他市场，抓住各种活动契机与机遇，培育一批在国内外具有震撼力的四川特色康养旅游产品，建立健全的康养旅游产品体系。将四川康养旅游产品从最初传统的单一形式向观光、休闲、度假并举的复合型转变，助推世界级四川康养度假旅游产品体系的建成。按照《四川康养旅游规划》将近期定位为基础建设与精品示范阶段，重点编制规划，优先打造一批精品示范项目，以总结经验，提炼模式。中期为配套完善与全面开发阶段。全面推进康养旅游项目落地，注重营造优美的景观环境，同时加大宣传营销力度，形成国内知名的康养旅游目的地。远期为全面提升阶段，完善康养旅游目的地的公共设施基础，提高康养旅游服务质量，吸引外国游客赴川，全面提升四川省康养度假旅游的国际知名

---

① 王永明，马耀峰. 城市旅游经济与交通发展耦合协调度分析——以西安市为例[J]. 陕西师范大学学报（自然科学版），2011，39（1）：86-90.

度，形成中国西部一流的国际康养度假旅游目的地。

（4）加强区域协作，运用康养旅游智慧营销。

随着四川省康养旅游产业规模的扩大，各行政区康养旅游资源需进行跨区域整合，通过规划，联合开发打造精品康养旅游路线。在此过程中，各区域要共同合作宣传，打造区域康养旅游品牌。除此之外，还要从产业链上开发新领域，开展餐饮、医疗等行业的跨领域合作，以及不同产业间的交叉互补，形成多领域的综合体系，促进地区间的协作。[1]同时，随着科技的发展、智慧旅游时代的到来，康养旅游应积极运用自媒体营销、互联网营销的多种营销方式，构建智慧旅游营销体系，提升自身知名度和影响力。自媒体营销作为一种新型的网络营销模式，包括微信、微博、博客等形式，具有"共享媒体"、无时空限制以及社交属性等特点，[2]可构建微信、微博营销平台，积极挖掘康养旅游游客的旅游偏好，以话题为媒介，实现游客与康养旅游地的互动，增强游客的体验度；同时，需要加强对赴川游客的宣传教育，通过各种宣传形式引导他们树立正确的游憩旅游行为和观念，文明旅游，推动四川康养旅游的进一步发展。

---

[1] 朱斌，王学典. 区域旅游合作的基础、阻碍和思路[J]. 经济研究导刊，2018（36）：137-139.

[2] 李艳. 旅游景区自媒体营销策略研究[J]. 采写编，2017（1）：150-151.

18 康养旅游之人才培养

随着国民收入的增加以及人们健康意识、休闲意识的觉醒，康养旅游这项具有特殊功能的旅游活动受到人们的青睐。自攀枝花在国内率先提出发展"阳光康养旅游"以来，国内掀起了一股"康养热"。海南、四川等多个省份先后设立康养旅游示范区以促进地区康养旅游的发展。《国家康养旅游示范基地》行业标准等多个国家文件将康养旅游正式纳入国家旅游发展规划。虽然康养旅游目的地发展如火如荼，但康养旅游专业性人才却相对匮乏。现阶段，康养旅游行业人才多从医疗业、旅游业等行业转入，只具备单一领域的相关技能，无法满足康养旅游行业对复合型人才的需求。这严重阻碍了康养旅游产业的发展，在某种程度上，人才的匮乏已经成为制约康养旅游发展的首要因素。学校是人才培养的重要场所，不仅能够为社会发展提供源源不断的人才，还能为康养旅游发展提供所需的复合型人才，但我国高校尚未开设康养旅游专业，多从旅游或者医疗单一视角培养康养旅游人才，这不利于康养旅游相关产业的发展。

18.1 康养旅游人才需求

2016年1月，国家旅游局颁布的《国家康养旅游示范基地》行业标准，确定了首批"国家康养旅游示范基地"，标志着康养旅游正式纳入我国旅游发展战略。"十三五"规划后，多个省份大力发展康养旅游，如四川、海南、山西省等，以此拉动旅游全产业链的发展和经济发展。产业要发展，需人才先行，在康养旅游产业蓬勃发展的当下，对于专业型人才的需求迫在眉睫。

康养旅游源自现代社会产业融合与发展，是"旅游+健康+养生"的集合体，决定了我国康养旅游人才需求的复合性。康养旅游业既需要高层次的理论研究、景点规划、经营管理和产品开发人才,也需要一线的技能服务型人才;既需要医药、康复、护理人才,也需要文化、旅游人才;既需要单一技能专业人才,也需要复合型人才。因此,康养旅游人才需求从层次上涵盖了从中职、高职高专、本科到研究生,从专业上涵盖了旅游类、医学类、林业类和体育类等。[①]

由于康养旅游的复合化、技术化、智慧化、国际化、个性化、情志化程度较传统的旅游项目更强,这就意味着康养旅游产业所需要的人才需要更加符合康养旅游产业的特点。以个性化与情志化为例,康养旅游游客有自己对于康养旅游的目的与期望,更注重文化及产品的内化性,进而根据自己的需求提出个性化要求。比如,在森林旅游中,普通观光旅游者更重视景观园林的视觉效果,度假旅游者更重视森林的覆盖率和气候的舒适性;长期坐在办公室对着电脑、三餐不规律的白领康养旅游者在重视舒适性、观赏性的基础上,更加强调负氧离子浓度以及植物芳香精组成,[②]同时配以营养均衡、健康的饮食和针对办公室易生疾病的康复运动,以求达到休养生息的预期目标。高度的个性化需求要求从事康养旅游业从业者有较好的服务素养,能为游客提供更具针对性的服务。

18.2　康养旅游人才供给

人才需求取决于产业的发展。通过分析产业类型和结构,可以对人才需求结构、层次与素养进行预测。通过对我国高校现有专业的分析,可以了解现有康养旅游人才的供给基础,从而把握我国康养旅游人才的培养方向及目标。

康养旅游产业的资源依托性较强,其发展离不开其他产业及资源的支持。目前,我国的康养旅游产业发展模式主要有三种。一是特色文化驱动型开发模式,即以独特地区的文化资源为基础开发的康养旅游业态,包括福建的茶文化,四川、山西的宗教文化、饮食文化等。二是自然资

[①] 成宏峰,马兆兴. 山西康养旅游人才供给体系构建研究[J]. 太原学院学报(社会科学版),2018,19(2):26-29+42.

[②] 邱云志,方海川. 康养时代的高等旅游教育发展与人才培养研究——以乐山师范学院为例[J]. 乐山师范学院学报,2019,34(3):50-55+73.

源依托型开发模式，即以山水、森林、河流等自然资源为依托开发的康养旅游业态。目前，我国大部分康养旅游基地都是依托良好的自然资源进行开发建设的。三是医疗保健植入型开发模式，即以旅游区现有的医疗资源作为核心内容的康养旅游业态，其中不乏针灸、艾灸等传统的中医项目。

由于康养旅游产业是近年来才在我国发展起步的新兴产业，现有的各级教育的专业目录中没有与之对应的康养旅游类专业。结合康养旅游行业情况不难发现，我国专业目录中与之相关的专业大多集中在景观园林类、食品类、旅游类、保健类和体育类，其下设的二级学科名录，如表 18-1 所示。

表 18-1 我国各级专业目录中与康养旅游相关的专业

专业类别	高职高专	本科	研究生
景观、园林类	园林工程技术 都市园艺	森林保护 风景园林 园艺教育	林学 森林保护学 风景园林学 园林植物与观赏园艺
食品类	食品加工技术 食品科学与工程 茶学	茶学 食品质量与安全 食品科学与工程 烹饪与营养教育	食品科学与工程
旅游类	旅游管理	旅游管理 酒店管理 文化产业管理 旅游管理与服务教育	旅游管理
保健类	老年服务与管理 康复治疗学 针灸推拿学 护理学	康复治疗学 中医养生学 护理学 妇幼保健医学	中药学 护理学
体育类	—	运动康复	—

值得一提的是，我国康养旅游发展较早、较快的一些省份已经认识到康养旅游产业对于专业人才的需求，设立了与康养旅游产业直接相关的专业。比如：海南三亚学院下设的时尚健康产业学院中设有旅游管理

（健康产业方向）和休闲体育（康体与抗衰老方向）两个本科专业，开设了一系列关于健康、中医养生、运动与休闲管理等与康养旅游产业直接相关的课程，重在培养面向健康养生养老、中医药健康旅游的康养旅游专业人才；海南医学院开设了中医学（养生保健方向）和针灸推拿学（康复治疗方向）专业；四川省的攀枝花学院医学院将护理、康复等专业分离出来，组建了攀枝花学院康养学院，成为我国第一所康养学院。[①]这说明部分省份已经意识到要成立康养旅游相关院校或开设相关专业来培养专业人才，以满足康养旅游市场的需求。但放眼全国，大部分院校仍未根据康养旅游产业的独特性对人才进行专业性的培养，仅是从某单一视角入手，重在培育传统的专业人才，尚未实现复合型人才的培育。

18.3　康养旅游人才现状

改革开放以来，我国高等院校培养了大批旅游人才，促进了我国旅游业的快速有序发展。近年来，由于现代旅游业对人才要求不断提升、人们对于服务业人员素质要求不断提高等诸多因素，高等院校旅游相关专业毕业生与社会供需失衡的现象有所凸显，从而导致旅游专业毕业生出现"有业不就""有业不能就""跳槽流失"等问题。[②]康养旅游是将旅游、健康和养生相融合，这使康养旅游行业对人才的要求更加全面，在康养旅游产业朝气蓬勃发展之时，部分高校在对专业人才的培养目标、课程设置、教学体系、师资队伍、管理制度上存在着不少问题。

18.4　康养旅游人才培养

18.4.1　培养目标

我国对旅游管理类专业的人才培养目的是适应旅游企事业单位所需要的一线服务与管理类专门人才，能在各级旅游行政管理部门、旅游企

[①] 成宏峰，马兆兴. 山西康养旅游人才供给体系构建研究[J]. 太原学院学报（社会科学版），2018，19（2）：26-29+42.
[②] 郝慧娟. 从"供需失衡"看高校旅游专业教育[J]. 现代企业教育，2008（3）：23-24.

事业单位从事旅游管理工作的高级专门人才。①康养旅游产业因其产业的独特性与高度融合性，需要复合型人才，需要多学科的专业知识与基本素养。部分高等教育院校在"工学结合"思想的指导下，注重培养学生在未来就业中所需的技能，忽视了学生的职业道德、"工匠精神"、管理素质以及人文素养，导致部分学生步入工作岗位后技能有余而素质不足。②

2015 年，国务院办公厅颁发的《关于深化高等学校创新创业教育改革的实施意见》规划了未来五年我国创新创业教育的总体目标，指出高校的创新创业教育不仅要加强课程体系建设，同时应积极开展实践活动。③党的十八大以来，习近平总书记数次强调创新对中国全面深化改革和发展的重要作用。创新已然成为新时代的热门话题，在青年的培养中，高等教育更应注重创新创业教育，进而把青年培养成为新时代创新型人才。

在这样的背景下，高校应围绕康养旅游业针对人才的需求制定培养目标，不断更新教育理念，主动适应经济和社会发展的需要，以就业为导向，把培养具备旅游管理基本理论和知识技能，以及医药、康复、护理方面知识和技能的高素质复合型、创新型人才作为目标。在搞好顶层设计的基础上，高等院校要依据各地资源及学校办学条件进行有效整合，逐步形成鲜明的办学特色。

18.4.2 课程设置

部分高校受传统的高等教育思想影响，过分偏重理论知识，在教学活动中，基础性、理论性课程比例较大，而对实践教学环节重视不够。许多高校对于旅游专业的相关课程重视广度而忽视深度，学生的学习范围看似涉猎广，实则所学的知识太过于零散，无法建构其自己的专业知

---

① 刘玉丽. 全域旅游发展视角下复合型旅游人才培养模式研究[J]. 西部素质教育，2018，4（22）：140-142.
② 熊光红. 新时代高等教育人才培养质量及保障路径研究[J]. 智库时代，2019（16）：273-274.
③ 中共中央国务院印发《国家中长期人才发展规划纲要（2010—2020 年）》[EB/OL].（2010-06-07）[2019-06-19]. http://politics.people.com.cn/GB/1026/11796299.html.

识体系；甚至有的学校仅根据现有教师的情况开设课程，不能反映学科前沿动态和社会发展的新成果，致使毕业生实践能力差、理论脱离实际。

高校对于康养旅游人才培养可以借鉴全域旅游视角下高校人才培养的模式，在旅游管理专业中采取"旅游+"的形式，将旅游与护理、康复、园林、食品等专业进行融合。在课程设置上，将专业相关的工作内容融进实践课程，适当加大实践课程比重。同时，采用"宽基础、活版块"的课程设置方法，在大学低年级阶段设置多门专业基础必修课，为学生打下宽厚、扎实的专业知识基础[1]；在大学高年级阶段，通过设置"旅游+"课程版块，完善学生的知识结构[2]。此外，在学校之间甚至学校内部各学院之间加强合作，如高职院校的旅游管理专业可以与中职医学院校的护理专业开展合作招生，培养兼具护理技能和旅游服务技能的复合型康养旅游人才。旅游院校与医学院校之间可采取共享师资方式，合作开设康养与旅游方面的课程、讲座等，以提高学生的综合能力。[3]

18.4.3 教学体系

从旅游业发展看，康养旅游是旅游产业与康养产业的融合，故康养旅游人才教学体系也需要适应这种融合。康养旅游人才的培养，可以采用"通识教育+专业教育+多元"的专业理论教学体系和"通识教育+专业教育+实践"的专业实践教学体系。[4]

（1）专业理论教学体系变革。

通识教育指基于现代服务业对服务者的人文素养要求所开展的教学活动，在专业理论教学体系中主要包括文化通识课程和学科通识课程。在"通识教育+专业教育+多元"的专业理论教学体系改革中，康养旅游

---

[1] 刘际平. 新时期高校旅游人才培养的思考[J]. 内江科技，2018，39（8）：131-132+115.

[2] 魏巍，罗晨. 建设"精品旅游胜地"丽江高校旅游人才培养模式[J]. 企业家天地，2012（2）：88-89.

[3] 成宏峰，马兆兴. 山西康养旅游人才供给体系构建研究[J]. 太原学院学报（社会科学版），2018，19（2）：26-29+42.

[4] 刘玉丽. 全域旅游发展视角下复合型旅游人才培养模式研究[J]. 西部素质教育，2018，4（22）：140-142.

相关专业的学生大一可以以通识课为核心，重在提升学生的基本素养；"专业教育"阶段则针对大二的学生进行康养旅游、奖励旅游、商业旅游不同方向的产业相关知识的学习，引发学生的求知兴趣；大二结束后，学生可以根据对不同旅游方向的了解以及自身的兴趣进行选择。以康养旅游为例，对选择康养旅游方向的学生在大三、大四学习智慧旅游、旅游灾害预防与管理、旅游急救医学、营养与配餐、茶艺、运动养生与健康、户外运动与管理等与康养旅游业相匹配的相关知识。此外，教学体系中也应体现"多元化"特征，即教学内容多元化、教学方式多元化、教育手段多元化及教育理念多元化等。

（2）专业实践教学体系变革。

国家积极倡导全域旅游，"旅游跨界+"思维已经成为趋势。培养康养旅游人才迫在眉睫，高校应结合地方产业优势挖掘形成相关理论和实践教学内容，以培养能力为导向构建从课堂内的实践技能训练到课堂外的自助式开放实验实训、贯穿校内学习专业素质和校外实习实践的教学。除此以外，可以借鉴德国的"双元制"。"双元制"是由企业和职业院校共同担负培养人才的任务，由学校按照企业对人才的要求，规划和组织教学。[①]基于这样的理念，可以借鉴形成校企联合的培养模式，高校老师大多理论知识丰富、学术研究严谨，能为学生传授更多的专业知识，由于高校老师受制于职业、工作时间等很难有足够的时间进行实践，这使他们对于康养旅游实践的了解不够深入，导致学生从学校能了解的行业知识、工作经验相对欠缺。因此，可以聘请康养旅游行业的从业人员作为实习实践师资，他们在康养旅游的实践操作中具有丰富的经验，能够将行业现状、自身经历等内容准确传达给学生，使学生对于所选专业未来从事的工作有更深的认识。因此，学校可以考虑聘请一批康养旅游从业者作为实践师资的补充，这是校企合作的一个关键。[②]除此以外，由于康养旅游业正处于蓬勃发展的初期，可以积极运用"政府—企业—

---

① 侯小毛，龚芝. 应用型本科"双元制"人才培养模式研究[J]. 当代教育实践与教学研究，2016（8）：27+26.

② 严瑞燕. 校企合作打造跨境电商复合型人才培养新实践[J]. 南方农机，2019，50（5）：209.

学校"联合发展模式，积极参与政府牵头、企业承包的康养旅游项目，由高校老师带领学生参与到实际的相关项目中。这样不仅可以给予学生更多直接接触康养旅游的机会，还可以提高学生的参与度。

18.4.4　教学方法

一直以来，我国的课堂教学模式更倾向于著名教育学家赫尔巴特的教学模式，即以老师为中心，老师对于客观知识进行讲解，学生被动接受知识，这与我国自古以来师者传道授业的传统有关。在人口基数大的背景下，这样的教学模式无疑是效率较高的选择，但也有一定的弊端：老师占主动地位，学生占被动地位。当学生占被动地位时，由于受到老师的限制，其思维不会出现太多主动表现，导致的结果就是学生被动地接受老师讲解的理论知识，却很少思考这些客观知识背后的联系以及这些知识在日常生活或是实际工作中的运用，最终的学习结果仅仅是"知识的灌输"，而学生经过思考内化了的、成体系的、可运用的灵活知识占比屈指可数。在新一轮课程改革中，提倡以学生为中心，以学生主动思维为主导，教师围绕知识重点，在教学中扮演引导者的角色，引导学生主动思考并进行分享，之后再针对学生分享内容进行点评，指导学生的缺陷并针对问题进行启发。[①]这样的教学方式，有助于培养学生的创新型思维，有利于学生进行独立的思考，从而产生不同观点的交流与碰撞。在互联网时代，虚拟教学资源众多。仅仅通过一部手机、一台电脑，学生便可以用极低甚至为零的投入进行网上学习。慕课平台、网易公开课等网站为学生提供了来自全球各大顶尖院校、顶尖教师的课程资源，学生完全可以跨越时间和空间根据自身需求进行有针对性的学习。[②]我国大部分高校与慕课平台有所合作，不少高校的学子可以通过慕课学习修读学分，互联网的运用使教师的讲解、学生的学习不再局限于教室、

---

① 熊光红. 新时代高等教育人才培养质量及保障路径研究[J]. 智库时代，2019（16）：273-274.
② 金利锋，何长文，丁利明."法律+英语"复合型人才培养模式探析[J]. 大连民族大学学报，2019，21（2）：188-192.

学校，而是打破了地域、时间的限制。在 AI 技术大力发展的今天，不少学校和培训机构可以通过网络和设备，进行一位老师多地教学、实时互动的授课工作。高等院校可以通过互联网平台引进更多课程，引导旅游管理专业的学生进行"旅游+"相关专业的学习，如基础护理学、茶学、康复学等，由学生自主选择感兴趣的方向进行学习。

18.4.5 师资培养

目前，部分高校的旅游管理专业由经济管理、地理、历史等专业转轨而来，相当多的教师转行从事旅游专业相关教学工作。[①]转行来的老师的专业知识储备不足，以致影响教学效果。由于康养旅游行业的融合性与复杂性，对相关专业的教师有更高的要求，康养旅游行业的教师不仅要有丰富的旅游产业知识储备，还应紧跟时代潮流，对康养旅游有一定的了解。这就要求打造一支名副其实的"双师型"教师队伍。

1998 年，国家教育委员会提出要重视"双师型"教师培养。"双师型"教师是指既具备扎实的理论知识和较高的理论教学水平，又具有丰富的实践工作经验和较强的实践指导能力的教师。高等院校培养"双师型"教师的关键是，培养教师的理论教学能力和实践指导能力——"双能力"。奠定好理论教学能力是基础，把握好实践指导能力是关键。[②]首先，在抓好人才引进的同时，除了引进社会人才作为师资补充，高校应以"双师型"和"双高型"为目标，重点做好现有师资的培养培训工作，不断提升教师队伍的专业知识水平。针对师资的培养培训工作可以采取定期学习、校内外交流等形式，重在使教师紧跟时代潮流、更新知识体系。其次，针对康养旅游的需要，安排教师定期到校企合作或政校合作的企业及政府进行挂职锻炼和学习，以此了解康养旅游行业新动态，提升实践技能。

---

① 蒲姝. 基于高素质旅游管理人才培养的探索与实践[J]. 中国经贸导刊，2010（7）：104-105.
② 肖绪信. 旅游供给侧改革背景下高职旅游人才培养模式创新[J]. 教育与职业，2018（24）：84-90.

此外，高校教师应转变思想观念和身份。在信息化时代，大学教师应从"知识的讲授者"向"学业规划师"转变，对旅游管理专业的学生进行有意识的引导，让学生自由选择康养旅游相关方向，与学生交流谈心，帮助学生进行学业规划，带领学生进行任务导向型的学习。目前，我国出现"慢就业"现象。"慢就业"是指大学生毕业后不直接就业或升学，而是选择在家待业，或游学或支教或进行创业考察等。研究表明，大部分选择"慢就业"的毕业生对于自己所学专业和未来就业方向不够了解，奋斗目标不够明确。①高校老师可以在学生入学时便未雨绸缪，利用外出实践活动等机会引导学生做好职业生涯规划，明确职业选择和就业目标。此外，还要引导学生树立科学的择业观，避免学生出现"慢就业""不就业"等现象。

---

① 王亚芳. 高校毕业生"慢就业"现象研究[J]. 高教学刊，2019(10)：60-61+64.

附 录

国民旅游休闲纲要（2013—2020 年）

国办发〔2013〕10 号

为满足人民群众日益增长的旅游休闲需求，促进旅游休闲产业健康发展，推进具有中国特色的国民旅游休闲体系建设，根据《国务院关于加快发展旅游业的意见》（国发〔2009〕41 号），制定本纲要。

一、指导思想和发展目标

（一）指导思想。以邓小平理论、"三个代表"重要思想、科学发展观为指导，按照全面建成小康社会目标的总体要求，以满足人民群众日益增长的旅游休闲需求为出发点和落脚点，坚持以人为本、服务民生、安全第一、绿色消费，大力推广健康、文明、环保的旅游休闲理念，积极创造开展旅游休闲活动的便利条件，不断促进国民旅游休闲的规模扩大和品质提升，促进社会和谐，提高国民生活质量。

（二）发展目标。到 2020 年，职工带薪年休假制度基本得到落实，城乡居民旅游休闲消费水平大幅增长，健康、文明、环保的旅游休闲理念成为全社会的共识，国民旅游休闲质量显著提高，与小康社会相适应的现代国民旅游休闲体系基本建成。

二、主要任务和措施

（三）保障国民旅游休闲时间。落实《职工带薪年休假条例》，鼓励机关、团体、企事业单位引导职工灵活安排全年休假时间，完善针对民办非企业单位、有雇工的个体工商户等单位的职工的休假保障措施。加强带薪年休假落实情况的监督检查，加强职工休息权益方面的法律援助。在放假时间总量不变的情况下，高等学校可结合实际调整寒、暑假时间，地方政府可以探索安排中小学放春假或秋假。

（四）改善国民旅游休闲环境。稳步推进公共博物馆、纪念馆和爱国主义教育示范基地免费开放。城市休闲公园应限时免费开放。稳定城市休闲公园等游览景区、景点门票价格，并逐步实行低票价。落实对未成年人、高校学生、教师、老年人、现役军人、残疾人等群体实行减免门票等优惠政策。鼓励设立公众免费开放日。逐步推行中小学生研学旅行。各地要将游客运输纳入当地公共交通系统，提高旅游客运质量。鼓励企业将安排职工旅游休闲作为奖励和福利措施，鼓励旅游企业采取灵活多样的方式给予旅游者优惠。

（五）推进国民旅游休闲基础设施建设。加强城市休闲公园、休闲街区、环城市游憩带、特色旅游村镇建设，营造居民休闲空间。发展家庭旅馆和面向老年人和青年学生的经济型酒店，支持汽车旅馆、自驾车房车营地、邮轮游艇码头等旅游休闲基础设施建设。加强公园绿地等公共休闲场所保护，对挤占公共旅游休闲资源的应限期整改。加快公共场所无障碍设施建设，逐步完善街区、景区等场所语音提示、盲文提示等无障碍信息服务。

（六）加强国民旅游休闲产品开发与活动组织。鼓励开展城市周边乡村度假，积极发展自行车旅游、自驾车旅游、体育健身旅游、医疗养生旅游、温泉冰雪旅游、邮轮游艇旅游等旅游休闲产品，弘扬优秀传统文化。大力发展红色旅游，提高红色旅游经典景区和精品线路的吸引力和影响力。开发适合老年人、妇女、儿童、残疾人等不同人群需要的旅游休闲产品，开发农村居民喜闻乐见的都市休闲、城市观光、文化演艺、科普教育等旅游休闲项目，开发旅游演艺、康体健身、休闲购物等旅游休闲消费产品，满足广大群众个性化旅游需求。鼓励学校组织学生进行寓教于游的课外实践活动，健全学校旅游责任保险制度。加强旅游休闲的基础理论、产品开发和产业发展等方面的研究，加大旅游设施设备的研发力度，提升旅游休闲产品科技含量。

（七）完善国民旅游休闲公共服务。加强旅游休闲服务信息披露和旅游休闲目的地安全风险信息提示，加强旅游咨询公共网站建设，推进机场、火车站、汽车站、码头、高速公路服务区、商业集中区等公共场所旅游咨询中心建设，完善旅游服务热线功能，逐步形成方便实用的旅游信息服务体系。完善道路标识系统，健全铁路、公路、水路、民航等的旅游交通服务功能，提升旅游交通服务保障水平。加强旅游休闲的安全、卫生等保障工作，加强突发事件应急处置能力建设，健全旅游安全救援体系。加强培训，提高景区等场所工作人员、服务人员和志愿者无障碍服务技能。创新人才培养模式，提高旅游休闲高等教育、职业教育质量，加快旅游休闲各类紧缺人才培养。

（八）提升国民旅游休闲服务质量。制定旅游休闲服务规范和质量标准，健全旅游休闲活动的安全、秩序和质量的监管体系，完善国民旅游休闲质量保障体系。倡导诚信旅游经营，加强行业自律。加强跨行业、跨地区、多渠道的沟通和协调，打击欺客宰客、价格欺诈等严重侵害消费者权益的违法行为。发挥社会监督和舆论监督作用，畅通旅游休闲投诉渠道，建立公正、高效的投诉处理机制。依法维护经营者和消费者的合法权益，维护公平竞争的旅游休闲市场环境。

三、组织实施

（九）加强组织领导。发展改革和旅游部门负责实施本纲要的组织协调和督促检查。各相关部门要将旅游休闲纳入工作范畴，发挥工会、共青团、妇联等人民团体以及相关行业协会的作用，共同推动国民旅游休闲活动发展。

（十）加强规划指导。要把国民旅游休闲纳入各级国民经济和社会发展规划，以及相关行业和部门的发展规划。加强对各地旅游休闲发展的分类指导，鼓励有条件的地方编制适合本地区旅游休闲发展专项规划。城乡规划要统筹考虑旅游休闲场地和设施用地，优化布局。

（十一）加大政策扶持力度。逐步增加旅游休闲公共服务设施建设的资金投入。鼓励社会力量投资建设旅游休闲设施，开发特色旅游休闲线路和优质旅游休闲产品。鼓励和支持私人博物馆、书画院、展览馆、体育健身场所、音乐室、手工技艺等民间休闲设施和业态发展。落实国家关于中小企业、小微企业的扶持政策。

（十二）加强监督管理。地方各级人民政府要按照本纲要的要求，加强旅游市场管理，强化综合执法，确保旅游休闲的相关法律法规和标准规范得到有效实施。

关于促进中医药健康旅游发展的指导意见

旅发〔2015〕244号

为深入贯彻《国务院关于扶持和促进中医药事业发展的若干意见》《国务院关于促进健康服务业发展的若干意见》《国务院关于促进旅游业改革发展的若干意见》《中医药健康服务发展规划（2015—2020年）》等，推动旅游与中医药的融合，更好地促进中医药健康旅游的发展，现提出如下意见：

一、发展中医药健康旅游的重要意义

（一）发展中医药健康旅游是满足人民群众日益增长健康服务需求的重要途径

随着我国生活水平的逐步提高，人民群众对健康服务的需求极为迫切。利用丰富的旅游资源和中医药资源，发展中医药健康旅游，是中医药服务业的延伸和旅游业的扩展，体现了生态健康的内涵，满足了人民群众日益增长的健康服务需求，对提升全民健康素质具有重要的意义。

（二）发展中医药健康旅游是加快中医药发展和全面建成小康社会的重要任务

中医药作为我国特色医药卫生事业的重要组成部分，是深化医药卫生体制的重要内容，对全面建设小康社会、构建社会主义和谐社会和社会主义现代化建设具有重要意义。发展中医药健康旅游，有利于宣传中医药健康知识、发挥中医药的特色优势，扩大中医药服务范围，在维护和增强人民健康中发挥更大作用。

（三）发展中医药健康旅游是促进旅游业转型升级的重要推手

目前我国旅游业正处于转型升级期，中医药健康旅游作为旅游与中医药融合发展的新兴旅游业态，对整合旅游资源、丰富旅游产品、优化旅游产业结构、提高我国旅游经济效益具有重要意义，将成为我国旅游业转型升级的重要推手。

（四）发展中医药健康旅游是弘扬中华传统文化的重要载体

中医药临床疗效确切、养生作用独特、治疗方式灵活，消费群众极为广泛，特别是随着健康观念变化，中医药越来越显示出独特优势。中医药文化作为中华民族优秀传统文化的重要组成部分，是我国文化软实力的重要体现。促进中医药健康旅游发展，有利于游客深入体验中医药文化，是中医药文化推广与资源展示的最有效的方式之一，对于普及中医药知识，弘扬中华传统文化具有重要意义。

二、指导思想、基本原则和发展目标

（一）指导思想

以邓小平理论、"三个代表"重要思想、科学发展观和习近平总书记系列重要讲话精神为指导，深入贯彻落实党的十八大和十八届三中、四中全会精神，按照"突出特色、市场主导、多元发展、管理规范"的总体要求，发挥我国中医药旅游资源的优势，倡导中医药健康旅游新观念，推进旅游与中医药的融合发展，开创中医药健康旅游发展新模式，构建我国中医药健康旅游产业体系，传承我国悠久的中医药文化，打造我国中医药健康旅游品牌，促进中医药健康旅游快速发展，推进我国旅游业的转型升级，提升旅游和中医药对国民经济和社会发展的贡献率，满足人民群众多层次多样化中医药健康服务需求，为全面建成小康社会做贡献。

（二）基本原则

以人为本，服务群众，满足人民群众个性化、多元化中医药健康服务需求。各地要以满足人民群众日益增长的健康服务需求为宗旨，把提升人民健康素质作为中医药健康旅游发展的根本出发点和落脚点，加快发展中医药健康旅游，逐步完善中医药健康旅游配套设施，提高中医药健康旅游服务水平。

市场主导，政府扶持，促进中医药健康旅游朝市场化、产业化方向发展。各地要发挥市场在资源配置中的决定性作用，加大政府在发展中医药健康旅游上的扶持力度，出台相关政策和措施推进中医药健康旅游的发展，激发社会活力，不断增加中医药健康旅游产品的供给，大力培育中医药健康旅游产业，构建我国中医药健康旅游产业体系。

突出特色，打造品牌，推进中医药健康旅游产品和项目的特色化、品牌化。各地要结合本地区中医药资源特色和我国中医药传统文化，开发具有地域特色的中医药健康旅游产品和项目，加大中医药健康旅游宣传推广和市场开拓，扩大我国中医药健康旅游在国际上的影响力和知名度，打造中医药健康旅游品牌。

加强管理，规范发展，提升我国中医药健康旅游服务专业化、国际化水平。各地要加强中医药健康旅游市场管理和监督，加大执法力度，建立我国中医药健康旅游标准化体系，推进中医药健康旅游服务标准化和专业化；加强与国际相关机构和组织的合作和交流，学习国际先进的健康旅游理念和方法，推动中医药健康旅游服务与国际接轨，提升我国中医药健康旅游服务国际化水平。

（三）发展目标

到2020年，初步形成中医药健康旅游产品体系，中医药健康旅游基础设施和配套服务设施不断完善，中医药健康旅游发展环境进一步优化，初步构建起我国中医药健康旅游产业体系。到2020年，中医药健康旅游人数达到旅游总人数的3%，中医药健康旅游收入达3000亿元；在全国建成30个中医药健康旅游示范区、200个中医药健康旅游示范企业（基地）、中医药健康旅游综合体，培育出一些具有国际知名度和市场竞争力的中医药健康旅游服务企业和知名品牌。

到2025年，形成类型丰富的中医药健康旅游产品体系，中医药健康旅游基础设施和配套服务设施基本完备，形成我国中医药健康旅游产业体系。到2025年，中医药健康旅游人数达到旅游总人数的5%，中医药健康旅游收入达5000亿元；在全国建成50个中医药健康旅游示范区、500个中医药健康旅游示范企业（基地）、中医药健康旅游综合体，培育打造一批具有国际知名度和市场竞争力的中医药健康旅游服务企业和知名品牌。

三、重点任务

（一）开发中医药健康旅游产品

发挥中医药优势，使旅游资源与中医药资源有效结合，形成体验性强、参与度广的中医药健康旅游产品体系。针对不同游客的需求，大力开发中医药观光旅游、中医药文化体验旅游、中医药养生体验旅游、中医药特色医疗旅游、中医药疗养康复旅游、中医药美容保健旅游、中医药会展节庆旅游、中医药购物旅游、传统医疗体育旅游及中医药科普教育等旅游产品。面向国际市场，大力开发以提供高端中医医疗服务为主要内容的中医药医疗旅游产品。鼓励旅行社积极发展中医药健康旅游及推出中医药健康旅游主题线路。

（二）打造中医药健康旅游品牌

发挥中医药健康旅游资源优势，整合各级医疗机构、中医养生保健机构、养生保健产品生产企业等资源，引入社会力量，打造一批以中医养生保健服务为核心，融中药材种植、中医医疗服务、中医药健康养老服务为一体的国家级中医药健康旅游示范区。发掘我国传统中医药文化内涵，提升中医药健康节庆文化品质，培育一批参与度高、影响力大、社会效益和经济效益好的节庆品牌，举办中国中医药健康旅游年，支持举办国际性的中医药健康旅游展览、会议和论坛。加强品牌建设，提升服务质量，形成一批集健康体检、中医高端医疗和中医养生于一体，具有国际知名度和市场竞争力的中医药健康旅游品牌。

（三）壮大中医药健康旅游产业

利用中医药文化元素突出的中医医疗机构、中医养生保健机构、养生保健产品生产企业、中药材种植基地、药用植物园、中华老字号名店以及名胜古迹、温矿泉、博物馆等，打造一批特色鲜明、优势明显的中医药健康旅游企业（基地）、中医药健康旅游综合体。加快中医药健康餐饮开发，打造一批中医药药膳餐饮连锁企业。促进住宿与中医药健康服务项目的结合，打造一批中医药健康旅游度假酒店。加快开发中医药健康旅游商品，积极做好中医药保健品、中医药文化旅游商品、中医保健器械等旅游商品的开发生产，打造一批中医药健康旅游商品生产基地。延伸中医药健康旅游产业链，建设中医药产业园和中医药产业集聚区，支持中医诊疗设备、中医健身产品等相关中医药健康产品研发、制造和应用，提升中医健康服务水平。

（四）开拓中医药健康旅游市场

加强中医药健康旅游市场宣传推广，旅游部门发挥市场推广优势，将反映我国中医药健康旅游特色的产品纳入国内外旅游项目推广计划，积极拓展国内外旅游市场。在我国与其他国家举办的文化年或其他主题文化活动中增设中医药健康旅游产品和项目展示，增强宣传效果，扩大国际影响力。依托国际性的中医药会议、论坛、展览，加大对中医药健康旅游的宣传和推广力度。加大中医药健康旅游的市场培育力度，普及中医药健康知识，夯实中医药健康旅游的群众基础。

（五）创新中医药健康旅游发展模式

加快探索旅游业与中医药健康服务业融合发展的新理念和新模式，不断完善政策措施，创新发展体制机制，推动旅游业和中医药健康服务业深度融合。创新中医药健康旅游服务模式，推进多种方法综合干预，将中医药优势与健康管理结合，以慢性病管理为重点，以治未病理念为核心，推动中医药健康服务从注重疾病治疗转向注重健康维护，提高中医药健康旅游吸引力。积极推动各级旅游机构与中医药机构的全面合作，建立合作机制，开展紧密协作，共同推进中医药健康旅游发展，引导中医药健康服务的规范化。

（六）培养中医药健康旅游人才队伍

大力加强中医药健康旅游专业人才的培育，鼓励旅游院校与中医药院校之间的合作，联合办学，设立相关专业。建立中医药健康旅游专业人才激励机制，培育良好的人才成长环境。积极利用现有的中医机构和旅游人才培训中心，加强对中医药健康旅游服务从业人员的外语、旅游、中医药基础知识及相关技能的培训，加强中医药健康旅游企业和实用人才培训，联合开展导游和讲解员培训，培养涉外经验丰富的中医药健康旅游管理、营销、策划、创意人才，培育高素质、专业化的中医药健康旅游人才队伍。

（七）完善中医药健康旅游公共服务

加快中医药健康旅游公共服务和基础设施建设，提升旅游公共服务水平。推进中医药健康旅游信息化发展，建立包括档案信息、医疗保险、旅游保险、多语种咨询解答、预约管理等功能在内的中医药健康旅游综合服务平台，把所有资源单位、旅行社纳入统一管理，加强对游客的后续跟踪服务，完善旅游服务功能，满足游客需求。

（八）促进中医药健康旅游可持续发展

加强中医药健康旅游资源的保护和合理开发利用，加强对自然生态环境、中医药相关动植物的保护，加强对民间中医诊疗方法、特色诊疗手段的传承与发展，加大对具有时代特征、地域特色的中医药人文景观的保护力度。积极探索促进中医药文化传承的途径，推进中医药申报世界非物质文化遗产工作，建立中医药非物质文化遗产传承人的培养机制，促进中医药文化的传承和中医药健康旅游的可持续发展。

四、保障措施

（一）加强组织领导

建立旅游部门与中医药管理部门合作协调机制，统一思想，提高认识，加强组织领导，推进旅游与中医药的融合发展。各地区要高度重视，主动加强各部门沟通协调，跨地区、跨部门协作，确保各项任务措施落到实处。各地区结合实际，将中医药健康旅游纳入本地区旅游业发展的整体布局中，促进中医药健康旅游产业健康、有序发展。

（二）加大政策扶持

制定中医药健康旅游引导政策，出台有利于中医药健康旅游发展的财政、金融、投融资、税收、土地等政策。逐步增加中医药健康旅游服务设施建设的资金投入，扶持企业、社会资本等多元投资。各地要深入研究，制定出台相关优惠政策，促进中医药健康旅游产业又好又快发展。

（三）规范行业管理

加强中医药健康旅游的规范管理，建立中医药健康旅游市场的监督机制，规范中医药健康旅游市场秩序，维护消费者利益，引导市场公平竞争。研究制定中医药健康旅游服务的行业标准，推进中医药健康旅游标准化建设，提高服务质量和服务水平。

《国家康养旅游示范基地》行业标准
国家旅游局公告〔2016〕1号

为了满足人们对健康幸福生活的追求，引导推动旅游和健康服务业的融合发展，丰富康养旅游内容，促进旅游业转型升级，改善旅游休闲环境，打造一批产业要素齐全、产业链条完备、公共服务完善的综合性康养旅游目的地，特制定本标准。

1 范围

本标准规定了康养旅游基地建设的必备条件、基本要求。

本标准适用于全国范围内的康养旅游基地的建设。

2 规范性引用文件

下列文件对于本文件的应用是必不可少的。凡是注日期的引用文件，仅所注日期的版本适用于本文件。凡是不注日期的引用文件，其最新版本（包括所有的修改单）适用于本文件。

GB 3095 环境空气质量标准

GB 3096 声环境质量标准

GB 3838 地面水环境质量标准

GB 9664 文化娱乐场所卫生标准

GB 9667 游泳场所卫生标准

GB 15618 土壤环境质量标准

GB 16153 饭馆（餐厅）卫生标准

GB 16889 生活垃圾填埋场污染控制标准

GB 18483 饮食业油烟排放标准

GB 18485 生活垃圾焚烧污染控制标准

GB 18918 城镇污水处理厂污染物排放标准

GB 50763—2012 无障碍设计规范

GB/T 10001.1 标志用公共信息图形符号 第1部分：通用符号

GB/T 10001.2 标志用公共信息图形符号 第2部分：旅游休闲符号

GB/T 10001.3 标志用公共信息图形符号 第3部分：客运与货运

GB/T 10001.4 标志用公共信息图形符号 第4部分：运动健身符

GB/T 10001.5 标志用公共信息图形符号 第5部分：购物符号
GB/T 10001.9 标志用公共信息图形符号 第9部分：无障碍设施符号
GB/T 18973 旅游厕所质量等级的划分与评定
GB/T 26354 旅游信息咨询中心设置与服务规范
HJ 633 环境空气质量指数（AQI）技术规定（试行）
LB/T 012 城市旅游公共信息导向系统设置原则与要求
LB/T 021 旅游企业信息化服务指南
LB/T 034 景区最大承载量核定导则
LB/T 047—2015 旅游休闲示范城市

3 术语和定义

下列术语和定义适用于本文件。

3.1 康养旅游 healthand wellness tourism

指通过养颜健体、营养膳食、修心养性、关爱环境等各种手段，使人在身体、心智和精神上都达到自然和谐的优良状态的各种旅游活动的总和。

3.2 康养旅游核心区 core area of health and wellness tourism

指一个或者几个特色明显的、有一定规模和体量的康养旅游实体组成的区域。

3.3 康养旅游依托区 supporting area of health and wellness tourism

指康养旅游核心区所在的具有国家行政建制设立的中心县或城市建成区。依托区应具有旅游功能要素和主要吸引物，是实现健康、养生、旅游等产业融合的实验区域，也是核心区发展的基础设施和管理服务的支撑区域。

4 必备条件

4.1 康养旅游示范基地应包括康养旅游核心区和康养旅游依托区两个区域。康养基地应有明确的行政边界，授予对象为县级行政区域或城市建成区。

4.2 康养旅游核心区和康养旅游依托区间应有较强的功能联系，康养旅游核心区具备独特的康养旅游资源优势，而康养旅游依托区能为核心区提供产业联动平台，并在公共休闲、信息咨询、旅游安全、休闲教育等公共服务体系上给予有力保障。

4.3 康养旅游核心区或其主要实体应具备国家级及以上荣誉。

5 基本要求

5.1 环境

5.1.1 近三年空气质量呈持续改善趋势。

5.1.2 建有生活污水集中处理设施，生活污水集中处理率≥80%，按 GB 18918 规定的一级标准的 A 标准要求排放。

5.1.3 生活垃圾无害化处理率应≥85%，并符合 GB 16889 或 GB 18485 的要求。

5.2 旅游经济水平

5.2.1 康养旅游示范基地应确立旅游业为区域服务业的龙头产业和国民经济战略性支柱产业。

5.2.2 康养旅游示范基地接待国内外旅游者人次应具有一定规模。

5.3 无障碍设施

5.3.1 核心区内应充分考虑残障人士、老年人等特殊人群的需求，提供无障碍服务。无障碍设施符合 GB 50763—2012 第 3 项的要求。

5.3.2 无障碍设施符号应符合 GB/T 10001.9 的规定。

5.4 产业联动与融合

5.4.1 应形成康养旅游业态与观光、度假、体育旅游、研修旅游等旅游业态的产业联动。

5.4.2 应与本地相关产业如医疗业、绿色有机农业、养老产业等融合发展。

5.4.3 应有一定数量的中小型康养服务零售店，如瑜伽、按摩、SPA、茶道等。

5.4.4 应培育出有当地特色的养生用品和保健品。

5.5 旅游服务管理

5.5.1 应把康养旅游列入专项旅游规划中。

5.5.2 应有专门鼓励和支持旅游业及康养旅游发展的政策措施。

5.5.3 应定期对旅游从业人员开展培训，培训内容应包括康养知识和技能，并提供相应的培训经费保障。

5.5.4 应设立统一的投诉受理机构，投诉渠道通畅、处理及时。

5.5.5 应与专业机构有密切合作，并能展开康养旅游的科学研究和评估。

6 康养旅游核心区基本要求

6.1 资源与环境

6.1.1 申报前一年度，GB 3095 和 HJ 633 规定的空气质量指数（AQI）年达标天数比例应≥55%。

6.1.2 地表水环境质量应达到 GB 3838 规定的Ⅲ类以上标准，视野范围内地表无黑臭或其他异色异味水体。

6.1.3 声环境质量应达到 GB 3096 规定的 1 类标准，康复疗养区等特别需要安静区域的环境噪声≤0 类限值。

6.1.4 土壤环境应达到 GB 15618 规定的二级标准。

6.1.5 末端垃圾填埋或焚烧处理设施不应设在核心区内。

6.1.6 当地应拥有与养生相关的、独特的自然或人文资源，并享有一定知名度。

6.2 产品和服务

6.2.1 应具有与养生资源相应的产品和服务，并达到一定规模。可利用自然资源中的空气、水、磁场、植物或综合生态环境要素等来设计产品，包括但不限于温泉、SPA、森林浴、药膳、茶道等，以达到康养目的；或可利用人文资源，即人类在经验、方法和技能方面的总结来设计产品，如中医理疗、冥想、瑜伽、禅修、武术等，以达到康养目的。

6.2.2 应拥有主题明确、特色鲜明的康养旅游产品。

6.2.3 应拥有数量充足、档次合理的康养住宿设施。

6.2.4 应拥有数量充足、档次合理的康养餐饮设施。

6.2.5 宜同时提供标准化和个性化、长中短期相结合的康养服务系列产品，满足不同游客的差异化需求。

6.3 服务质量

6.3.1 整体布局应合理、美观、生态，并体现养生文化。

6.3.2 提供康养旅游服务的技术人员应数量充足、结构合理。

6.3.3 开展康养旅游活动的实体在设备、技术制度、专业知识和服务等方面应具有专业保障。

6.3.4 应制定保障康养旅游产品质量的安全、从业人员、资源、风险等方面的经营管理制度。

7 康养旅游依托区基本要求

7.1 旅游接待设施与服务

7.1.1 旅游住宿设施与服务

7.1.1.1 应有数量充足、不同档次、不同类型、地理位置合理的接待设施。

7.1.1.2 应具有一定数量的、能提供康养服务的住宿设施。

7.1.2 旅游餐饮设施与服务

7.1.2.1 应有数量充足、不同档次、不同类型、地理位置合理的餐饮设施。

7.1.2.2 应具有符合康养理念的特色餐饮,能提供具有当地特色的绿色、有机膳食。

7.1.2.3 餐饮经营者应严格执行食品卫生、保鲜等有关法规和标准,就餐环境应整洁。

7.1.2.4 餐饮场所卫生条件应达到 GB 16153 规定的要求。

7.1.2.5 饮食业油烟排放应达到 GB 18483 规定的要求。

7.1.3 购物设施与服务

7.1.3.1 应设立专门的旅游购物场所。

7.1.3.2 可销售特色化、系列化、品牌化的旅游商品、旅游纪念品和当地特产,包括康养类旅游商品。

7.2 公共服务

7.2.1 旅游交通服务

7.2.1.1 依托区应对外交通便捷,可进入性较好。

7.2.1.2 依托区内部的交通网络应较为发达。

7.2.1.3 依托区内各景点之间的交通应较为便捷。

7.2.1.4 依托区内部应有较为完善的慢行交通系统。

7.2.1.5 各景点应提供较为充足的停车场。

7.2.2 公共休闲服务

7.2.2.1 应提供体系完善的公共休闲空间和丰富的文化娱乐活动,符合 LB/T 047—2015 中 4.3.3 的规定。

7.2.2.2 公园数量和布局应充分考虑其规模与密度的配合,并提供配套的休息设施。

7.2.2.3 宜拥有文化类或体育类公共娱乐场所,并免费向游客及公众开放。

7.2.3 旅游信息咨询服务

7.2.3.1 应形成不同渠道的信息咨询服务平台，提供现场信息咨询、电话信息咨询和网络信息咨询服务。

7.2.3.2 应提供康养旅游产品和服务的推荐信息，以及安全风险信息。

7.2.3.3 咨询服务中心

7.2.3.3.1 应设立数量充足、不同档次、地理位置合理的旅游咨询服务中心或服务点，相关服务应符合 GB/T 26354 的规定和要求

7.2.3.3.2 应提供及时准确的咨询服务，兼具受理游客投诉的功能。

7.2.3.4 智慧服务系统

7.2.3.4.1 应设有运营稳定、可实时查询的旅游公共信息网站或手机 APP 下载客户端服务，并提供二维码扫描服务。

7.2.3.4.2 区内主要旅游景点、旅游街区、游客服务中心、交通站场均应覆盖无线 4G 网络或宽带网络。

7.2.3.4.3 旅游信息化服务应达到 LB/T 021 的标准。

7.2.4 旅游导向标识服务

7.2.4.1 在主要特色街区、旅游集散中心、知名餐饮场所、住宿场所、主要购物娱乐场所等应设置导向标识。

7.2.4.2 旅游公共信息导向标识应符合 GB/T 10001.1、GB/T 10001.2、GB/T 10001.3、GB/T 10001.4 和 GB/T 10001.5 的规定。

7.2.4.3 各类导向系统设计应符合 LB/T 012－2011 的规定。

7.2.5 旅游安全健康保障服务

7.2.5.1 应建立健全的安全风险提示制度和突发公共事件的应急处理预案，完善安全控制和海内外游客应急救治体系等。

7.2.5.2 应设有卫生院以上规模的医疗机构，并具备急救应急响应条件。应在交通枢纽、旅游活动场所等游客相对密集地方，设专职安全保卫人员与医疗救护点，确保旅游者人身和财产安全。

7.2.5.3 应对区域内从业人员进行卫生健康知识和救护技能培训，建立具有一定健康护理知识并受过培训的志愿者服务机构。

7.2.5.4 应建立旅游安全预警机制，各景区的游客容量核定应符合 LB/T 034 的要求，并应在容量控制的基础上制定旺季游客疏导预案。

7.2.6 旅游便民惠民服务

7.2.6.1 应建立覆盖旅游活动全过程的通信、邮政、金融、环卫等便民服务设施。

7.2.6.2 应出台针对特殊人群如残障人士、老年人、青少年等的旅游优惠政策。

7.2.6.3 应免费开放一部分旅游资源和休憩环境。

7.2.7 教育宣传

7.2.7.1 应多渠道地开展本区域旅游休闲及康养旅游形象宣传。

7.2.7.2 应提供休闲及康养旅游相关知识的科普服务。

7.2.7.3 应具备健康教育服务设施。

7.2.8 旅游厕所和环境卫生

7.2.8.1 旅游厕所应数量充足、卫生文明、干净无味、实用免费、有效管理，符合 GB/T 18973 的相关规定和要求。

7.2.8.2 旅游景点、旅游线路沿线、交通集散点、休闲步行区等游客密集区域的厕所应符合 GB/T 18973 的规定和要求。

7.2.8.3 旅游高峰期应配有流动备用厕所，社会单位厕所能向公众开放。

7.2.8.4 主要景区或旅游活动相对密集的场所应环境整洁。

7.2.8.5 合理配置垃圾收集点、垃圾箱（桶）、垃圾清运工具等，并保持外观干净、整洁、不破损、不外溢，做到日产日清。无垃圾随意抛撒、倾倒和焚烧现象。

7.2.8.6 各类文化娱乐场所卫生条件应达到 GB 9664 规定的要求，游泳场所达到 GB 9667 规定的要求。

关于大力推进森林体验和森林养生发展的通知

林场发〔2016〕3号

为深入贯彻落实党的十八届五中全会精神和《中共中央 国务院关于加快推进生态文明建设的意见》（中发〔2015〕12号），进一步发挥森林多种功能，有效利用森林在提供自然体验机会和促进公众健康中的突出优势，更好地推动森林旅游的健康快速发展，现就有关事项通知如下：

一、充分认识发展森林体验和森林养生的重要意义

森林体验是人们通过各种感官感受、认知森林及其环境的所有活动的总称。通过有目的的森林体验设计和引导，可以帮助人们更好地了解自然及自然与人类生存与发展的关系，激发人们的创造性，并自觉培养起尊重自然、顺应自然、保护自然的生态情怀。森林养生是利用森林优质环境和绿色林产品等优势，以改善身体素质及预防、缓解和治疗疾病为目的的所有活动的总称。充分利用森林的体验和养生功能，是发挥森林多种功能的重要途径，是加快转变林业发展方式、激发林业生产力的重要途径，也是加强生态文明建设和健康中国建设的重要途径，它与人们日益增长的精神文化需求相契合，与建设生态文明和推动绿色发展的时代要求相契合。加快森林体验和森林养生发展，有助于推动森林旅游的创新发展和绿色发展，有助于发挥林业在弘扬生态文明、改善民生福祉中的巨大潜力。

二、加强对外交流，做好国外先进经验的引进、吸收和转化工作

森林体验和森林养生是经济社会发展的必然产物，它体现了人们对人与自然关系认识的提高，体现了人们在基本的物质生活条件得以满足后，对生活品质和精神文化领域的更高追求。在德国、日本、韩国等发达国家，发展森林体验和森林养生已经具有几十年历史，甚至已经成为青少年成长过程中的一门"必修课"，成为现代生活的一个重要组成部分。这些国家在探索发展森林体验和森林养生过程中积累了丰富的经验，值得我们学习和借鉴。各地要加强与相关国家和地区的交流，积极引进先进理念、成功经验和做法，并积极推动双边和多边合作。同时，要根据

我国的国情、林情和各地实际情况，有创造性地推动森林体验和森林养生发展，避免照搬照抄、千篇一律。

三、加快硬件软件建设，高起点高标准推动森林体验和森林养生发展

有条件的森林公园、湿地公园、林业系统自然保护区以及其他类型森林旅游地，要把发展森林体验和森林养生纳入总体规划，大力加强硬件、软件建设，积极打造高质量的森林体验和森林养生产品。要根据森林旅游地的不同特点，明确森林体验和森林养生发展的主要方向、建设重点和功能布局。要在观光型体验的基础上，不断拓展和提升人们在认知、运动、生产、生活等方面的体验机会，增强游客参与性，提高满足感。要把加强对未成年人的自然教育作为森林体验的重点，结合对中小学生的自然教育要求，把森林旅游地建设成为对未成年人进行自然知识普及和生态道德教育的最生动的课堂。要在开展一般性休闲游憩活动的同时，为人们提供各有侧重的森林养生服务，特别是要结合中老年人的多样化养生需求，构建集吃、住、行、游、娱和文化、体育、保健、医疗等于一体的森林养生体系，使良好的森林生态环境真正成为人们的养生天堂。要加强森林体验（馆）中心、森林养生（馆）中心、森林浴场、解说步道、健身步道等基础设施建设，完善相关配套设施。要加强人才队伍建设，注重各类专业人才培养，建立志愿者队伍，不断提高相关工作的科学性、专业性，不断提高各项活动的组织管理水平。

四、加强组织领导和扶持力度，推动森林体验和森林养生的规范快速发展

各级林业主管部门要加强领导，认真研究，积极探索，不断创新森林体验和森林养生发展的新方式、新路径。要大力加强制度化、标准化建设，引导森林体验和森林养生事业规范、有序发展。要在推进国（境）内外交流的基础上，逐步形成中外合作的长效机制，不断推进在政策、规划、标准、培训以及森林体验和森林养生产品开发等领域的深度合作。鼓励有条件的森林旅游地与国（境）外相关单位缔结姊妹关系，促进人员往来和业务合作。要把发展森林体验和森林养生作为各级林业基本建设、林业产业扶持、林业重点工程、林业信贷等的重要支持方向，积极

争取相关中央投融资项目和地方财政支持,鼓励社会资金依法进入森林体验和森林养生产品开发领域。要在完善相关制度、标准的基础上,建立一批森林体验基地和森林养生基地,不断提高专业化服务水平,更好地满足人们日益增长的森林体验和森林养生需求。

关于促进健康旅游发展的指导意见

国卫规划发〔2017〕30号

健康旅游是健康服务和旅游融合发展的新业态，发展健康旅游对扩内需、稳增长、促就业、惠民生、保健康，提升我国国际竞争力具有重要意义。根据全国卫生与健康大会精神以及《"健康中国2030"规划纲要》、《国务院关于促进健康服务业发展的若干意见》（国发〔2013〕40号）、《国务院关于促进旅游业改革发展的若干意见》（国发〔2014〕31号）等文件精神，经国务院同意，现提出以下意见：

一、总体要求

（一）指导思想。

全面贯彻党的十八大和十八届三中、四中、五中、六中全会精神，深入贯彻习近平总书记系列重要讲话精神和治国理政新理念新思想新战略，认真落实党中央、国务院决策部署，统筹推进"五位一体"总体布局和协调推进"四个全面"战略布局，牢固树立和贯彻落实创新、协调、绿色、开放、共享的发展理念，紧紧围绕消费需求，加快发展健康产业，促进健康服务与旅游深度融合。统筹国际国内两个市场，充分调动社会力量的积极性和创造性，丰富服务内容，创新服务模式，突出服务特色，提高服务能力和品质，顺应发展趋势，扩大有效供给，满足群众多层次、个性化健康服务和旅游需求，为经济社会转型发展注入新动力。

（二）基本原则。

坚持政府引导、市场配置。强化政府在制度建设、标准制定等方面的职责，发挥市场在资源配置中的决定性作用，激发社会活力，完善监督，营造公平竞争的环境。

坚持因地制宜、创新驱动。立足地方实际，充分发挥各地健康旅游环境优势，开发特色化服务，创新发展方式，建立符合国际通行规则、具有中国特色的健康旅游发展机制。

坚持对外交流、开放共赢。积极融入"一带一路"建设，借鉴国际经验，提升对外开放水平，推动健康旅游服务领域国际标准的制定和转化，提高我国健康旅游机构在国际相关领域的综合竞争力。

坚持试点先行、稳步推进。强化规划引导作用，选择具备条件地区开展试点，积极探索健康服务和旅游融合发展，在总结实践经验的基础上，逐步扩大试点范围，推动健康旅游产业健康有序发展。

（三）发展目标。

到2020年，建设一批各具特色的健康旅游基地，形成一批健康旅游特色品牌，推广一批适应不同区域特点的健康旅游发展模式和典型经验，打造一批国际健康旅游目的地。到2030年，基本建立比较完善的健康旅游服务体系，健康旅游服务能力大幅提升，发展环境逐步优化，吸引更多的境内外游客将我国作为健康旅游目的地，提升产业发展层级。

二、提高健康旅游供给能力

（四）发展丰富健康旅游产品。

依托各地自然、人文、生态、区位等特色资源和重要旅游目的地，以医疗机构、健康管理机构、康复护理机构和休闲疗养机构等为载体，重点开发高端医疗、特色专科、中医保健、康复疗养、医养结合等系列产品，打造健康旅游产业链。

发展高端医疗服务。在医疗资源丰富、基础公共设施较好的大城市，鼓励社会资本提供以体检和疾病治疗为主的国际先进医疗服务，打造集医疗、预防保健、养生康复为一体的实体型现代化国际健康服务园区。发展中医药特色服务。发挥中医药特色优势，使旅游资源与中医药资源有效结合，形成体验性强、参与度广的中医药健康旅游产品体系。大力开发中医药观光旅游、中医药文化体验旅游、中医药特色医疗旅游、中医药疗养康复旅游等旅游产品，推进中医药健康旅游产品和项目的特色化、品牌化。鼓励开发以提供中医医疗服务为主要内容的中医药健康旅游主题线路和特色产品。

发展康复疗养服务。结合本地特色优势，融合治疗、康复与旅游观光，开发日光、水疗、地热、海滨、森林、温泉等特色健康旅游线路，通过气功、针灸、按摩、理疗、矿泉浴、日光浴、森林浴、中草药药疗等多种服务形式，提供健康疗养、慢性病疗养、老年病疗养、骨伤康复和职业病疗养等特色服务。

发展休闲养生服务。依托各地旅游和养生资源，将休闲度假和养生保健、修身养性有机结合，拓展养生保健服务模式，针对不同人群需求特点，打造居住型养生、环境养生、文化养生、调补养生、美食养生、美容养生、运动养生、生态养生以及抗衰老服务和健康养老等一系列旅游产品。

（五）提高医疗机构现代化水平。

鼓励社会资本举办的医疗机构与其他医疗机构建立合作关系，引进先进的医院管理理念、管理模式和服务模式，优化医疗设施建设，提升医疗机构服务质量，加快打造一批有竞争力的品牌机构。组建多学科参与的诊疗服务团队，提供优质安全可靠的国际医疗服务。鼓励有条件的医疗机构取得国际医疗质量管理认证。鼓励相关机构与国际健康保险机构建立合作关系。

（六）提升健康旅游服务品质。

加强健康旅游相关基础设施建设，升级交通、环保等基础设施，进一步完善旅游服务与安全设施等。健全公共服务网络，建设具有宣传促销、咨询、预订、投诉等功能的综合性健康旅游服务平台。

三、培育健康旅游消费市场

（七）加大推广推介力度。

大力发展中介服务组织，加强健康旅游推介平台建设，积极运用网络营销、中介机构宣传、举办或参加健康旅游博览会等多种方式，加大宣传力度。鼓励社会资本举办的医疗机构逐步开展国际（边境）医疗服务项目。加强与"一带一路"沿线及周边国家健康旅游相关领域的合作。加强中医药健康旅游宣传推广和市场开拓。鼓励旅行社等机构开展健康旅游中介服务，设计特色健康旅游路线，提供健康旅游全流程服务。

（八）打造健康旅游服务产业项目。

优化设计健康旅游产业链的整体发展架构，做好产业资源布局规划并整体设计产业管理、项目建设、标准制定、营销宣传、项目融资、环境保护以及危机管理等，引导健康旅游服务相关支撑产业集聚发展，打造药械制造、技术研发、健康管理、疾病治疗、康复疗养、养生养老等健康旅游产业集聚发展的产业格局。鼓励发展医学检验等第三方医疗服务。

（九）推进健康旅游服务信息化。

制定与国际衔接的信息标准，加强医院信息平台建设。建立健康旅游信息服务体系,实现 24 小时咨询服务和全流程跟踪服务。发展与国外医疗机构联通的远程会诊等远程医疗服务,健全检查检验结果互认共享机制,探索远程监护指导、远程手术指导等远程医疗服务。

(十)积极发展商业健康保险。

丰富商业健康保险产品,发展多样化健康保险服务。鼓励商业保险公司提供与健康旅游服务相适应的多样化、多层次、规范化的产品和服务。建立商业保险公司与医疗、体检、护理等机构的合作机制,提供与商业健康保险产品相结合的疾病预防、健康维护、慢性病管理等健康管理服务。推广商业健康保险个人所得税试点政策。

四、优化健康旅游政策环境

(十一)推进市场准入和行业规范建设。

深入推进简政放权、放管结合、优化服务改革,进一步转变政府职能,减少审批事项,规范改进审批行为,提高审批效率,放宽市场准入。研究不同类型健康旅游服务机构标准,规范机构基本标准和审批程序,加强开办支持和服务指导,建立公开、透明、平等、规范的健康旅游服务业准入制度,简化程序,优化流程,推进一站受理、窗口服务、并联审批。开展医疗服务的,要纳入医疗机构统一准入管理。建立健全国际医疗服务标准、国际医疗服务指南等相关制度。鼓励中医机构进行国际认证,加快建立中医药国际标准体系和诊疗服务规范体系,推进中医药健康旅游服务标准化和专业化。统筹考虑多层次医疗需求,制定和完善医疗卫生服务体系规划、医疗机构设置规划、大型医用设备配置规划,完善规划调控方式,优化配置医疗资源,促进社会办医加快发展,凡符合规划条件和准入资质的,不得以任何理由限制。

(十二)健全健康旅游法治和监管体系。

系统梳理并健全完善健康旅游相关法律法规,重点解决可能存在的医疗责任划分、行业监管等问题。完善监管机制,创新监管方式,加大监管力度,推行属地化管理,依法规范健康旅游服务机构及个人从业行为,加强事中事后监管,强化服务质量监管和市场日常监管,严肃查处无证行医和违法经营行为,保障群众健康权益,维护消费者利益,营造公平竞争的环境。

（十三）完善健康旅游产业发展的支持政策。

加大对健康旅游产业发展的政策扶持力度，在用地、人才引进、执业环境等方面给予政策扶持和倾斜。支持健康旅游服务机构按规定开展适宜医疗技术，加强对其医疗技术临床应用的管理和指导。完善价格政策。社会资本举办健康旅游服务机构的医疗服务价格实行市场调节价。健康旅游服务用地纳入土地利用总体规划和年度用地计划，强化监管，严禁改变用途。鼓励公立医院与社会办医疗机构在人才、管理、服务、技术、品牌等方面建立协议合作关系，允许公立医院根据规划和需求，与社会力量合作举办新的非营利性医疗机构。

（十四）优化投融资引导政策。

鼓励社会资本进入健康旅游产业，推广政府和社会资本合作（PPP）模式，充分发挥社会力量作用。鼓励金融机构按照风险可控、商业可持续原则，创新适合健康旅游服务业特点的金融产品和服务方式，加大金融支持力度。支持保险机构运用股权投资、战略合作等方式参与健康旅游产业链整合。鼓励各类创业投资机构和融资担保机构对健康旅游领域创新性业态、小微企业开展业务。

（十五）健全人力资源保障机制。

加强复合型人才培养。鼓励社会资本举办职业院校，规范并加快培养护士、护理员、康复治疗师、健康管理师、医学英语、营销运营等从业人员。加强针对健康医疗服务机构、国际旅行健康咨询机构、旅游服务机构等相关服务人员的业务培训和语言培训，提高健康旅游的服务品质和管理水平。加快推进医师多点执业，鼓励地方探索建立区域性医疗卫生技术及服务人才有序流动的机制，对非公立医疗机构的人才培养、培训和进修等给予支持。

（十六）建设诚信服务制度。

加强行业自律和社会监督，加快建设诚信服务制度。引导企业、相关从业人员增强诚信意识，自觉开展诚信服务，守法经营。支持健康旅游相关行业依法成立行业协会，充分发挥行业协会的指导和监督作用，制定行业自律准则和标准，规范行业发展，推动健康旅游产业可持续发展。

五、组织实施

（十七）加强组织领导。

建立健康旅游发展部门协作机制，统筹协调健康旅游发展涉及的医疗卫生、旅游等方面的政策，推动健康服务业与旅游业融合发展。各地要将健康旅游作为发展健康服务业的重要内容，充分发挥地方政府的引导和推动作用，科学规划，积极探索，推进健康旅游产业发展。制订年度实施计划，加强统计监测工作，健全相关信息发布制度。

（十八）推进试点示范。

选择一批具备良好资源条件、具有前期工作基础、符合政策支持方向、地方积极性较高的健康旅游项目，建设各具特色的健康旅游示范基地，形成稳定的健康旅游客户群体市场。同时，在行业准入、人才引进、执业环境等方面先行先试有关政策措施，推动体制机制创新。坚决避免脱离实际、一哄而上、盲目重复建设，杜绝成为简单园区建设或变相搞房地产开发。

（十九）加强国际交流合作。

加强与健康旅游产业发达国家和地区的交流，学习借鉴国际先进发展经验。加强与国际相关组织和机构的合作，参与相关标准制定，提升我国在相关领域的影响力和话语权。大力引进国际专业人才、管理技术和经营模式，提高我国健康旅游产业的技术和发展水平。积极发挥援外医疗队在健康旅游中的桥梁纽带作用。

关于开展健康旅游示范基地建设的通知
国卫规划函〔2017〕257号

为深入贯彻落实全国卫生与健康大会精神以及《"健康中国2030"规划纲要》等文件精神，促进健康服务和旅游融合，推动健康旅游产业规范有序发展，满足群众多层次、个性化健康服务和旅游需求，按照国家卫生计生委、国家发展改革委、财政部、国家旅游局和国家中医药局联合印发的《关于促进健康旅游发展的指导意见》（以下简称《指导意见》）要求，现就开展第一批健康旅游示范基地建设有关事项通知如下：

一、基地名单

在地方自愿申报的基础上，经专家评审和综合平衡，同意天津健康产业园、河北秦皇岛市北戴河区、上海新虹桥国际医学中心、江苏泰州市姜堰区、浙江舟山群岛新区、安徽池州市九华山风景区、福建平潭综合实验区、山东青岛市崂山湾国际生态健康城、中国（广东）自由贸易试验区广州南沙新区、广西桂林市、海南三亚市、海南博鳌乐城国际医疗旅游先行区、贵州遵义市桃花江作为第一批健康旅游示范基地开展创建工作。

二、主要任务

按照《指导意见》要求，根据示范基地创建的总体要求，结合本地实际，坚持政府引导和市场主导，以体制机制创新激发新活力，依托特色健康服务和旅游环境开发服务新业态，建立健全服务标准，建设各具特色的健康旅游示范基地，形成特定而稳固的客户群体，探索总结多类型、可复制、可推广的试点经验，为我国健康旅游发展发挥引领和示范作用。

要完善基地基础设施，加强基地"七通一平"建设，做好基地内外交通衔接，开展地下综合管廊建设，推进海绵型基础设施和公园绿地建设以及生态修复。要加强基地健康服务设施建设，建设高端医疗、中医药特色、康复疗养、休闲养生等服务机构，推动建设独立设置的医学检验实验室和医学影像诊断中心等，促进共用共享。

三、政策措施

（一）推动社会办医政策落地。

进一步贯彻落实促进社会办医的有关政策，建立公开、透明、平等、规范的社会办医准入制度。整合社会办医疗机构设置、执业许可等审批环节，为医疗机构申办提供一站式服务。鼓励公立医院与社会办医疗机构在人才、管理、服务、技术、品牌等方面建立合作关系，允许公立医院根据规划和需求，与社会力量合作举办新的非营利性医疗机构。

（二）加强健康旅游人才队伍建设。

加强针对健康服务机构、旅游服务机构等相关服务人员的业务培训和语言培训。完善执业注册方式，加快推进医师多点执业，鼓励地方探索建立区域性医疗卫生技术及服务人才有序流动的机制，对非公立医疗机构的人才培养、培训和进修等给予支持。

（三）先行先试有关政策措施。

国务院各有关部门按照深化简政放权、放管结合、优化服务改革的要求，积极支持示范基地建设，优先在基地部署开展相关政策措施的改革试点，建立审批绿色通道，优化审批流程，缩短审批时限，提高审批效率。示范基地或医药行业主管部门提出具体建议后，对经核实确属国内不能生产或产品性能不能满足要求的医疗器械，财政部会同有关部门统筹研究以进口暂定税率的方式在全国适当降低进口关税税率问题。为外国公民入境长期就医提供签证便利。根据基地建设实际，合理安排基地所在地新增建设用地计划指标。鼓励基地利用多种融资渠道吸引社会投资。支持境内保险资金等长期资金在依法合规的前提下，按市场原则投资养老实体和医疗机构。对于示范基地在试点政策措施方面的个性化需求，采取"一事一议"的方式，加强与相关部门沟通衔接。

四、工作要求

（一）加强组织领导。

各省（区、市）要加快建立省级推进机制，加强对本省（区、市）示范基地建设的指导。示范基地所在地要加强组织领导，完善工作机制，统筹推进建设工作。

（二）坚持改革创新。

各省（区、市）要推进"放管服"等改革，制订配套政策措施，支持示范基地大胆探索，简化审批程序，推进一站受理、并联审批。示范基地所在地要坚持问题导向，结合地方实际，勇于改革创新，充分发挥社会力量作用，制订出台有突破、可操作的具体措施，率先出成绩、出经验。同时，要注意加强监管，防范风险。

（三）细化任务方案。

各省（区、市）要根据《指导意见》，指导督促示范基地所在地落实工作责任，抓好组织实施。各示范基地要根据《指导意见》和专家评审意见，修改完善建设方案，细化分解分阶段重点建设任务，明确建设目标，制订施工图时间表，加快推进基地建设。

（四）强化总结评估。

各示范基地要不断提炼示范建设成果和经验。2017年、2018年底前，省级卫生计生委要会同相关部门分别总结示范基地建设的工作进展和经验成果，报送国家卫生计生委、国家发展改革委、财政部、国家旅游局和国家中医药局。有关部门将建立健全示范基地的奖惩激励机制和动态调整体系，适时组织第三方进行考核评估，宣传推广典型经验。

参考文献

[1] 世界中医药学会联合会.中医药健康旅游服务要求[M].北京：人民卫生出版社，2018.

[2] 何莽.中国康养产业发展报告（2017）[M].北京：社会科学文献出版社，2017.

[3] 何莽.中国康养产业发展报告（2018）[M].北京：社会科学文献出版社，2019.

[4] 武留信.中国健康管理与健康产业发展报告（2019）[M].北京：社会科学文献出版社，2019.

[5] 李天雪，唐织辉.珠江—西江经济带"长寿之乡"康养文化资源研究[M].北京：社会科学文献出版社，2018.

[6] 李后强，廖祖君，蓝定香，等.生态康养十一讲[M].成都：四川人民出版社，2019.

[7] 李惠莹，于丽丽.中国中冶康养产业发展定位与盈利模式[M].北京：经济管理出版社，2018.

[8] 王玥琦，张湖德.中医养生美容教程[M].北京：科学出版社，2017.

[9] 汪凤炎.中国养生心理学思想史[M].上海：上海世纪出版集团，2016.

[10] 李婷.老龄健康研究方法新视角[M].北京：中国人口出版社，2015.

[11] 李斌.《"健康中国2030"规划纲要》辅导读本[M].北京：人民卫生出版社，2017.

[12] 梁云凤，胡一鸣.中国特色康养经济研究[M].北京：经济管理出版社，2019.

[13] 康承业，李惠莹.中国中冶康养产业技术发展报告[M].北京：

南京大学出版社，2017.

[14] 孙抱朴."森林康养"是我国大健康产业的新业态、新模式[J]. 商业文化，2015（22）.

[15] 刘艳飞. 健康管理服务业发展模式研究[D]. 上海：上海社会科学院，2016.

[16] 张胜军. 国外森林康养业发展及启示[N]. 中国社会科学报，2016-05-16（7）.

[17] 周波，方徽. 国内养生旅游研究述评[J]. 旅游论坛，2012（5）.

[18] 任宣羽. 康养旅游：内涵解析与发展路径[J]. 旅游学刊，2016，31（11）.

[19] 陈青松，高晓峰，陈永禄，等. 康养小镇[M]. 北京：企业管理出版社，2018.

[20] 中国保健协会，国家卫生计生委卫生发展研究中心. 健康管理与促进理论及实践[M]. 北京：人民卫生出版社，2017.

[21] 陈祎凡，邓香兰. 美容心理学[M]. 武汉：华中科技大学出版社，2017.

[22] 郝元涛，陈心广. 全球健康研究方法[M]. 北京：人民卫生出版社，2018.

[23] 司琦. 体育健康促进研究的行为理论与方法[M]. 杭州：浙江大学出版社，2017.

[24] 高亮. 运动养生术"健心"理论研究[M]. 北京：科学出版社，2017.

[25] 庞学铨. 休闲评论[M]. 杭州：浙江大学出版社，2014.

[26] 北京大学城市与环境学院旅游研究与规划中心. 旅游规划与设计：乡村健康旅游与乡居生活方式[M]. 北京：中国建筑工业出版社，2017.

[27] 魏翔，韩玉灵. 休闲的行为、空间与管理[M]. 北京：中国经济出版社，2016.

[28] 傅萍，陈小勇，李开庆，等. 海南"候鸟式"康养旅游 SWOT 分析及发展策略探讨[J]. 经济师，2019，368（10）.

[29] 何少琪. 云南省康养旅游市场发展研究[J]. 合作经济与科技，2018，590（15）.

[30] 杨慧. 全域旅游视角下的康养旅游发展对策研究——以攀枝花为例[J]. 度假旅游，2019（2）.

[31] 袁境. 四川雅安：康养与旅游融合发展的路径选择[J]. 当代县域经济，2015（7）.

[32] 蒲波，杜飞，张璐. 乡村振兴战略背景下康养产业发展的困境与出路——以四川省雅安市为例[J]. 乡村振兴，2019（10）.

后　记

从 2016 年的《国家康养旅游示范基地》到 2017 年的《关于促进健康旅游发展的指导意见》，再到党的十九大报告提出的"健康中国"战略，康养旅游迎来了发展的新机遇。大力发展康养旅游已然成为新常态下旅游经济的新亮点，其不仅符合人们对健康、幸福的需求，还符合人民对休闲娱乐生活的追求。客观地研究中国康养旅游的发展趋势、政策状态、乡村机会、发展类型、区域现状、热点主题，不仅有助于从康养旅游实践中形成康养旅游理论，还有助于为后续的康养旅游实践提供必要的指导，最终实现康养产业的可持续发展。这是我们撰写本书的主要目的。

《康养旅游：实践探索与理论创新》由蒲波博士、杨启智教授负责总体框架和研究思路的设计；杜飞、张璐、王宗瑞等 10 余位学生参与了书稿资料的收集与写作。具体而言，四川农业大学旅游学院学生王宗瑞（第 1 章）、任启伟（第 2 章）、杜飞（第 3 章、第 7 章）、陈珈羽（第 3 章）、张宇轩（第 4 章）、龚芝琳（第 5 章）、吴倩（第 6 章）、张璐（第 7 章）、周欢（第 8 章）、郑丽娟（第 9 章）、田萍（第 10 章）、李缘媛（第 11 章）、彭娟（第 12 章）、田蜜（第 13 章）、周玲玲（第 14 章）、张昕铃（第 15 章）、满俊涛（第 16 章）、何思雨（第 17 章）、张阳婕（第 18 章）从事了大量的书稿初期整理和写作工作。最后，由蒲波博士、杨启智教授、刘燕老师对书稿进行最后的统稿和修改。

《康养旅游：实践探索与理论创新》得到了业界和学界的帮助。该研究，获得了国家自然科学基金青年项目"成渝城市群城市弹性的时空演变与优化路径研究"（编号：71804119）、四川省旅游发展研究中心 2017 年度项目"老龄化背景下康养旅游困境与对策"（编号：LYC17-19）和雅安市 2018 年哲学社会科学研究规划项目"乡村振兴战略下雅安康养产业发展的困境与出路研究"（编号：YA2018010）的资助。本书在写作与出版中，得到了四川农业大学旅游学院相关领导、西南交通大学出版社黄庆斌等相关领导和编辑的大力支持,在此,对他们表示感谢!此外,在书稿的写作中引用了许多学者的相关研究成果,大多附在了注释中,在此对这些国内外专家和学者表示衷心的感谢!

  康养旅游属于健康服务产业,是新兴的旅游产业。发展好康养旅游,不仅事关我们的健康生活,还事关"健康中国"战略的实施。由于研究水平有限,本研究还不够深入,难免存在不足之处,希望得到相关人士的友好建议。

蒲 波

2019年夏于蓉城